高校德育协同育人模式构建研究

帅伟　著

中国出版集团　现代出版社

图书在版编目（CIP）数据

高校德育协同育人模式构建研究 / 帅伟著. -- 北京 ： 现代出版社，2024. 12. -- ISBN 978-7-5231-1218-2
Ⅰ. G641
中国国家版本馆CIP数据核字第20249XG316号

高校德育协同育人模式构建研究

GAOXIAO DEYU XIETONG YUREN MOSHI GOUJIAN YANJIU

著　　者　帅伟

责任编辑　窦艳秋
责任印制　贾子珍
出版发行　现代出版社
地　　址　北京市安定门外安华里504号
邮政编码　100011
电　　话　(010) 64267325
传　　真　(010) 64245264
网　　址　www.1980xd.com
印　　刷　北京厚诚则铭印刷科技有限公司
开　　本　710mm × 1000mm　1/16
印　　张　11.25
字　　数　199千字
版　　次　2024年 12月第1版　2024年 12月第1次印刷
书　　号　ISBN 978-7-5231-1218-2
定　　价　78.00元

前 言

高校德育协同育人模式的构建是一个复杂且系统的工程，它需要整合多方面的资源和力量，以实现全面提升高校学生综合素质的目标。高校应当明确德育协同育人的核心理念，将其作为学校教育体系的重要组成部分，这意味着德育教育不仅局限于思想政治理论课程中且应贯穿于所有学科和学生生活的各个方面。在这种模式下，各类课程和活动都应当有意识地融入德育元素，通过潜移默化的方式培养学生的社会责任感、职业道德和人文素养。高校应当建立科学合理的评价体系，定期对德育协同育人的效果进行评估。高校德育协同育人模式不仅包括对学生德育素质的考核，还应对教师的德育教育能力、课程德育内容的融入情况进行评价。通过多维度的评价，可以及时发现德育教育中的不足并进行相应的调整和改进，确保德育协同育人的实际效果。此外，学校还应鼓励教师和学生进行德育实践研究，总结成功经验，并将其推广应用于更广泛的教育实践中。

本书涵盖高校德育协同育人的概述、高校德育协同育人模式的整体设计、高校思政课教学与高校德育协同育人模式构建、新时代非凡成就融入高校思政课教学研究、思想政治教育与高校协同育人模式构建、法治教育与高校德育协同育人模式构建、心理健康教育与高校德育协同育人模式构建以及“三全育人”视域下大学生就业观引导与高校德育协同育人模式构建等内容。本书的价值在于通过理论与实践相结合的方式，详细阐述了高校德育协同育人的具体操作方法和实施策略，为高校管理者、德育工作者和研究者提供了宝贵的借鉴。

本书是湖南省高校思想政治工作研究项目“新时代非凡成就融入高校思政课教学研究”（23D56）的终结性研究成果。作者在写作本书的过程中，参考了大量的文献资料，借鉴了许多前辈的研究成果，听取和吸收了相关学科专家的宝贵建议，在此一并表示衷心的感谢。由于本书需要探究的层面比较多，作者对一些相关问题的研究还不透彻，加之写作时间仓促，书中难免有的不妥和疏漏之处，恳请前辈、同行以及广大读者斧正。

目 录

第一章　高校德育协同育人概述

第一节　高校德育协同育人的背景与意义

一、高校德育协同育人的背景

（一）全球化与多元文化冲击

全球化的迅猛发展使得不同文化和价值观念在高校学生中不断交汇与碰撞，这种文化的多样性和冲突性对学生的价值观念和道德判断产生了深远影响。在这一背景下，高校德育工作面临着前所未有的挑战，如何在多元文化的环境中帮助学生树立正确的价值观成为关键任务。高校应当认识到全球化带来的文化冲击不仅是挑战，同时也是机会，它为学生提供了一个更广阔的视野，使他们能够接触到不同的文化背景和思维方式。因此，高校应当充分利用这一契机，通过多元文化课程、跨文化交流活动等方式，培养学生的文化包容性和批判性思维，使他们能够在多元文化的环境中保持文化自信，并形成正确的价值观。高校必须加强对学生的道德教育，使他们在面对不同文化和价值观时能够坚持自己的道德底线。在全球化的背景下，学生往往会面临来自不同文化的道德冲突和选择，这对他们的道德判断和决策能力提出了更高的要求。因此，高校德育不仅要传授道德知识，还要帮助学生培养道德判断能力，使他们能够在复杂多变的文化环境中做出符合社会和个人价值观的选择。高校可以通过案例教学、道德讨论会等方式，帮助学生在具体情景中进行道德反思与判断，从而增强他们的道德意识和责任感。

全球化带来的文化多样性也要求高校加强与社会各界的协同合作，以确保德育工作的有效性和全面性。高校应当积极与社会、家庭、企业等各方力量进行合作，共同构建德育的协同育人机制。通过整合校内外资源，丰富德育内容和形式，高校可以为学生提供更多元的德育支持，使他们在多元文化的冲击中始终保持正确的价值导向。同时，这种协同育人的模式还能够增强德育工作的社会影响力，使德育成为社会文化建设的重要组成部分，推动社会的道德进步。高校应当重视全球化背景下德育理念和方法的创新，不断探索和实践符合当代学生特点的德育模式。面对全球化带来的文化冲击，高校德育不能再停留在传统的单一模式上，而是要通过引入先进的教育理念和方法，形成多元化的德育体系。可以通过网络课程、虚拟学习社区等新兴教育形式，打破地域和文化的限制，让学生能够在全球范围内进行文化交流与学习，从而在多元文化环境中建立起坚定的文化自信和道德准则。这种创新不仅能够提高德育工作的效果，还能够使学生在全球化的背景下更好地适应未来社会的发展需求。

（二）社会发展对综合素质人才的需求

随着社会的快速发展，各行各业对人才的要求不断提高，尤其是在全球化和科技迅猛发展的背景下，单纯依靠专业技能已不足以应对复杂多变的社会需求。因此，现代社会愈发重视人才的综合素质，这不仅包括专业能力，还涵盖了道德品质、社会责任感、团队合作能力、创新意识等多个方面。在这样的社会环境中，高校作为人才培养的摇篮，肩负着培养高素质综合型人才的重任，德育工作也因此成为高校教育体系中不可或缺的一部分。当今社会对于高素质人才的需求主要体现在其能够在多元文化、复杂环境中做出正确的道德判断并承担社会责任。为此，高校德育工作需要突破传统的以课堂讲授为主的单一模式，转而与专业教育、实践教学、社会服务等环节相结合，形成一个覆盖多领域、多层次的综合育人体系。通过这种协同育人的方式，高校不仅可以有效提高学生的道德修养，还能够将道德教育与实际生活相结合，帮助学生在真实的社会情景中提升社会责任感和道德判断力。

社会对人才的需求也促使高校在德育内容和形式上进行创新与改革。传统的德育模式往往局限于理论知识的灌输，缺乏与学生实际生活和社会需求的紧密联系，这在一定程度上限制了德育的实际效果。因此，高校需要引入多样化的德育形式，如开展社会实践活动、校外志愿服务、企业实习等，使学生在真实情景中体验和感悟道德观念，提升他们的社会适应能力和责任意识。此外，高校还可以通过跨学科课程设计，将德育内容融入专业课程中，使学生在学习专业知识的同时也能够提升道德素养和综合素质。为应对社会对高素质人才的需求，高校德育还应重视学生的个性发展和创新能力的培养。现代社会要求人才不仅具有扎实的专业知识和道德修养，还应具备创新思维和解决问题的能力。因此，高校德育在培养学生道德品质的同时，也应注重激发学生的创造力和自主学习能力，通过鼓励学生参与创新项目、社团活动、创业实践等方式，培养他们的创新精神和实践能力。这种全方位的综合育人体系不仅能够满足社会对高素质人才的需求，还能够帮助学生在未来的职业生涯中更好地适应社会变化，发挥他们的潜力。

（三）教育政策的引导和推动

近年来，国家层面相继出台了一系列政策文件，明确提出要加强高校德育工作，并强调在教育过程中实施协同育人的重要性。这些政策不仅为高校德育工作指明了方向，也为其实施提供了有力的政策保障。特别是在“课程思政”的背景下，国家鼓励各高校将思想政治教育贯穿于各学科课程之中，形成全员参与、全程覆盖、全方位育人的新格局。这种政策引导不仅提升了德育工作的整体水平，也促使高校在教育理念和教学实践上进行深刻变革。在具体实施过程中，这些政策引导高校打破学科壁垒，将思想政治教育有机融入各类课程中。国家倡导的“课程思政”理念要求教师在教授专业知识的同时，注重渗透德育内容，通过学科知识的传授和应用，培养学生的正确价值观和社会责任感。这种融合不仅增强了德育的渗透性和实效性，也使得德育教育不再局限于思政课程，而是贯穿于整个教育过程之中，形成了全员育人的氛围。此外，政策的推动还促使高校加大了对德育工作的投入，无论是在课程设置、师资培训，还是在教学资源的配备上，都更加注重德育内容的融入和实施效果的提升。

国家政策的引导还为高校德育协同育人的创新提供了广阔的空间。在政策的支持下，高校可以通过跨学科、跨部门的合作，探索更加多元化的德育模式。可以通过整合校内外资源，与社会、企业、社区等外部机构合作，共同开展德育实践活动，使学生在真实的社会情景中体验和践行道德观念，增强德育的实效性。此外，政策的推动还鼓励高校积极开展德育理论研究和实践探索，推动德育工作从理论到实践的全面创新，形成具有鲜明特色的德育模式，为全国高校提供示范和借鉴。这些教育政策的出台不仅为高校德育工作提供了具体的实施路径，也在一定程度上推动了高校内部管理体制的改革。在政策的引导下，高校需要建立和完善德育协同育人的体制机制，明确各部门和教师在德育工作中的职责和任务，形成齐抓共管的工作格局。同时，政策的推动还促使高校加强德育工作考核和评价机制的建设，通过科学合理的评价体系，保障德育工作的实效性和可持续性。这种体制机制上的创新，不仅为德育工作的顺利开展提供了组织保障，也为高校在未来德育工作中进一步探索和深化奠定了基础。

（四）信息化与智能化教育的普及

信息技术的飞速发展正在深刻改变高校教育的方式和内容，推动教育模式向信息化和智能化方向转型。在这一变革中，信息化教育不仅带来了丰富的资源和工具，还促进了德育工作与其他教育环节的深度融合。通过信息化手段，高校能够更加高效地实施德育协同育人，显著提升教育效果和学生的参与度。信息技术的应用使得德育教育能够突破传统课堂的限制，扩展到更多的教学渠道和形式。在线学习平台、数字化教学资源、虚拟现实等技术可以为德育课程提供丰富的教学素材和互动体验，增强了德育教学的趣味性和互动性。通过这些现代化工具，高校可以将德育内容与实际案例、社会热点问题等结合，设计更具针对性和实效性的教学活动。这种信息化的教学方式不仅提高了学生对德育内容的接受度，还能够在更大范围内激发学生的思考和参与，增强了德育教育的吸引力和效果。

在传统模式中，德育和专业课程往往是分开进行的，导致德育内容难以与学生的实际学习和生活紧密结合。而信息化手段的应用使得高校可以将德育内容嵌入到专业课程的教学过程中，通过跨学科的方式实现知识的有机融合。通过在线教学平台，教师可以在专业课程中穿插德育相关的内容，利用网络讨论、互动问答等形式，帮助学生在学习专业知识的同时也能够理解和践行道德理念。这样一来，德育教育就不再是单独的课程，而是融入学生的日常学习和生活之中，形成了全方位的教育模式。信息化技术还支持了个性化教育的实现，能够根据学生的学习情况和需求提供定制化的德育教育方案。通过数据分析和智能推荐系统，高校可以了解学生的学习进展和德育需求，设计针对性教育内容和活动。这种个性化的教育方式不仅提高了德育教育的针对性和有效性，还能够帮助学生在自我发展中更好地融入德育理念，提升他们的道德素养和综合能力。

（五）高校内部资源整合的需求

随着高校教育模式的不断发展和细化，各部门的职能分工变得越来越专业化。然而，这种专业化分工在德育工作中却往往导致了各部门间的孤立和缺乏有效协调。为了提升德育工作的整体性和系统性，必须加强高校内部资源的整合，促进各个部门和环节之间的协同合作。这不仅能够提升德育工作的效果，还能有效利用资源，避免重复和浪费。在传统模式下，德育工作往往由思想政治理论课教学部门独立负责，其他教学和管理部门的参与较少。这种局限性使得德育工作无法充分发挥其应有的作用。因此，高校应当打破部门间的壁垒，建立跨部门协作机制，使德育工作融入教学、管理、学生服务等各个环节中。通过这种整合，可以形成一个全方位、多层次的德育体系，使德育工作不仅限于课堂教学，还涵盖学生的课外活动、社会实践、心理辅导等多个方面，从而提高德育工作的整体效果。

各部门在德育工作中往往有各自的计划和活动，但这些活动有时会出现重复或资源浪费的情况。通过整合内部资源，可以避免这种重复，最大限度地发挥资源的作用。教学部门可以与学生事务部门、社会服务部门等共同制定德育活动计划，合理安排活动时间和资源，确保每项活动都能够有效地服务于德育目标。此外，整合资源还可以帮助高校更好地协调各种德育活动，形成合力，避免资源的浪费和重复投入。各部门在德育工作中的经验和成果往往需要通过信息共享来实现最佳利用。建立有效的信息共享平台和交流机制，可以让各部门及时了解和借鉴其他部门的成功经验和做法，从而提升整体工作的水平和效果。同时，这种共享和交流还能促进德育工作中问题的及时发现和解决，进一步提高德育工作的针对性和实效性。

二、高校德育协同育人的意义

（一）促进学生全面素质的提升

高校德育协同育人模式的核心在于将德育教育深度融入各学科教学和实践活动中，这种整合式教育方式能够显著促进学生全面素质的提升。以往的德育教育多集中在单独的思政课程中，形式较为单一，效果有限。然而，协同育人模式通过跨学科的整合，使德育内容与专业课程紧密结合，创造了一个更为全面的教育环境。这种模式不仅能够提高学生的专业能力，还能够增强他们的道德意识和社会责任感，实现知识与道德的双重提升。具体来说，协同育人模式通过将德育教育与专业课程相结合，使德育内容在专业学习的过程中自然渗透。学生在接受专业知识培训的同时，能够逐步理解和内化相关的道德理念和社会责任。在工程类课程中，教师不仅讲授工程技术，还会讨论工程师在实际工作中可能遇到的伦理问题和社会影响。这样一来，学生在掌握专业技能的同时，也能够认识到自己在未来工作中可能承担的社会责任。这种综合性的教育方式，能够使学生在学术和道德两方面同步进步，培养出具有综合素质的高素质人才。

将德育教育融入实践活动中，能够为学生提供更加实际的道德教育体验。在社会实践、志愿服务、实习等活动中，学生能够直接接触社会问题和道德挑战，通过亲身体验来加深对道德理念的理解和认同。在参与社区服务活动时，学生不仅能够运用专业知识解决实际问题，还能够体会到服务他人的价值和意义。这种实践中的德育教育，不仅能够提高学生的社会责任感，还能够增强他们解决实际问题的能力，实现了德育教育与实际生活的无缝对接。此外，这种跨学科整合的德育教育模式还能够激发学生的学习兴趣和动力。传统的单一德育课程可能会让学生感到枯燥乏味，而将德育内容与专业课程和实践活动结合起来，可以使德育教育变得更加生动和有趣。学生在参与专业学习和实践活动的过程中，能够更自然地接受德育教育，从而提高了学习的积极性和主动性。这种方式不仅提升了德育教育的效果，还增强了学生的综合素质。

（二）增强德育教育的实效性

协同育人模式通过整合高校内部的各类资源，有效提升了德育教育的实效性。这种模式打破了传统德育教育的局限，通过部门和学科间的合作，确保德育活动的全面覆盖和深入实施。将德育内容与实际课程、课外活动紧密结合，使学生在具体的学习和实践过程中接触到道德教育，从而增强了德育教育的实际效果。在传统的教育模式中，德育教育往往局限于专门的思政课程，学生在接受这些课程时，可能对德育内容的实际应用感到陌生或疏离。而通过协同育人模式，将德育内容融入各学科课程和课外活动中，可以使德育教育贯穿于学生的整个学习过程。这样一来，学生在学习专业知识的同时，也能够不断接触和理解德育理念，从而提升德育教育的实际效果。在工科学科中融入伦理学内容，或者在文学课程中探讨社会责任问题，都能够让学生在学习专业知识的过程中自然地接受德育教育。

传统模式下，各部门和学科在德育活动的组织和实施过程中，往往缺乏协调，导致资源的重复投入和浪费。协同育人模式通过加强部门间的沟通与合作，可以更有效地整合教育资源。教务部门、学生工作部门、社会服务部门等可以共同规划和组织德育活动，确保资源的合理分配和使用。通过这种方式，不仅可以减少资源的重复投入，还能够提高活动的组织效率和质量。通过建立跨部门的协作机制和信息共享平台，各部门可以实时了解德育活动的进展和效果，从而及时调整和优化相关工作。教学部门可以根据德育活动的反馈，调整课程内容和教学方法；学生事务部门可以根据学生的实际需求，提供针对性辅导和支持。这种系统化的管理和调控，有助于提升德育工作的整体水平和效果。

（三）培养学生的社会责任感和实践能力

高校德育协同育人的模式特别注重将德育教育与社会实践相结合，这种方式有效地帮助学生在真实的社会环境中锻炼和提升他们的社会责任感及实践能力。通过参与社会服务、志愿活动和企业实习等实践机会，学生能够从实际中学习和体验社会责任的内涵，进而提升解决实际问题的能力。实践活动的参与为学生提供了直接接触社会问题的机会，使他们能够更为直观地理解社会责任。参与社区服务和志愿活动时，学生不仅能够帮助解决社区的实际问题，还能深入了解社会中存在的各种问题和挑战。这种体验让学生认识到自己作为社会成员的责任和义务，从而增强他们的社会责任感。此外，实际的服务经验使学生感受到奉献和服务他人的价值，促进了他们的道德成长和社会意识。

企业实习和社会实践活动为学生提供了将理论知识应用于实际工作的机会。通过在企业和组织中的实际操作，学生可以将课堂上学到的知识与实际工作结合起来，提升他们的问题解决能力和实际操作技能。在企业实习中，学生不仅能够了解行业的运作模式，还可以参与到具体的项目和任务中，从而锻炼自己的职业技能和团队合作能力。这种实践经历不仅增强了学生的综合素质，还为他们未来的职业发展奠定了坚实的基础。协同育人模式中的社会实践活动还能够帮助学生形成正确的价值观和职业素养。在实践过程中，学生面对的实际问题和挑战，需要他们运用自己的知识和能力进行解决，这种经历有助于他们形成成熟的职业观和价值观。实践中的挫折和成功，能够使学生更加明确自己的职业目标，并激发他们不断追求卓越的动力，从而在未来的职业生涯中更好地履行社会责任。

通过与社会各界的接触和交流，学生能够拓宽视野，增加对社会多样性的理解。实践活动使学生有机会接触不同背景、不同职业的人群，了解各种社会现象和问题，这不仅丰富了他们的社会经验，还增强了他们的综合能力和适应能力。在面对复杂的社会环境时，学生能够更加从容地应对各种挑战，从而提升了他们的综合素质和实际能力。

（四）促进教育资源的优化配置

德育教育和专业教育往往各自为政，导致资源的利用效率较低，重复投入和浪费现象时有发生。然而，协同育人模式通过加强部门之间的协作，确保资源的合理配置和高效使用，从而提高整体教育质量。协同育人模式通过促进各部门之间的合作，能够实现教育资源的共享与优化。德育和专业课程的资源常常由不同部门独立管理，导致资源的重复建设和不必要浪费。而协同育人模式打破了这种局限，各部门之间可以通过建立信息共享平台和协作机制，实现资源的共享。教务部门可以与思政课教学部门合作，共享课程资源和教学设施，联合设计和组织德育相关的活动。这种合作不仅提高了资源的利用效率，还避免了重复投入，使教育资源得到了最大化使用。

协同育人模式通过联合开展活动，能够减少资源的重复投入。高校可以组织跨学科的讲座、研讨会和实践活动，由多个部门联合承办。这样的联合活动能够整合各部门的专业资源和优势，减少了单独举办活动时可能出现的资源重复和浪费。同时，联合活动也能提升活动的整体效果和质量，为学生提供更为丰富和多元的学习体验。这种活动模式不仅提高了教育资源的利用效率，也使德育和专业教育的结合更加紧密。协同育人模式还通过建立系统化的资源管理机制，确保教育资源的有效配置。高校可以建立专门的资源协调委员会，负责对教育资源的规划、分配和管理进行统筹。该委员会可以根据教育工作的实际需求，对资源进行科学配置和调整，确保资源的合理使用。这种系统化的管理机制不仅提高了资源配置的透明度和科学性，还增强了资源利用的效率和效果。

（五）推动教育模式的创新与发展

高校德育协同育人模式在推动教育模式的创新与发展方面发挥了重要作用。这种模式通过打破学科和部门之间的壁垒，建立起更加开放和灵活的教育机制，从而促进教学理念和方法的不断创新。这种创新不仅使德育教育能够与时俱进，还为高校教育体系提供了新的思路和模式，推动了教育的全面升级和发展。协同育人模式通过跨学科和跨部门的协作，打破了传统教育模式中的固有壁垒，促进了教学理念和方法的创新。在以往的教育模式中，各学科和部门往往独立运作，导致了教学内容和方法的局限性。而在协同育人模式下，高校各部门之间通过紧密合作，共同制定和实施教育方案。这种协作机制鼓励了不同学科和专业领域的交叉融合，激发了教学创新的活力。将德育内容与工程、艺术等专业课程相结合，能够形成更加丰富和多样的教学形式，从而推动教育理念的更新和教学方法的创新。

这种创新模式不仅推动了德育教育的进步，还为整个高校教育体系的升级和发展提供了新的方向。通过协同育人，高校能够在德育教育的基础上，探索出更加全面和系统的教育模式。这种模式将德育与专业教育、实践活动紧密结合，形成了一个多层次、多维度的教育体系。这样的体系不仅能够满足学生多方面的成长需求，还能够提升教育质量和效果，推动整个教育体系的现代化和升级。协同育人模式的成功实践也为其他教育机构提供了宝贵的经验和借鉴。通过展示如何通过跨学科合作和资源整合，优化教育模式和提升教育质量，协同育人模式为其他教育机构的改革和创新提供了有益的参考。这种模式的推广和应用，可以促进教育改革的深化和发展，使教育体系更加适应时代的发展和社会的需求。

第二节　德育协同育人的理论基础

一、德育教育理论

德育教育理论为高校德育协同育人提供了坚实的理论基础，其中包括道德发展理论和社会化理论。这些理论不仅为德育教育的实施提供了理论依据，也指导了德育教育的实践操作。以皮亚杰和科尔伯格的理论为代表，道德发展理论强调道德认知的发展是一个逐步积累的过程。皮亚杰的道德发展理论将道德发展分为三个阶段：前道德阶段、道德相对主义阶段和道德绝对主义阶段。他认为，儿童的道德认知从简单的规则遵守到逐步理解道德原则的形成，需要经过一个长期的、渐进的过程。科尔伯格进一步发展了这一理论，提出了道德发展阶段的六个层次，包括服从与惩罚、市场交换、社会契约和普遍伦理原则等。他认为，道德发展是个体在认知和伦理的互动中不断进步的过程。高校德育教育应充分结合这些理论，设计出符合不同发展阶段的教育活动和课程，以促进学生道德认知水平的提高。通过精心设计的教学活动、讨论和案例分析等方法，高校能够帮助学生在不同的道德发展阶段进行有效引导和教育，从而实现道德素养的全面提升。

社会化理论关注个体如何通过社会互动形成和内化社会规范和道德标准。根据社会化理论，个体在家庭、学校、同伴和社会环境中，通过社会化过程逐步学习和接受社会规范和道德标准。德育教育在这一理论指导下，需要在校园文化、师生互动和社会实践等方面发挥作用。校园文化作为社会化的一个重要组成部分，通过营造积极向上的文化氛围、制定明确的行为规范，可以有效地影响学生的道德观念和行为准则。师生互动则是社会化过程中的关键环节，教师不仅是知识的传授者，更是道德教育的引导者。通过与学生的日常互动，教师能够在潜移默化中传递道德规范和社会价值观。社会实践活动则为学生提供了将理论知识转化为实际行动的机会，通过参与社区服务、志愿活动等实践，学生能够更加深入地理解社会规范和道德标准，并在实践中内化这些规范，从而提升自身的道德素养。

二、教育协同理论

教育协同理论为现代教育模式提供了重要的理论支撑，特别是在推动高校德育协同育人方面。该理论强调通过有效整合和协作教育过程中的各方资源，以提升教育质量和效果。

协同育人模式正是基于这一理论，通过打破学科和部门之间的壁垒，实现跨部门、跨学科的合作，进而推动教育效果的提升。这一理论主张，通过团队合作和资源共享，个体能够在互动中获得更为丰富的知识和技能。协同学习理论的核心观点是，个体在与他人合作的过程中，不仅能够共享各自的知识和经验，还能够在集体智慧的激荡中产生新的见解和解决方案。在德育教育中应用协同学习理论，可以促进学生之间的互动与合作，使他们在共同参与德育活动的过程中，增强对道德问题的理解和处理能力。通过组织跨学科的德育研讨会、团队合作的社会服务项目等，学生能够在实际操作中学习到如何运用道德规范和解决实际问题。这种互动式学习能够提高学生的道德素养和实践能力，并促进其全面发展。

系统理论强调教育系统内各要素之间的相互作用和整体效能。根据系统理论，教育系统是一个复杂的动态系统，其中包括多个相互关联的要素，如教师、学生、课程、教学资源等。这些要素之间的相互作用和协调合作，决定了教育系统的整体效能。在德育教育中，应用系统理论可以帮助高校建立一个多方协作的教育网络，通过有效的资源整合和协调，提高德育教育的质量和效果。通过建立跨部门的协作机制，将思政课教学部门、其他教学部门、职能部门等各方资源整合起来，共同制定和实施德育教育计划。这种系统化的协作不仅能够优化资源配置，减少重复投入，还能提高德育教育的整体效能。结合协同学习理论和系统理论，高校在德育教育中能够形成一个多层次、多方位的协作网络。这种网络不仅包括校内的各个部门，还可以扩展到社会各界的合作伙伴，如社区组织、企业和政府部门等。通过这种广泛的合作，高校能够充分利用各方资源，提升德育教育的全面性和深度，从而实现教育质量的全面提升。

三、综合教育理论

综合教育理论主张将各种教育内容和形式综合起来，以实现教育目标的最大化。它指导了德育内容与专业课程、实践活动的有效整合，使教育更加全面和协调。综合教育理论强调德育教育不应只是独立的课程内容，而应融入学生的全面教育过程中。这一理论认为，将德育教育与专业课程紧密结合，能够有效促进学生的全方位发展。德育教育往往被视为一个独立的课程或活动，与专业课程相对隔离。这种做法不仅使德育教育的实际效果受到限制，还可能导致学生对德育内容的认知与接受程度不足。而综合教育理论倡导通过将德育教育融入各学科的教学中，打破课程间的界限，实现德育与专业知识的融合。在工程类课程中融入伦理学讨论，或在商业课程中探讨社会责任问题，可以使学生在学习专业知识的同时，进一步深化对道德规范和社会责任的理解。这种跨学科的整合不仅提升了德育教育的实际效果，也促进了学生的全面发展。

综合教育理论还强调德育内容应与实践活动相结合，以增强教育的实效性。在高校德育协同育人模式中，通过将德育教育与社会实践、志愿服务等活动相结合，可以使学生在真实的社会环境中检验和应用所学的德育知识。学生参与社区服务项目时，不仅能够解决实际问题，还能够将课堂上学到的道德规范和行为准则应用于实践中。这种实践经验使德育教育更加生动和有意义，同时也帮助学生更好地理解和内化道德观念。综合教育理论还指导高校在设计德育教育体系时，考虑到不同教育内容和形式之间的互动与补充。通过建立一个综合的教育体系，各种教育活动和课程可以相互补充和支持，从而提升教育的整体效果。通过将德育教育融入课外活动、实习实践和校园文化建设中，能够形成一个多层次、多维度的教育网络。这种网络不仅能够提供丰富的学习机会，还能够使德育教育与学生的日常生活和职业发展紧密相关，从而提高其实际效果。

四、生态教育理论

生态教育理论为现代教育提供了新的视角，强调教育环境和系统的整体性与动态性。教育活动应在一个互动和协作的生态系统中进行，以适应社会和环境的变化。生态教育理论的应用通过将德育教育与校园文化、社会实践以及社区服务等多方面相结合，形成了一个动态互动的教育生态系统，从而提升了德育教育的适应性和有效性。传统的教育模式往往将教育内容和活动分割成若干独立的部分，忽视了它们之间的相互关系和影响。而生态教育理论强调，各教育要素之间应当形成一个有机的整体，各部分之间的相互作用和协作是提升教育效果的关键。这种整体性体现为将德育内容与校园文化、课程设置、教师行为和学生活动等各方面有机结合。高校可以通过在校园文化中渗透德育理念，创建良好的道德氛围，同时将德育教育融入日常教学和课外活动中，从而形成一个全方位的教育环境。这种综合性的教育环境不仅增强了德育教育的覆盖面和深度，也使其更具针对性和实效性。

教育环境和社会背景的变化不断影响教育的内容和方法，因此教育系统必须具有适应这些变化的能力。高校德育协同育人模式通过将德育教育与社会实际需求相结合，使学生能够在真实的社会环境中学习和应用道德规范。通过组织学生参与社区服务、社会调查和志愿活动，能够帮助学生在实践中体验社会责任和道德规范。这种动态互动的方式不仅提升了德育教育的实际效果，也帮助学生在多元化的环境中更好地成长和发展。此外，生态教育理论还强调教育系统内部的互动和协作。在高校中，德育教育需要与教学、管理、学生服务等部门形成紧密的协作关系。通过建立有效的协作机制，各部门可以共同制定和实施德育教育计划，实现资源的共享和优化。教师、学生事务部门和社区组织可以联合开展德育活动，形成一个协同合作的教育网络。这种互动和协作不仅提高了德育教育的整体效果，也促进了教育资源的高效利用和整合。

五、建构主义学习理论

建构主义学习理论为现代教育提供了重要的理论支撑，特别是在德育教育的实施过程中。该理论主张学习者通过与环境的互动和知识的建构，主动获得知识和技能。建构主义理论强调学生在社会实践、团队合作和实际问题解决中的主动学习。通过提供丰富的实践机会和互动平台，建构主义理论为德育教育的实施提供了支持学生主动参与和深度学习的理论依据。该理论认为，学习不仅仅是对知识的被动接受，而是一个主动构建的过程。学习者通过与环境的互动和经验的积累，逐步建构起自己的知识体系和理解框架。通过组织学生参与社会服务项目和志愿活动，他们不仅能够将所学的道德规范应用于实际情况，还能在解决问题的过程中深化对这些规范的理解。这样的参与方式使学生在实际情景中经历道德选择和价值观冲突，从而在实践中主动建构自己的道德观念。

在协同育人模式中，学生通过与他人的合作和互动，能够更好地进行知识和技能的建构。建构主义认为，知识的建构是一个社会互动的过程，学习者通过与同伴、教师以及社会环境的互动，获得新的知识和视角。在小组讨论中，学生可以分享自己的观点和经验，通过集体智慧的碰撞和整合，形成对道德问题的更深刻理解。这种互动不仅丰富了学生的学习体验，也促进了他们在道德认知和价值观建构方面的成长。学习应当在真实或模拟的情景中进行，以便学习者能够将所学的知识和技能应用于实际问题中。通过提供真实的社会情景和实践机会，学生能够在实际问题解决过程中应用道德知识。通过参与校园内外的社会实践项目，学生可以面对真实的道德挑战，体验和解决实际问题。这种情景学习不仅使德育教育更加贴近学生的生活实际，也增强了学生对道德规范的理解和内化。

第三节　高校德育协同育人的基本原则

一、整体性原则

整体性原则在高校德育教育中占据核心地位，要求将德育内容融入学校教育的各个环节，形成一个系统化的教育体系。德育教育不应局限于单一的课程设计，而是要通过课程教学、校园文化建设以及课外活动等多个方面的协同作用，形成一种有机的整体。学生在接受专业教育的同时，能够在各个方面感受到德育的影响，从而在潜移默化中形成正确的价值观和道德观。在课程教学中，整体性原则要求教师不仅要传授专业知识，还要将道德教育融入教学内容中。在文科类课程中，可以通过分析经典作品中的道德冲突和社会责任，启发学生对道德问题的思考；而在理工科课程中，也可以通过讨论科学技术的社会影响，引导学生关注科技伦理问题。这种方式不仅丰富了课程内容，还提高了学生的道德判断能力。

校园文化作为德育教育的重要载体，应该充分体现整体性原则。高校可以通过营造充满道德氛围的校园环境，将道德理念渗透到校园文化的各个角落。学校可以组织各种主题的道德教育活动，如道德讲座、道德文化节等，增强学生对道德价值的认同感。同时，校园文化的整体设计也应注重体现道德教育的理念，如通过校训、校风、校规等方式，树立学生的道德标杆，规范他们的行为。通过组织学生参加志愿服务、公益活动、社会实践等形式的课外活动，高校能够为学生提供更多接触社会、践行道德的机会。这些活动不仅可以培养学生的社会责任感，还能让他们在实际行动中体验到道德行为的价值，从而增强他们的道德意识和社会参与感。

二、协同性原则

协同性原则在高校德育教育中具有重要意义，其核心是通过跨部门和跨学科的合作，形成一个全方位、多层次的德育教育体系。这一原则的实施不仅打破了传统的学科壁垒，也促使各部门之间建立起紧密的协作机制，从而在资源共享与协调配合中，最大限度地实现德育教育的整体覆盖。各部门可以集思广益，充分发挥各自的优势，共同设计和推动德育教育的进展。教学部门可以充分利用学科资源，将德育教育内容融入专业课程中。通过在课程中融入道德伦理、社会责任等内容，引导学生在学习专业知识的同时，培养正确的价值观和社会责任感。而思想政治工作部门则可以通过专题讲座、德育课程等方式，深化学生对德育内容的理解，增强他们的道德意识。此外，思想政治部门还可以发挥其组织优势，与教学部门联合开展跨学科的德育课程开发，形成多维度的德育教育网络。

学工部门在协同性原则中同样扮演着重要角色。作为学生工作的主要执行部门，学工部门可以通过组织各种实践活动来支持和强化德育教育。通过志愿服务、社会实践、校内外联动活动等形式，为学生提供实际参与德育教育的机会。这不仅有助于学生将课堂上的德育知识转化为实践行动，还能增强他们的社会责任感和道德意识。同时，学工部门可以与其他部门密切配合，将德育教育贯穿于学生的日常管理和服务中，确保德育教育的全覆盖和持续性。通过部门之间的合作与协调，高校可以整合各种资源，避免因各自为政而导致的资源浪费。在德育教育资源的开发和使用上，各部门可以共享教学材料、课程资源和实践基地，形成资源的高效配置。同时，通过建立协作机制，各部门可以定期沟通和协调德育工作的推进情况，及时发现和解决问题，确保德育教育的顺利实施和不断优化。

三、实践性原则

实践性原则在高校德育教育中具有重要作用，其核心在于将德育教育与实际生活紧密结合，通过多样化的实践活动增强学生的道德感悟和实效性。实践性原则强调德育教育不能停留在理论层面，而要注重理论与实践的有机结合。理论学习固然重要，但如果学生缺乏将理论应用于实际生活的机会，那么德育教育的效果将大打折扣。因此，通过设计多种实践活动，学校可以帮助学生在真实情景中进行道德探索，使他们能够更好地理解和内化道德规范。学校在实施实践性原则时，可以通过组织学生参与社区服务来实现德育目标。

社区服务是一种非常有效的德育实践形式，通过让学生参与服务社会的活动，帮助他们在实际行动中体验到奉献和责任感的价值。学生可以参与社区的环境保护活动、老人院的志愿服务或者帮助弱势群体的公益项目，这些活动不仅让学生在实际中践行道德规范，还能增强他们的社会责任感和道德认同。此外，社区服务还能培养学生的团队合作精神和沟通能力，这些都是在现代社会中不可或缺的重要品质。

通过组织学生进行社会调查，学校可以引导他们深入社会的各个层面，观察和分析社会现象。这种活动不仅可以培养学生的批判性思维，还能帮助他们在实际调查中运用所学的道德知识进行判断。学生可以调查社会热点问题，如环境保护、社会公平、职业道德等，在调查过程中，他们不仅要搜集和分析数据，还要思考这些问题背后的道德意义和社会影响。这种方式能够促使学生将德育理论转化为实际应用，提高他们的道德判断力和社会责任感。通过实习，学生可以在真实的工作环境中体验职业道德的具体要求，学会在工作中如何处理道德问题。学生在实习过程中可能会遇到涉及商业伦理、职业操守等方面的问题，这些都可以成为他们思考和践行道德规范的机会。企业实习不仅为学生提供了职业技能的锻炼机会，还能帮助他们将课堂上的道德教育内容应用到实际工作中，进一步深化他们对道德规范的理解。

四、互动性原则

互动性原则在德育教育中扮演着至关重要的角色，它强调学生的积极参与和互动。根据建构主义学习理论，学习并非一个孤立的过程，而是一个互动和协作的过程。在这一理论指导下，德育教育应当通过多种形式的互动来促进学生的主动学习，确保他们不仅能够接收知识，还能在交流中深刻理解和内化道德价值观。通过小组合作学习，学生能够在团队中相互支持、共同探讨问题。这种合作不仅能提升学生的沟通能力和团队协作能力，还能够帮助他们在讨论和合作中形成对道德问题的深刻理解。小组讨论中的互动过程，使学生能够从不同的视角看待道德问题，并在交流中碰撞出新的见解，这对道德认知的深化具有重要作用。通过这种互动，学生不仅学习到了理论知识，还在实践中体会到了合作和沟通的价值。

在德育课程中引入实际案例，可以使学生在真实情境中思考和讨论道德问题。通过对案例的分析，学生不仅能够了解到道德理论在实际生活中的应用，还能够通过讨论探索不同的解决方案。这种方法鼓励学生主动参与，并通过实际问题的讨论来检验和巩固他们的道德观念。案例分析不仅让学生在解决实际问题的过程中学到知识，还能够增强他们的批判性思维和问题解决能力。通过定期的课堂讨论，教师可以引导学生在讨论中表达自己的观点，分享个人的经验和见解。这种互动形式有助于学生从不同的角度理解道德问题，并在交流中不断完善和调整自己的观点。通过这种方式，学生不仅能够加深对道德理论的理解，还能够在交流中提升自我表达和思辨能力。

在实际教学中，互动性原则还体现在利用现代技术工具促进学生参与。例如，教师可以使用在线讨论平台、互动投票工具等，鼓励学生在课堂之外也积极参与讨论和交流。这种方式能够打破传统教学的限制，让学生在更广泛的环境中进行互动，从而提升他们对德育教育的参与度和积极性。

五、个性化原则

互动性原则在高校德育教育中具有重要的应用价值，它强调学生在学习过程中的积极参与和相互交流。根据建构主义学习理论，学习不仅是知识的传递，更是一个互动和协作的过程。互动性原则要求教师不仅要传授道德知识，还要通过多种形式的互动活动，激发学生的参与热情，让他们在互动中深化对道德观念的理解和认同。学生不仅能够在交流中获得新的见解，还能在团队合作中培养解决问题的能力。通过团队合作，学生可以在共同的目标下相互学习、共同成长。德育课程可以通过小组讨论、小组作业等形式，鼓励学生围绕某一道德主题进行深入探讨。可以让学生就某一社会热点问题展开讨论，从不同角度分析问题背后的道德冲突，并在团队合作中寻求解决方案。这种互动形式不仅能够增强学生的学习动力，还能帮助他们在交流中拓宽视野，培养合作精神和集体意识。

德育课程可以设计多样化的讨论环节，如案例分析、角色扮演等，让学生在讨论中体验不同的社会角色和道德情景。可以通过分析历史人物的道德抉择，讨论现代社会中的道德困境，或者通过角色扮演模拟真实的社会情景，让学生在讨论中体验道德决策的复杂性。通过与学生的互动，教师可以及时了解学生的学习状况，调整教学内容和方法，使教育过程更加符合学生的实际需求。在课堂上，教师可以通过提问、互动游戏等方式，激发学生的思考和参与，让他们在互动中积极表达自己的观点和感受。这样的互动不仅有助于学生更好地理解道德知识，还能增进师生之间的信任和沟通，营造良好的学习氛围。

六、动态调整原则

动态调整原则在高校德育教育中具有重要的指导意义，其核心在于教育内容和方法必须与时俱进，灵活应对社会和环境的变化。德育教育需要对社会发展的动态变化保持高度敏感，并根据这些变化不断调整自身的教育策略。社会在不断发展，学生的思想观念和行为习惯也随之改变，这就要求德育教育不能固守陈规，而是要通过不断更新和优化教育内容，确保教育的时效性和有效性。只有这样，德育教育才能真正满足学生的实际需求，并在快速变化的社会中保持其重要性。通过定期的评估，学校可以了解当前德育教育在学生中的实际效果，发现教育内容和方法中的不足之处。这种评估不仅限于学生的学业成绩，还应包括他们的道德意识、价值观念和社会责任感等方面的综合表现。学校可以通过问卷调查、访谈、座谈会等多种形式收集学生和教师的反馈意见，从中分析德育教育的优势和不足。这种评估过程不仅能够为教育的调整提供依据，还能促使学校不断反思和改进德育教育的实践方式。

在评估的基础上，调整教育策略和活动内容是动态调整原则的重要体现。根据评估结果，学校可以灵活调整德育课程的内容和形式，使之更加贴近学生的实际生活和社会现实。如果评估发现某些德育内容已经不能引起学生的兴趣或无法应对当前的社会挑战，学校应当迅速做出调整，加入更多与时俱进的内容，如网络伦理、生态道德、新型社会关系等议题。同时，学校还可以根据学生的反馈和需求，调整德育活动的组织形式，从传统的课堂教学转向更加多样化的实践活动，如社会实践、主题讨论、项目合作等，让学生在更广泛的社会情景中学习和体验道德规范。此外，动态调整原则还要求教育者在德育过程中保持灵活性和创造性。教育者不仅要善于发现学生在学习过程中的变化，还要能够及时调整教学方法和策略，以应对这些变化。面对当代学生日益复杂的心理状况和多样化的价值观，教师需要具备灵活的教学技巧，能够根据学生的个性特点和发展需求，选择合适的教育方法和策略。这样，德育教育才能真正触及学生的内心，引导他们形成正确的道德观念和价值取向。

第四节　当前高校德育协同育人的现状与挑战

一、当前高校德育协同育人的现状

（一）部门间协作不足

尽管高校内设有多个部门负责德育工作，但这些部门之间的合作往往不够紧密，缺乏系统性的协作机制。各部门独立开展活动，缺乏统一的规划和目标，导致资源的重复投入和效果的分散。部门之间的信息沟通不畅，也使得德育教育缺乏连贯性和整体性。

（二）缺乏系统性规划

高校德育工作往往缺少系统性和长期性的规划，导致各项德育活动的实施缺乏连贯性和整体战略。由于缺乏科学合理的顶层设计，各个部门在执行德育任务时往往以短期效果为导向，忽视了德育目标的持续性和渐进性，难以形成长效机制。

（三）资源配置不均衡

在高校德育协同育人过程中，资源配置不均衡的问题较为突出。部分高校在德育资源的投入上存在重视程度不一的问题，尤其是对德育活动、实践项目的资金、人员和时间分配不足，导致德育教育的开展受到限制。此外，资源的分配缺乏透明性和公平性，影响了各部门开展德育工作的积极性。

（四）学生参与度不高

高校德育教育中，学生的主动参与度较低，部分学生对德育活动的参与缺乏积极性和兴趣。这一问题可能与德育内容的吸引力不强、活动形式单一有关，导致学生难以从中获得实际的收获和成长。此外，学生参与德育活动的动机往往仅停留在完成任务或获得学分，缺乏对德育目标的内在认同。

（五）评估机制不完善

当前高校德育协同育人缺乏有效的评估机制，难以全面反映德育教育的实际效果。德育评估主要集中在形式上的考核，缺乏对学生道德认知、行为转变以及社会责任感的深入考察。这种评估方式不仅难以客观评价德育效果，还可能导致德育工作的形式化和表面化，影响教育的深度和持久性。

二、当前高校德育协同育人面临的挑战

（一）多元文化环境下的价值冲突

随着全球化和信息化的深入发展，高校学生接触到的文化和价值观日益多样化。在这样的背景下，德育教育面临着如何在多元文化环境中保持主流价值观引导的挑战。不同文化背景下的学生对于道德观念的理解存在差异，这使得高校在推进德育教育时，需要在尊重文化多样性的同时，保持主流价值观的坚定立场。

（二）学生自主性与德育教育的平衡

现代高校更加注重培养学生的自主性和创新能力，但这也带来了德育教育的挑战。在鼓励学生个性发展的同时，如何引导他们树立正确的道德观念和社会责任感，成为德育教育的一大难题。过度强调学生自主性可能导致道德教育的边缘化，因此，如何在两者之间找到平衡点，是当前德育教育必须面对的挑战。

（三）信息技术的影响

信息技术的发展为德育教育提供了新的手段和平台，但同时也带来了新的挑战。互联网和社交媒体的广泛应用，使得学生获取信息的渠道多样化，德育教育面临如何在信息爆炸的时代引导学生形成正确的价值观的问题。此外，虚拟空间中的匿名性和虚拟性也对学生的道德判断和行为产生了深远影响，德育教育需要应对由此带来的新型道德困境。

（四）德育资源的有限性与需求的多样化

高校德育工作中，资源的有限性与学生德育需求的多样化之间的矛盾日益突出。随着社会的发展和学生个性化需求的增加，高校德育教育需要更加多样化和个性化的内容和形

式，但资源的不足常常限制了这些需求的满足。如何在有限的资源条件下，实现德育教育的多样化和个性化，是高校面临的重要挑战。

（五）跨部门协作的复杂性

高校德育协同育人要求多个部门的紧密配合，但实际操作中，跨部门协作往往面临复杂性和困难。不同部门之间的工作方式、目标和考核标准不尽相同，导致在协作过程中可能出现沟通不畅、责任不清的情况。此外，部门之间的利益冲突和资源争夺也可能影响德育工作的协同推进，如何克服这些协作障碍是德育教育面临的重要挑战。

（六）社会对高校德育教育的期望与现实的落差

社会对高校德育教育寄予厚望，希望通过德育教育培养出具备良好道德素养和社会责任感的高素质人才。然而，现实中由于种种限制，高校德育教育的效果常常难以达到社会的期望。这种期望与现实之间的落差，给高校德育工作带来了巨大的压力，也使得德育教育面临如何有效提升教育质量和效果的挑战。

第二章　高校德育协同育人模式构建的整体设计

第一节　高校德育协同育人的系统构建

一、理念的统一与共识的形成

（一）德育目标的明确与共同认知

在构建高校德育协同育人系统的过程中，需要明确德育目标，并在不同的利益相关者之间建立起共同的认知。这一任务不仅关乎德育工作的方向性，更关系到学生综合素质的培养。为了实现这一目标，高校应当组织多方参与的沟通与讨论，通过开放、透明的对话机制，促使教师、家长、各职能部门以及社会力量达成一致的认识。这样做的目的是确保德育目标不仅在文字上清晰明了，而且在实际操作中得到切实贯彻和执行。除此之外，推动各方形成对德育目标的共同认知也需要从高校内部的教育理念和价值观入手。通过定期开展德育专题研讨会、经验分享会以及专家讲座等活动，高校可以有效地促进教职工对德育工作的深入理解。这种内化于心的认知，不仅有助于在日常教学中渗透德育内容，还能够通过教师的言传身教，潜移默化地影响学生的思想品德发展。同时，高校还应重视与家长的沟通，通过家长会、家校合作平台等途径，向家长传递德育目标和相关教育理念，争取家长对学校德育工作的支持与配合。

在这一过程中，德育目标的制定应当注重系统性与层次性，确保目标不仅能够适应学生不同的发展阶段，还能够在纵向和横向上实现教育内容的有机衔接。这意味着在制定德育目标时，应当充分考虑学生的年龄特点、心理发展规律以及社会发展需求，从而制定出既具有前瞻性又切实可行的德育目标。这一目标应当覆盖学生的思想道德素质、心理素质、社会责任感和创新意识等多个方面，为学生的全面发展奠定坚实的基础。与此同时，高校在明确德育目标的过程中，也应当注重目标的科学性和操作性。通过具体化、量化德育目标，确保其能够在教育实践中被有效地评估和反馈。这就要求在制定目标时，必须引入可操作的标准和指标，使德育工作能够有据可依、有章可循。高校还可以通过建立德育目标的评估体系，定期对德育工作的效果进行总结和反思，以便及时调整和优化德育策略，确保德育目标的实现过程符合教育规律和学生的成长需求。

高校应当加强与社会组织、企业、社区的联系，借助社会力量共同推进德育目标的实现。通过组织学生参加社会实践活动、志愿服务等，帮助学生将德育目标转化为实际行动，培养他们的社会责任感和实践能力。社会各界的广泛参与和支持，不仅有助于拓展德育工作的内容和形式，还能够为学生提供更多的学习和实践机会，从而促进学生德育素质的全面提升。

（二）德育内容的统一与系统化设计

在推动高校德育协同育人系统建设的过程中，德育内容的统一与系统化设计是确保教育理念一致性的重要步骤。高校要在德育内容上达成共识，首先应从制定详尽的德育工作计划入手。这一计划应当系统化地涵盖思想道德教育、心理健康教育和社会责任感培养等多个层面，通过明确每一阶段、每一层次的德育内容，使教育活动具有连续性和系统性。同时，计划的制定还需兼顾不同学科、不同课程之间的协调性，使德育内容能够在学生的日常学习生活中无缝衔接。德育内容的系统化设计不仅是对德育工作的规范，也是对德育资源的有效整合。高校应充分利用校内外资源，将德育内容与实际教学活动紧密结合。思想道德教育可以与文学、历史等学科相结合，通过课内外实践活动，如社会实践、志愿服务等，增强学生对德育内容的理解与认同。此外，心理健康教育作为德育内容的重要组成部分，也应在系统化设计中得到充分体现。通过心理辅导课程、团体辅导以及心理健康讲座等多样化形式，帮助学生建立积极的心理状态和健康的生活方式。

高校在统一德育内容时，还应当注重德育内容的针对性和适应性。每个学生的成长环境和个人特质各不相同，因此德育内容在设计时需要考虑到学生的个体差异，提供适合不同学生需求的德育资源和支持。通过对学生的心理、社会环境的深入研究，学校可以根据学生的具体情况，制定个性化的德育方案，从而提高德育工作的有效性。与此同时，各个职能部门之间的紧密合作也是确保德育内容统一的重要保障。各部门应在德育内容上保持一致，避免出现内容上的重复或矛盾，确保德育内容在各个环节、各个渠道都能够顺利传递。德育内容的系统化设计还需要在执行和评估环节上有所体现。通过制定科学的评估标准和反馈机制，学校可以及时了解德育工作的进展情况，并根据评估结果对德育内容进行调整和优化。学校可以定期对德育课程进行评估，收集教师、学生的反馈意见，并根据实际情况对课程内容、教学方法进行改进。这样的评估机制不仅可以确保德育内容的有效实施，还可以通过不断调整和完善，使德育工作始终保持活力和针对性。

为确保德育内容在不同环境下的一致性，高校还应加强与家庭、社会的合作，通过家校合作平台、社区活动等形式，将德育内容延伸到学生的家庭和社会生活中。这种多层次、多渠道的德育内容传播方式，能够帮助学生在多样化的情景中接受一致的德育教育，形成稳定的价值观和行为规范。通过整合各方面的德育资源，确保德育内容的系统化、规范化设计，最终实现高校德育目标的一致性和全面性，为学生的健康成长和全面发展提供坚实的基础。

（三）德育方法的协调与实践共享

要在德育方法上达成共识，首先需要通过系统的培训和研讨会等形式，促进高校各部门和教师之间的交流与合作。这种互动不仅有助于不同部门之间的信息共享，还能够帮助教师更新德育理念，提升德育实践的能力。通过集中研讨和案例分析，教师可以从不同角度理解和应用德育方法，形成统一的实践标准，从而确保德育工作的连贯性和一致性。在实际教学过程中，高校应当制定明确的德育实施方案，使德育方法能够在不同教学情景中得以有效应用。各教学部门应当建立起常态化的沟通机制，定期讨论和交流德育工作的进展情况和存在的问题。通过这样的合作与交流，各部门可以相互借鉴经验，共同完善德育方法，确保在实际操作中达到预期的德育效果。

高校可以通过家长会、社会实践活动等多种途径，将德育工作延伸到家庭和社会中去。这不仅可以增强家校合作的深度和广度，还能够使德育方法在不同环境下保持一致性。家长和社会各界的参与，不仅是对学校德育工作的支持，也是对学生德育发展的全面促进。通过这种多元化的合作模式，德育方法能够在更广泛的社会层面上得到实施和推广。高校应当通过线上线下多种渠道，收集教师、学生以及家长对德育方法的反馈和建议。这种反馈不仅能够为德育方法的改进提供依据，还能够促进不同主体之间的理解与合作，使德育方法在实施过程中更加灵活和适应实际情况。此外，学校还可以利用现代教育技术，如在线学习平台、教育 APP 等，开展德育方法的培训和推广活动，进一步扩大德育方法的共享范围和影响力。

为了确保德育方法的协调与共享能够取得实际成效，高校应当注重德育方法的科学性和实效性。在选择和实施德育方法时，应充分考虑学生的实际需求和发展特点，避免一刀切的模式。通过对德育方法进行科学评估，定期对其效果进行监测和分析，学校可以不断优化德育方法，确保其能够在不同教育场景中灵活应用并产生积极影响。这样一来，不仅能够提高德育工作的整体质量，还能够通过实践共享的形式，使德育方法在更大范围内得到推广和应用，从而更好地促进学生的全面发展。

二、跨部门合作机制的建立

（一）校内各部门的合作与协调

建立一个涵盖教务处、学生工作处、心理咨询中心等多个部门的跨部门合作机制，是确保德育工作顺利开展的基础。通过明确各部门在德育工作中的职责与角色，高校可以有效地避免职责重叠或责任缺失的情况发生。各部门需要清晰了解自身在德育体系中的位置和作用，以便在实际操作中做到分工明确，密切配合。同时，针对德育工作的不同环节，各部门还应根据学生的实际需求，灵活调整工作方式，使德育工作更加贴近学生的生活与学习。为了确保跨部门合作机制的有效运作，定期召开跨部门会议和专题讨论是必不可少的。这些会议不仅为各部门提供了一个分享工作进展和交流意见的平台，还能够帮助他们及时发现并解决在德育工作中遇到的难题。在这些讨论中，各部门可以根据自身的专业特长，提出有针对性解决方案，通过沟通与协作，找到最适合当前环境和学生需求的德育策略。此外，通过这些会议，校内各部门能够形成统一的行动计划和执行标准，确保德育工作在实施过程中具有系统性和连贯性，避免因部门之间的沟通不畅而导致的工作脱节或重复。

各部门在合作过程中还应共同制定德育计划和活动安排，以确保德育工作的系统性。一个有效的德育计划应当涵盖学校教育的各个方面，从课堂教学到课外活动，再到学生心理健康的关注，都应有明确的目标和具体的实施方案。教务处可以负责将德育内容融入课程设置和教学计划中，学生工作处则可以组织各种校内外的德育活动，而心理咨询中心可以为学生提供心理辅导和支持，以帮助他们在成长过程中更好地应对各种挑战。通过各部门的分工合作，德育计划不仅能够在各个环节得到有效落实，还能够确保学生在不同的教育环境中获得一致且全面的德育支持。各部门在制定德育活动安排时，也应考虑到活动的多样性和包容性，以满足不同学生的需求。德育活动不仅应包括传统的思想政治教育内容，还应拓展到社会实践、文化体验、体育运动等各个领域，形成一个多层次、多维度的德育体系。通过丰富的活动形式和内容，各部门可以有效地激发学生的参与兴趣，使德育工作更加生动、有趣，并且能够切实帮助学生在实践中内化德育理念。

（二）家庭与学校的联动合作

要实现这一目标，首先需要建立有效的家校沟通渠道，如家长会、家校联络平台等。通过这些平台，学校能够及时将德育目标、内容和方法传达给家长，使家长对学校的德育工作有更深入了解。学校应注重沟通的双向性，不仅要向家长传递信息，还要倾听家长的反馈和建议，了解学生在家庭中的表现和成长需求。这样的沟通方式，有助于形成家校之间的良性互动，为学生的德育发展创造更加有利的环境。在家校联动合作中，家长作为学生教育的重要参与者，扮演着不可或缺的角色。学校应当通过定期组织家长参与各类德育活动，如家长讲座、亲子活动等，增强家长对学校德育工作的理解和认同。这不仅能够让家长更好地掌握德育的基本理念和方法，还能使家长在家庭环境中继续贯彻学校的德育理念，形成家庭与学校教育的一致性。通过这种联动合作，家长能够在日常生活中更有针对性地引导和教育学生，从而有效补充学校教育的不足，形成家校合力，共同促进学生的全面发展。

家庭与学校的联动合作还应当注重家校之间的资源共享与互助。学校可以邀请家长参与到学校的德育规划和实施过程中，提供他们在职业、生活经验等方面的资源和支持。家长可以通过分享自身的成长经历、职业经验等，为学生提供更加贴近实际的德育案例和指导。同时，学校也可以为家长提供专业的教育指导和支持，帮助家长更好地理解和应对孩子在成长过程中可能遇到的问题。这样的资源共享不仅能够提升家校合作的质量，还能为学生提供更为丰富的德育资源和支持，促进其德育素质的全面提升。在推进家校联动合作的过程中，学校应注重合作机制的长效性与制度化建设。通过制定明确的家校合作制度和流程，确保家校合作能够有序进行，并在长时间内保持良好的合作状态。学校可以设立专门的家校合作办公室，负责统筹和协调家长与学校之间的各项合作事宜，定期组织家长参与学校活动，或通过家校通讯、在线平台等方式保持信息的畅通。这样的制度化建设，不仅能够确保家校合作的稳定性和持续性，还能为家庭与学校之间建立起更加紧密和谐的合作关系，共同为学生的成长保驾护航。

（三）与社区及社会组织的合作拓展

通过与社区和社会组织的紧密合作，高校可以将德育活动的影响范围扩大至校外，为学生提供更为广阔的德育实践平台。社区作为学生生活的直接环境，其在德育中的作用不容忽视。通过与社区的合作，学校可以组织学生参与社区服务活动，这不仅能够增强学生对社区的归属感和责任感，还能使他们在服务他人的过程中培养同理心和社会责任感。这样的实践活动，能够有效地将学校教育与社会教育相结合，促使学生在真实的社会环境中不断提升道德素质和实践能力。高校可以与本地企业建立合作关系，为学生提供实习和实践机会，使他们能够将课堂上学到的知识与实际工作结合起来。这种合作不仅可以帮助学生了解社会和职场的实际需求，增强他们的职业素养和社会适应能力，还能够通过企业的社会责任活动，进一步深化学生对社会公益和企业责任的理解。在实习过程中，学生能够通过亲身参与企业运作，感受到责任、合作、创新等职业精神的培养，这对于他们未来的职业生涯规划和道德发展有着积极的促进作用。

通过参加志愿者活动，学生不仅能够接触到社会的不同层面，还能够在帮助他人的过程中体验到奉献的快乐和成就感。这种实际的社会参与，有助于培养学生的社会责任感和团队合作精神，同时也能够锻炼他们的沟通能力和应变能力。高校可以与志愿者组织合作，定期组织学生参与如环保、扶贫、文化传播等公益活动，让学生在不同的社会实践中体验到不同的德育内容和价值观的洗礼。更为重要的是，与社会组织的合作不仅能够丰富德育活动的形式，还能为德育工作提供更多的资源和支持。社会组织拥有丰富的社会资源和专业知识，能够为学校提供德育工作所需的外部支持。高校可以邀请社会组织中的专家学者到校开展讲座、工作坊等活动，为学生提供专业的德育指导和知识储备。同时，社会组织还可以为学校提供德育项目的资金支持和物资保障，使德育工作能够更具实效性和持续性。通过这种多方合作，学校的德育工作可以更加多元化，更加贴近社会实际需求，为学生提供更加全面的德育教育。

三、德育资源的整合与优化

（一）校内资源的合理配置与有效利用

为了实现德育协同育人的目标，高校首先应当对校内的德育资源进行合理配置和优化利用。这包括人力资源的配置，如德育教师的专业培训和团队建设，通过提升教师的德育素质和能力，确保他们能够更好地承担德育任务。此外，物力资源的合理分配也至关重要，学校应当在校园内设立专门的德育活动场所，配备必要的设施和设备，支持德育工作的开展。同时，财力资源的合理调配，可以为德育项目的实施提供资金保障，使得德育活动能够持续、有序地推进。通过优化校内资源的配置，学校能够提高德育工作的效率，确保德育内容能够深入学生的日常学习和生活。

（二）校外资源的整合与外部合作

在整合和优化德育资源的过程中，高校还应当充分利用校外的德育资源，拓展外部合作渠道。社会实践基地是重要的德育资源，高校可以通过与社会各界的合作，将学生的德育教育延伸到校外，提供实际的社会体验和实践机会。校友资源也是一个重要的外部资源，高校可以通过建立校友网络，邀请校友分享他们的成长经历和职业经验，为学生提供现实的榜样和德育指导。此外，校企合作也是一种有效的资源整合方式，通过与企业的合作，高校可以为学生提供更多的实习和实践机会，使他们能够在真实的职场环境中锻炼德育素质和职业能力。这种校内外资源的整合，能够为学生提供更为丰富和多样的德育平台，使德育工作更加立体化和多元化。

（三）德育平台的建设与多样化发展

高校德育资源的整合与优化，还需要通过打造多元化的德育平台来实现。学校可以通过整合校内外的各种资源，建设多层次、多渠道的德育平台，使德育工作能够覆盖到学生学习生活的各个方面。比如，学校可以通过建设德育类社团、组织德育主题活动、开设德育课程等形式，丰富德育的内容和形式，激发学生的参与兴趣。通过将德育活动与学生的实际生活和社会需求相结合，学校能够打造一个既符合学生成长规律又能满足社会发展需要的德育平台。这种多样化的发展，不仅能够提升德育工作的实效性，还能够为学生提供全面的发展机会，使他们在不同的德育活动中获得全面的素质提升。

四、教师德育能力的提升

（一）系统化培训与持续的专业发展

提升教师的德育能力，首先需要通过系统化的培训和持续的专业发展活动来实现。高校应当定期组织德育专题培训，涵盖德育理论、心理学知识、教育政策等多个方面，使教师在理论上有坚实的基础。同时，学校还应鼓励教师参加各种教育研讨会、工作坊和学习交流活动，不断更新他们的教育理念和教学方法。这种持续的专业发展不仅能够帮助教师在职业生涯中保持积极的学习态度，还能够使他们更好地应对德育工作中的新挑战和新需求，提升德育工作的实效性。

（二）教学中德育元素的有机融入

提高教师德育能力的另一关键在于鼓励教师在日常教学中主动融入德育元素。学校可以通过制定相应的教学计划和指导原则，引导教师在各类课程中有机地结合德育内容，使德育教育贯穿于整个教学过程。教师可以在课堂上结合课程内容，探讨社会问题、道德选择等主题，引发学生的思考和讨论。这样的教学方式不仅能够让学生在学习知识的同时培养道德素养，还能帮助他们将德育内容内化为自身的价值观念和行为准则。

（三）多样化教学方法的应用与实践

在德育能力提升中，教师还应积极运用多样化的教学方法，使德育内容更加生动和贴近学生的实际生活。案例教学、情景模拟、角色扮演等方法，能够有效地激发学生的兴趣和参与度，使他们在具体的情景中感受和体验德育内容的深刻内涵。通过案例教学，教师可以引导学生分析现实生活中的道德困境，培养他们的批判性思维和道德判断能力；通过情景模拟，学生可以在模拟的社会环境中体验不同角色的责任与义务，增强他们的社会责任感。这种多样化的教学方法，不仅能够丰富德育的形式和内容，还能够帮助学生在实践中更好地理解和应用德育知识。

五、德育评估体系的建立与完善

（一）全面覆盖学生德育发展的评估指标

建立科学合理的德育评估体系，首先需要设定覆盖学生德育发展的全面指标。这些指标应涵盖思想品德、行为习惯、社会责任感等多个方面，确保评估能够真实反映学生的德育状况。在思想品德方面，可以评估学生的价值观念、道德判断能力；在行为习惯方面，可以关注学生的自律性、守时性和责任心；在社会责任感方面，可以评估学生在社会实践活动中的表现和参与度。这种全面覆盖的评估指标，不仅能够系统性地反映学生德育发展的整体情况，还能够为学校的德育工作提供具体的参考依据。

（二）多元化的评估方式与评估工具

为确保德育评估的客观性和全面性，评估方式应当多元化。传统的教师评价固然重要，但也应加入学生的自评与互评，以多角度、多层次地了解学生的德育发展状况。自评可以帮助学生进行自我反思和认识，增强自我管理和成长的意识；互评则可以促进学生之间的交流和反馈，培养他们的批判性思维和合作精神。此外，学校还可以借助现代信息技术，开发在线评估工具，通过问卷调查、行为记录、数据分析等方式，为德育评估提供更为客观和精确的量化数据。这种多元化的评估方式，能够有效提高评估的可信度和全面性，使德育工作更加有针对性和实效性。

（三）定期评估与反馈机制的建立

在德育评估体系中，定期的评估和反馈机制是确保其持续有效的重要保障。高校应当设立定期的德育评估时间表，按照学期或学年对学生的德育发展进行系统性的评估和总结。同时，评估结果应当及时反馈给学生、教师和家长，形成一个良性的沟通循环。通过反馈机制，学生可以了解到自身在德育方面的优势和不足，教师可以根据评估结果调整和改进德育工作的策略和方法，家长也能够更好地配合学校的德育工作，共同促进学生的成长。定期评估与反馈机制的建立，不仅有助于监测德育工作的进展，还能够及时发现和解决德育工作中的问题，确保德育目标的顺利实现。

六、德育文化氛围的营造

（一）丰富多彩的德育活动开展

营造良好的德育文化氛围，首先需要通过开展丰富多彩的德育活动，使德育教育在学生的日常生活中处处可见。学校可以定期组织主题班会，围绕社会热点问题、道德伦理议题等进行讨论，引导学生在交流与思考中提升道德素养。志愿服务活动也是极具实践意义的德育方式，学校可以鼓励学生参与社区服务、公益活动等，通过实际行动增强他们的社会责任感和奉献精神。此外，校园文化节等大型活动，则能够将德育与学生的兴趣爱好相结合，在轻松愉快的氛围中传递德育理念。这些多样化的德育活动，不仅能够激发学生的参与热情，还能让他们在潜移默化中接受德育教育，培养健康向上的思想品德。

（二）校园环境的文化建设与影响

德育文化氛围的营造不仅仅依赖于活动的开展，还需要通过校园环境的文化建设来强化德育理念的传播。学校可以通过设置校园标语、建立文化墙、打造德育角等方式，将德育理念融入校园的各个角落。这样的环境布置，不仅能够美化校园，还能够起到潜移默化教育作用。校园标语可以在醒目的位置展示励志格言、道德警句等，时刻提醒学生关注自身行为规范和道德修养；文化墙可以展示优秀学生的事迹、德育先进人物的故事等，树立榜样，激励学生向善向上；德育角则可以设置德育相关的书籍、刊物，供学生阅读和学习。这种文化氛围的营造，使得德育教育不再局限于课堂，而是融入学生生活的每一个细节之中，持续影响他们的思想和行为。

（三）潜移默化的德育理念融入

在营造德育文化氛围的过程中，学校应注重将德育理念潜移默化地融入各项日常管理和教学活动中。德育教育不应仅仅体现在特定的活动或课程中，而应当贯穿于整个校园生活的方方面面。学校在组织体育活动、艺术展览等课外活动时，可以融入团队合作、礼貌待人、环境保护等德育内容，使学生在参与活动的同时也能接受德育教育。此外，学校可以通过教师的日常教学和行为示范，传递德育理念，形成一种润物细无声的教育效果。这样的教育方式，不仅能够使德育更加贴近学生的实际生活，还能够通过日常的点滴积累，逐步引导学生形成正确的价值观念和道德行为。

第二节　高校德育协同育人模式的实践路径

一、构建多层次的德育网络

德育网络应涵盖学校内部的各个部门，包括教务处、学生工作处、心理咨询中心等，每个部门在德育工作中都应有明确的职责分工。通过设立专门的德育工作小组，学校可以将各部门的力量整合起来，形成一个有机的整体。此外，教师团队也是德育网络中的重要一环。通过定期的培训和研讨会，提升教师在德育工作中的专业能力，确保他们能够在日常教学中有意识地融入德育内容，这样能够使德育工作更加深入和全面。学生组织如学生会、社团、志愿者协会等，在德育教育中扮演着不可替代的角色。通过组织各种德育活动，如主题班会、志愿服务、校园文化活动等，学生组织可以直接影响学生的行为和思想，帮助他们在实践中内化德育理念。学校可以通过指导和支持学生组织的工作，使其成为德育网络中的重要支柱，发挥桥梁和纽带作用，增强德育工作的覆盖面和影响力。

高校应积极拓展家校合作，通过家长会、家校联络平台等形式，将学校的德育目标、内容和方法及时传达给家长。家长能够在家庭环境中继续贯彻学校的德育理念，形成家庭与学校之间的良性互动。此外，学校还应加强与社区和社会组织的合作，通过组织学生参与社区服务、社会实践等活动，将德育活动延伸到校外。这种扩展不仅能够丰富德育的内容，还能够帮助学生在真实的社会环境中感受和体验德育的实际意义，进一步巩固学校教育的成果。为了确保多层次德育网络的有效运行，学校需要定期组织跨部门会议，确保各方在德育目标、内容和方法上的协调一致。学校可以及时发现和解决德育工作中的问题，调整工作策略，并促进各部门之间的沟通与协作。这种系统的德育工作机制，不仅能够提高德育工作的效率，还能够形成合力，使各方力量在德育工作中得到充分发挥，增强德育工作的实效性和持续性。

二、打造全方位的德育实践平台

为了提升德育工作的实效性，高校需要积极打造全方位的德育实践平台。这些平台不仅包括校内的实践基地，如德育实验室和心理咨询室，还应延伸到校外的社会实践基地和志愿服务平台。通过这些丰富的实践场所，学生可以将课堂上学到的德育理论与实际行动紧密结合，在真实的环境中感受和践行德育理念。校内的德育实验室可以为学生提供理论学习的支持，心理咨询室则可以帮助学生在心理层面上巩固德育知识，两者相辅相成，共同为学生的德育发展提供系统性的支持。除了校内的设施，高校还应当积极拓展校外的德育实践平台。社会实践基地、志愿服务平台等是学生接触社会、理解社会的良好渠道。这些平台可以为学生提供多样化的德育活动，使他们能够在实际操作中深化对德育内容的理解。通过参与社区服务、社会调研、公益活动等，学生可以在实践中培养社会责任感、团队合作精神和领导能力。这种校内外相结合的德育实践平台，不仅能够丰富德育的内容，还能使学生在不同的情景中得到全面的道德教育。

在构建这些德育实践平台的过程中，高校还应加强与社区、企业、社会组织的合作。通过与这些外部力量的紧密合作，学校可以为学生提供更多的实践机会和资源。学校可以组织学生进行职业实习，帮助他们了解社会的运作方式，并在实际工作中践行德育理念。与社区的合作，则可以使学生更深入地参与社区建设和服务，通过实际行动增强他们的社会责任感和公民意识。这样的合作不仅能够拓宽德育工作的范围，还能够使德育实践更加贴近学生的实际生活，增强德育工作的现实意义。为了确保这些德育实践平台的有效运作，高校应当制定详细的管理和运行机制。学校可以通过设立德育实践中心，统筹校内外的实践资源，协调各项德育活动的组织和实施。定期对德育实践平台的效果进行评估和反馈，并根据评估结果不断调整和优化实践活动的内容和形式。通过这样的管理和运作机制，学校能够确保德育实践平台的可持续发展，使其在学生的德育教育中发挥长期而稳定的作用。

三、推进德育课程的系统化建设

为了有效实践德育协同育人模式，高校需要大力推进德育课程的系统化建设。在现有课程体系的基础上，学校应当设计并开设专门的德育课程，确保德育教育有明确的目标和内容。这些课程不仅要涵盖思想道德、心理健康等基础内容，还应当与时俱进，结合当前社会热点和学生实际需求，设计出具有时代性和针对性的课程模块。通过这种系统化的课程设置，学校可以确保德育教育的全面性和系统性，使学生能够在各个方面得到均衡发展。

通过跨学科的课程设计，将德育教育与专业学习紧密结合，能够让学生在学习专业知识的同时，接受系统的德育教育。在文学课中，教师可以引导学生通过经典作品探讨人性和道德问题；在经济学课程中，讨论商业道德与社会责任。这种德育与专业课程的融合，不仅能够增强德育教育的实效性，还能够使学生在多样化的学习环境中感受到德育内容的实际应用价值，从而深化对德育理念的理解和认同。

学校应通过专家研讨、教师培训等形式，制定统一的德育课程标准，确保各个课程在内容和目标上保持一致性和连贯性。这些标准应当涵盖德育目标、教学内容、教学方法、评估标准等多个方面，为教师提供明确的教学指导。同时，这些标准也应具有灵活性和开放性，允许教师根据学生的实际情况进行适当的调整和创新，使德育课程能够更加贴合学生的实际需求和学习节奏。为了提高德育课程的吸引力和实效性，学校还应注重课程的互动性和实践性。通过采用案例教学、情景模拟、角色扮演等多种教学方法，教师可以使德育课程更加生动有趣，激发学生的学习兴趣和参与积极性。情景模拟和角色扮演则可以让学生在模拟的环境中体验不同角色的责任与挑战，增强他们的同理心和社会责任感。这种互动性和实践性的教学方式，不仅能够丰富德育课程的教学形式，还能够让学生在实际操作中加深对德育内容的理解和应用。

四、加强德育活动的实践性与体验性

实践性的德育活动能够使学生在真实的社会环境中直接感受到德育的实际意义，从而提升他们的德育素养。通过组织学生参与社会实践活动，如社区服务、公益活动等，学校可以帮助学生深入了解社会的多样性和复杂性，使他们在实际的服务过程中培养同理心和社会责任感。这种直接与社会接触的方式，不仅能够让学生看到德育教育在现实中的应用，还能通过实际的行动强化他们对德育理念的理解和认同。通过让学生参与企业的日常运营，学校可以帮助他们在真实的职场环境中体验职业道德和工作伦理的重要性。学生在企业中不仅能学习到专业技能，还能感受到职业责任感、团队合作精神以及在工作中如何处理道德困境。这种实习经历，可以让学生将课堂上学到的德育理论与实际工作场景紧密结合，进一步深化对德育内容的理解和内化。同时，企业实习也能够帮助学生在未来的职业生涯中更加自觉地践行职业道德和社会责任，为社会输送具备高尚道德素养的专业人才。

学校可以通过与社区组织、非政府组织等合作，为学生提供多种多样的志愿服务机会。通过参与志愿服务，学生不仅能够帮助他人、服务社会，还能在与不同人群的接触中，培养同情心和责任感。这种志愿服务的经历，不仅能让学生在实践中锻炼自己的社交能力和问题解决能力，还能让他们在奉献和服务他人的过程中，获得精神上的满足和道德上的提升。这种体验性强的德育活动，能够让学生在实际行动中感受到德育的真正价值，并逐步将这些价值观内化为自己的行为准则。为了确保德育活动的实践性和体验性得到有效发挥，高校还应注重活动的组织和管理。学校可以通过设立专门的德育实践中心，统筹安排各类实践活动的策划和实施，确保活动的形式和内容能够紧密结合学生的实际需求和德育目标。此外，学校还应建立有效的反馈机制，通过学生的反馈和活动后的评估，不断优化和改进德育活动的设计和执行。这种有计划、有组织的实践性德育活动，不仅能够提升学生的参与积极性，还能使德育工作更加系统化和有针对性。

五、加强德育教师的专业化培养

要确保德育工作能够深入人心，教师的专业素质和教学能力必须得到持续提升。高校应通过系统的培训计划，帮助教师掌握最新的德育理论和实践技能。定期组织的德育专题研讨会和工作坊，可以为教师提供交流和学习的平台，使他们能够在分享经验、探讨问题的过程中，不断更新和完善自己的教育理念和教学方法。这种集中的培训和学习，能够有效提升教师的专业水平，使他们在德育工作中更加游刃有余。通过建立这样的基地，高校可以为教师提供更加系统化、专业化的培训资源。基地可以定期举办各类培训课程、讲座和实践活动，使教师能够在理论与实践的结合中提升自身能力。此外，培训基地还可以与外部教育机构合作，引入国际先进的德育理念和方法，为教师提供多样化的学习机会。这种持续的、系统的培训和培养，不仅能够提升教师的专业能力，还能帮助他们在教学中更好地应对各种德育挑战。

鼓励教师在教学中积极探索和应用新的德育方法，也是加强德育教师专业化培养的重要方面。随着信息技术的发展，德育教育的形式和渠道也在不断拓宽。教师可以通过线上线下结合的方式，将信息技术引入德育教学中。利用网络平台开展德育讨论、视频教学，或通过教育应用程序进行学生的德育评估与反馈，这些新方法不仅能够增强学生的学习兴趣，还能使德育教育更加灵活和多样化。同时，信息技术的应用还可以帮助教师更好地管理和组织德育活动，提高教学的实效性和学生的参与度。这种与时俱进的教学方式，不仅能够提升德育教育的质量，还能使教师在教学中不断创新和进步。为了进一步支持教师的专业化发展，高校还应为教师提供更多的资源和支持。通过设立教师发展基金，资助教师参加国内外的德育学术会议、进修课程等，帮助他们开阔视野、提升专业水平。此外，学校还可以鼓励教师进行德育研究和实践探索，设立相关的研究课题和项目，推动教师在教学中不断总结和反思，逐步形成自己的教学风格和德育理念。这种对教师专业化发展的全方位支持，不仅能够激发教师的积极性和创造力，还能为德育教育的持续改进提供坚实的基础。

第三节 多方协同参与高校德育的机制设计

一、建立家校合作机制

通过定期举办家长会，学校可以向家长传达德育理念和方法，使他们能够更好地理解并支持学校的德育工作。家长会不仅是一个信息传递的平台，也是家长和学校之间进行深度沟通的机会。在家长会上，教师可以介绍当前的德育目标和进展，分享学生的德育表现和需要改进的方面。同时，家长也可以通过这个平台，表达他们对孩子教育的关注和期望，与学校共同探讨如何在家庭环境中进一步支持和强化德育教育。通过这种互动，家校双方能够在德育目标和教育方法上达成一致，从而更好地引导学生的发展。家长学校可以定期为家长提供系统的培训，帮助他们掌握科学的教育方法和技巧，增强他们在家庭中实施德育的能力。这种培训不仅可以涵盖德育理论，还可以涉及心理学知识、沟通技巧等，帮助家长更好地理解孩子的心理发展特点，从而在日常生活中更有效地引导和教育孩子。通过这种持续的学习和提升，家长能够更好地配合学校的德育工作，在家庭环境中延伸学校的德育教育，形成学校与家庭教育的良性互动。

家校联络平台的设置是确保家校合作机制顺利运行的重要保障。通过这一平台，家长和学校可以保持密切沟通，及时交流学生的德育发展情况。无论是学生在学校的表现，还是家庭中出现的问题，家长和教师都可以通过这个平台迅速沟通，采取及时的应对措施。这种高效的沟通方式，不仅能够帮助家长和教师及时了解学生的状况，还能够增强家长对学校德育工作的参与感和责任感。此外，家校联络平台还可以用于发布学校的德育活动安排、家长培训课程等信息，确保家长能够及时参与到学校的德育工作中来，从而共同推动学生的全面发展。通过这种家校合作机制，学校和家庭能够形成教育合力，共同促进学生的道德素养和行为习惯的养成。学校在家长的配合下，可以更好地贯彻德育理念，使学生在家庭和学校两个环境中都能接受到一致的道德教育。这种双重的教育影响，有助于学生在日常生活中内化德育理念，养成良好的行为习惯和道德素质。同时，家长通过参与学校的德育工作，不仅能够增进对孩子成长的理解，还能够与教师建立更深的信任关系，共同为学生的成长提供更好的支持。总之，家校合作机制的建立，是高校德育工作的重要组成部分，通过这一机制，学校和家庭能够共同为学生的全面发展保驾护航。

二、强化校企合作机制

通过与企业建立紧密的合作关系，学校可以为学生提供丰富的实习和社会实践机会，让他们在真实的工作环境中切身体验职业道德和社会责任的重要性。这种实习和实践不仅能够帮助学生将课堂上学到的德育知识应用于实际，更能够让他们在职场中体会到职业道德的具体要求，如诚实守信、团队合作和专业精神。这种深刻的职业道德体验，对学生未来职业生涯的发展具有重要意义，同时也能够增强他们在复杂社会环境中的适应能力和应变能力。通过校企合作，学校可以组织学生参与各种类型的社会实践活动，使他们在实践中学习和成长。企业可以为学生提供参与实际项目的机会，帮助他们积累实践经验，了解行业动态和市场需求。这些实践活动不仅能够让学生接触到真实的工作流程，还能够让他们在解决实际问题的过程中培养创新思维和团队合作精神。这种实践与理论相结合的教学方式，不仅丰富了德育的内容，还提高了学生的综合素质，使他们在走向社会之前就具备了一定的职业素养和社会责任感。

企业还可以通过参与学校的德育活动，直接介入学生的德育教育过程。企业可以派遣专家到学校开设职业道德讲座，向学生介绍行业内的道德规范和职业要求，使他们对未来的职业生涯有更加清晰认识。通过这些讲座，学生不仅可以了解到企业的实际运作模式，还能够学习到在职场中如何处理道德困境和职业挑战。此外，企业还可以组织学生参观企业的生产流程和管理模式，让他们在实地考察中感受企业文化和职业氛围。这种企业参与的德育活动，不仅能够增加学生对职业道德的感性认识，还能够帮助他们树立正确的职业观念和人生目标。为了确保校企合作机制的有效运行，学校还需要制定详细的合作协议和运行机制。通过明确双方的权责，学校可以确保企业在德育实践中的参与度和积极性。学校可以与企业共同制定学生实习的具体目标和要求，定期对学生的实习效果进行评估和反馈，确保实习活动不仅仅是形式上的走过场，而是真正能够提升学生职业素养的实践机会。与此同时，学校也应建立有效的沟通机制，定期与企业交流合作的进展情况，及时解决合作中的问题，确保合作机制的持续优化和改进。

三、拓展社区参与机制

通过与社区组织的紧密合作，学校可以为学生提供更多的社区服务和社会实践机会。这种合作不仅能够使学生在真实的社会环境中践行德育理念，还能够让他们更加深入地理解和体会社会责任感的内涵。学校可以组织学生参与社区的公益活动，如环保志愿服务、社区文化推广等，让学生在实际行动中感受到帮助他人、服务社会的意义。这种直接参与的方式，不仅能够增强学生的社会责任感，还能培养他们的公民意识和团队合作精神。此外，通过社区讲座和社区活动的组织，学校可以将德育内容融入学生的日常生活中。社区讲座可以邀请当地的道德模范、社会工作者或专家学者，为学生讲述德育理念在实际生活中的应用和重要性。这些讲座不仅能够拓宽学生的视野，还能使他们了解到德育理念在社区建设和社会发展中的作用，激发他们主动参与社区服务的热情。参与社区活动，如社区节庆、文化展览、志愿服务等，可以让学生在与社区居民的互动中，体会到社会各阶层的需求和期待，增强他们对社会的理解和关爱之心。这种互动性的活动，使德育教育不再局限于课堂，而是融入学生的日常生活之中。

社区参与机制的建立，还能够形成学校、家庭、社区三位一体的德育教育网络。学校可以通过与社区的合作，将德育教育延伸至学生的家庭生活中，形成一种全方位的德育氛围。学校可以与社区中心合作，开展家庭德育活动，让家长和学生一起参与社区服务项目，增强家校互动。这种家庭与社区的联合教育方式，不仅能够增强家庭对德育教育的支持，还能够通过实际的社区活动，帮助学生在家庭和社区两个环境中巩固德育理念，形成统一的价值观和行为规范。为了确保社区参与机制的有效性，学校需要建立一套完善的管理和运行机制。通过制定明确的合作协议和工作流程，学校可以与社区组织紧密合作，共同规划和实施德育项目。这种合作机制不仅能够确保社区参与的持续性和有效性，还能够为学校的德育工作提供更多的资源和支持。此外，学校还应定期对社区参与的效果进行评估，根据评估结果及时调整和改进合作内容，确保学生在社区活动中获得真正成长和发展。这种系统化的管理和评估机制，能够为社区参与机制的长效运行提供坚实的保障。

四、完善社会组织合作机制

社会组织，如志愿者组织和公益团体，能够为学校提供丰富的德育资源和实践平台。通过与这些组织建立紧密的合作关系，学校可以定期组织学生参与各种志愿服务和公益活动，使他们在实际行动中深刻体会到德育教育的实际意义。学生可以通过参与社会救助、环保行动、社区服务等公益活动，直接接触社会的不同层面，培养他们的同理心和社会责任感。这种实际的参与，不仅能够丰富德育内容，还能够让学生在社会服务中学会关爱他人、尊重自然，增强他们的社会适应能力和奉献精神。与社会组织的合作，还可以为学生提供更加多样化的德育实践机会。学校可以通过与公益团体的合作，设计和实施不同主题的公益项目，涵盖环保、教育、文化等多个领域。这些项目不仅能够让学生在具体的活动中体验和实践德育理念，还能够通过团队合作的方式，增强学生的集体意识和协作能力。通过组织学生参与环保公益活动，学生能够在保护环境的实践中培养生态意识和责任感；通过参与教育扶贫项目，学生能够感受到知识传播的重要性和教育公平的社会意义。这种多元化的实践平台，使学生能够在不同的社会场景中全面提升自己的德育素养。

社会组织还可以通过提供专业指导和资源支持，直接参与到高校的德育教育过程中。志愿者组织和公益团体可以派遣专业人员到学校进行培训和讲座，向学生传授公益服务的技巧和经验，帮助他们在活动中更好地发挥作用。这些专业的指导，不仅能够提升学生在公益活动中的执行力，还能够使他们对社会问题有更深入理解和反思。同时，社会组织还可以为学校提供物资支持和活动经费，帮助学校更好地组织和开展德育实践活动。这种外部资源的支持，能够为学校的德育工作注入新的活力和动力。为了确保社会组织合作机制的有效性，学校需要建立一套系统化的管理和评估机制。通过制定合作协议，明确各方的责任和义务，学校可以确保社会组织在德育合作中的积极参与和持续投入。同时，学校还应定期对合作的效果进行评估，收集学生的反馈和参与体验，以便不断优化和改进合作内容和形式。通过这样的评估机制，学校可以及时发现合作中的问题和不足，采取针对性改进措施，确保合作机制的长期有效运行。

五、构建多元化评估机制

为了确保多方协同参与的德育机制能够持续有效地运行，高校有必要构建一套多元化的评估机制。这一机制不仅能够帮助学校全面了解德育工作的进展情况，还能为后续的优化和调整提供科学依据。通过对家校合作、校企合作、社区参与以及社会组织合作的各项效果进行系统评估，学校可以准确掌握各个环节的实施成效。通过对家校合作的评估，学校可以了解家长在德育中的参与度和支持力度，从而判断家庭教育与学校德育之间的契合度，并据此提出改进建议。这种对合作效果的定期评估，能够帮助学校及时发现问题，调整策略，从而确保德育工作的连贯性和实效性。此外，评估机制的构建还应涵盖学生的思想品德、社会责任感、实践能力等多个维度。思想品德的评估可以通过学生的日常行为表现、道德认知和价值观念的调查问卷等方式进行，以此判断学生在德育教育中的成长和变化。社会责任感的评估则可以通过学生参与公益活动、社区服务的情况，以及他们在实际行动中表现出的责任意识和社会关怀进行衡量。实践能力的评估可以通过学生在实习、社会实践中的表现，尤其是在面对复杂问题时的应对能力和解决问题的能力进行考察。这些多维度的评估内容，能够确保评估结果的全面性和客观性，从而为学校提供更准确的德育工作反馈。

学校可以结合量化评估和质性评估，通过数据分析和个案研究相结合的方式，全面把握学生德育发展的各个方面。学校可以通过定量的问卷调查、统计分析，获取学生在德育教育中的普遍表现。同时，也可以通过教师、家长、企业导师的个别访谈和案例分析，深入了解学生在不同环境下的德育成长。这种多维度、多方式的评估方法，不仅能够为学校提供宏观的整体评估结果，还能够为学校在具体的德育实施中提供微观层面的指导。学校还应建立评估结果的反馈机制，以确保评估的实际作用。通过将评估结果及时反馈给相关部门、教师、家长和合作企业，学校可以共同探讨德育工作的改进方案。对于学生个人，学校可以通过一对一的辅导或集体反馈会，帮助学生认识自身在德育方面的优势和不足，提出针对性提升建议。这样的反馈机制，不仅能够增强评估的透明度和参与感，还能够促进学校、家庭、企业和社会组织之间的协作，不断优化德育工作的协同机制。

通过这套多元化的评估机制，学校能够持续提升德育教育的整体水平。评估不仅是对过去工作的总结，更是对未来工作的指引。通过不断反思和调整，学校可以在德育工作中不断创新和进步，确保德育教育能够真正落地生根，切实提升学生的思想品德和社会责任感，为他们的全面发展奠定坚实的基础。这种持续的评估和改进机制，将成为高校德育协同育人模式中的一项重要保障，为德育工作的长远发展提供源源不断的动力。

第四节　高校德育协同育人模式的可持续发展

一、加强多方协同合作

（一）建立跨部门协同机制

高校应与家庭、社区、企业等多方力量建立常态化的沟通与协作机制。通过定期的联络会议、共同研讨活动等方式，确保各方在德育目标、实施策略等方面达成共识，形成合力。跨部门协同机制的建立有助于资源的合理配置和利用，避免重复建设和资源浪费，同时也能够促进信息的互通，提升德育工作的整体效能。

（二）联合开发德育课程

高校可以与企业合作，联合开发德育课程，将职业道德与社会责任等内容纳入教学体系。通过邀请企业专家参与课程设计和授课，学生可以获得更贴近实际工作的道德教育。同时，高校还可以与社区合作，开发具有本地特色的德育课程，结合当地文化和社会环境，培养学生的社会责任感和公共意识。这种联合开发的模式不仅丰富了德育内容，也增强了课程的实践性和针对性。

（三）组织跨领域实践活动

高校应积极利用社区和企业资源，组织跨领域的实践活动，如志愿服务、实习项目等。这些实践活动不仅能让学生在实际情景中体验和理解德育内容，还能帮助他们培养团队合作精神和解决实际问题的能力。通过与社区合作，学生可以参与到社会治理、环境保护等公共事务中，增强对社会责任的认识；通过与企业合作，学生可以在真实的工作环境中实践职业道德，提升职业素养。

（四）建立反馈与评估机制

为了确保多方协同合作的有效性，高校应建立反馈与评估机制，定期对德育合作项目的实施效果进行评估。反馈机制应包括学生、教师、合作单位等多个层面的意见和建议，以便及时发现和解决问题。同时，评估机制应以科学的数据分析为基础，确保德育工作在多方协同下能够持续改进和优化，实现长远发展。

二、创新德育内容与形式

（一）引入社会热点与时代议题

高校在德育内容的创新中，应及时引入与学生生活和未来发展密切相关的社会热点与时代议题。通过将环境保护、社会公正、科技伦理等热点问题纳入德育课程，能够激发学生的兴趣和讨论热情。这些议题不仅能够培养学生的社会责任感和道德意识，还可以促进他们对社会现象的独立思考和批判能力，帮助他们更好地应对未来的社会挑战。

（二）整合多学科内容

创新德育内容还需要打破学科壁垒，整合多学科内容，以形成更加全面、立体的德育体系。高校可以将人文、社会科学、自然科学等不同领域的知识融入德育课程，使德育教育不再局限于思想政治和道德教育，而是扩展到学生的综合素质培养。比如，将生态伦理、科技创新与人类命运共同体等跨学科内容结合起来，能够帮助学生建立更为广泛的道德观和世界观。

（三）多样化教学形式与载体

在德育形式上，高校应打破传统的课堂教学模式，探索多样化的教学形式与载体。除了传统的课堂教学，还可以通过新媒体平台传播德育内容，利用社交网络、在线讨论、视频直播等方式，使德育教育更具互动性和吸引力。此外，还可以组织社团活动、实地考察、志愿服务等实践性活动，让学生在参与中体验德育的实际意义，从而增强德育的实效性。

（四）灵活运用案例教学与情景模拟

案例教学与情景模拟是创新德育形式的有效手段。通过运用真实案例和模拟情景，高校可以帮助学生更好地理解复杂的道德问题，并在情景中探索不同的应对策略。这种教学方式能够将理论知识与实际问题紧密结合，培养学生在复杂道德情景中做出合理判断和决策的能力。在科技伦理的教学中，通过情景模拟让学生亲身体验道德困境，激发他们的反思和讨论，从而深化德育效果。

三、建立长效评价机制

（一）制定科学的评价标准

建立长效评价机制的首要任务是制定科学、合理的评价标准。这些标准应涵盖德育课程的实施效果、学生的思想道德水平、参与协同育人的各方合作成效等。评价标准的制定应基于明确的德育目标，同时结合各个高校的实际情况和学生的个体差异，确保评价结果具有公正性和可信度。科学的评价标准可以为德育工作的持续改进提供有力依据，指导高校在德育工作中进行必要的调整和优化。

（二）构建多维度评价体系

为了全面反映德育协同育人模式的成效，高校需要构建一个多维度的评价体系。除了对德育课程的直接效果进行评估外，还应考虑学生思想道德的内化程度、教师和参与单位的反馈以及德育工作对学生综合素质的长期影响。通过对这些不同维度的综合分析，高校可以更准确地把握德育工作的整体情况，避免单一评价标准可能带来的偏颇。

（三）引入数据分析与监测技术

在长效评价机制中，数据分析与监测技术的引入至关重要。高校可以通过大数据、人工智能等技术手段，对德育工作的实施情况进行实时监测和分析，及时发现问题和不足。可以通过学生的学习数据、课堂参与情况、社会实践表现等，生成详细的分析报告，帮助学校管理层和教师了解德育工作的实际效果，并据此制定改进措施。数据的可视化和动态监测也有助于评价机制的透明度和公正性。

（四）重视反馈与改进机制

评价机制的有效性不仅在于对现状的评估，还在于通过反馈促进持续改进。高校应定期向教师、学生、参与单位等相关方反馈评价结果，鼓励他们提出改进建议，并将这些建议纳入德育工作的改进计划中。同时，高校还应建立相应的反馈渠道，确保各方的意见和建议能够及时、有效地传达和落实。这种动态的反馈与改进机制可以不断优化德育协同育人模式，确保其在实践中具有持续的发展动力。

四、促进德育与专业教育的融合

（一）在课程设计中融入德育目标

高校在专业课程设计时，应当将德育目标与专业学习目标有机结合，确保学生在掌握专业知识的同时，也能够树立正确的价值观和职业道德。具体来说，可以在课程大纲中明确德育目标，并通过案例分析、讨论和课题研究等方式，将德育内容自然地渗透到专业教学中。通过对工程项目的伦理问题进行探讨，培养学生的社会责任感和职业操守。

（二）开发跨学科融合课程

为了更好地实现德育与专业教育的融合，高校可以尝试开发跨学科融合课程，将德育内容融入多个学科领域中。这种课程设计不仅能够帮助学生在学习专业知识的过程中更全面地理解和内化德育内容，还可以培养他们的跨学科思维能力。将环境伦理与工程技术相结合，或将商业道德与市场营销课程相结合，通过跨学科的视角，使学生更深刻地认识到德育的重要性和实际应用。

（三）加强案例教学与实践活动

案例教学与实践活动是促进德育与专业教育融合的重要途径。通过引入真实的行业案例，学生可以在分析和解决问题的过程中，逐步理解职业道德和社会责任的重要性。同时，高校可以组织学生参与实际的社会实践项目，将他们所学的专业知识应用于真实的工作环境中，并在实践中体验和践行德育理念。商科学生可以通过社会责任项目，了解企业在经济活动中的伦理责任，并反思其社会影响。

（四）建立持续反馈与改进机制

在德育与专业教育的融合过程中，高校需要建立持续的反馈与改进机制，确保融合效果的持续优化。教师可以通过课堂讨论、问卷调查、教学反思等方式，收集学生对课程融合效果的反馈，并根据反馈不断调整和改进课程设计。此外，还可以邀请行业专家和校友参与课程评估，提供实践经验和建议，从而使德育与专业教育的融合更加贴近实际需求，提升学生的综合素质和职业道德水平。

第三章　高校思政课教学与高校德育协同育人模式构建

第一节　德育协同育人模式的内涵与重要性

一、德育协同育人模式的内涵

德育协同育人模式是指高校通过整合校内外资源，推动多方协同合作，形成教育合力，以实现德育目标的教育模式。该模式强调家庭、学校、社会等多元主体的共同参与，将德育融入学生的学习和生活中，通过多层次、多维度的教育手段，帮助学生树立正确的价值观和社会责任感，实现全面发展。

二、德育协同育人模式的重要性

（一）促进学生全面发展

德育协同育人模式的实施依赖于多方合作，通过整合学校、家庭、社区和社会的教育资源，为学生提供了更为全面的支持。通过学校的系统教学，学生能够掌握基础的学术知识和职业技能，而家庭则在日常生活中为学生提供个性化的支持和引导。与此同时，社区和社会资源的介入，如企业实习、社会实践等活动，则为学生的实践能力提供了丰富的场景，使得理论知识与实际操作相结合，帮助学生更好地理解和应用所学内容。从思想道德的培养角度来看，德育协同育人模式显著增强了德育工作的效果。在学校教育中，教师通过系统的德育课程和活动，引导学生树立正确的价值观和道德准则。然而，仅仅依靠学校的教育是不够的，家庭的价值观和生活习惯对学生的思想道德发展有着深远的影响。通过家庭参与德育工作，学校能够将教育延伸到学生的日常生活中，形成家校联动的德育环境。同时，社区的参与则为学生提供了实际的道德行为实践机会，如参与志愿服务、社区活动等，通过在实际生活中的应用和体验，学生的道德认知能够得到进一步巩固和深化。

社会责任感的培养同样得益于德育协同育人模式的多方合作。学校在德育课程中注重培养学生的社会责任意识，通过学习社会规则、法律知识、环保意识等内容，使学生初步形成对社会的责任感。家庭则在潜移默化中影响学生的社会行为习惯，例如通过家庭成员的行为示范和价值观传递，帮助学生理解社会责任的实际意义。此外，社区和社会机构通过提供志愿服务、社会实践等机会，让学生在真实的社会情景中感受和践行社会责任，这种切身的体验能够有效激发学生的社会责任感，使他们更加积极地参与社会活动，回馈社会。从长远来看，德育协同育人模式不仅帮助学生在学术上取得成功，更为他们的未来社会生活和职业发展奠定了坚实的基础。通过这一模式，学生在学校中获得系统的知识学习，在家庭中得到情感和价值观的支持，而通过社区和社会的实践，他们能够将这些知识和价值观应用于现实生活中。这种全面的教育支持，使得学生不仅在学术能力上得到发展，同时也在思想道德、人际关系和社会责任感等方面得到全方位提升，为他们的未来提供了综合素质的保障。

（二）增强教育效果的持续性和实效性

德育协同育人模式的优势之一在于其能够通过多方参与来增强教育效果的持续性和实效性。学校作为德育工作的核心场所，通过系统化的课程设置和课外活动为学生提供了持续的思想道德教育。学校在培养学生思想道德的过程中，注重理论与实践相结合，不仅在课堂上传授道德知识，还通过各种社会实践活动，如志愿服务、主题班会等，帮助学生将所学知识应用于实际生活中。这种持续的教育过程，有助于学生逐步内化道德观念，并形成稳定的价值体系。家庭是学生生活的重要场所，父母的言行举止、家庭环境以及家庭教育方式都会对学生的思想道德发展产生深远影响。学校的德育教育得以在学生的日常生活中得到延续和巩固。父母在家庭中可以通过日常生活中的小事，如言传身教、家庭规则等，进一步加强学生对道德规范的理解和践行。这种家庭与学校教育的无缝衔接，使学生在生活的各个方面都能受到一致的德育影响，进一步增强了教育效果的持续性。

社区作为德育协同育人模式的重要参与者，也为学生提供了丰富的德育资源和实践机会。社区可以通过组织各种社会活动，如环保行动、公益活动等，为学生提供参与社会实践的平台。这些活动不仅能够增强学生的社会责任感，还能够让他们在实践中体验和理解道德规范的实际意义。通过社区的积极参与，德育工作得以超越学校和家庭的范畴，延伸至更广阔的社会空间，帮助学生在多样化的社会情景中巩固和深化道德教育的成果。此外，德育协同育人模式强调多方协同合作，这种合作不仅体现在教育内容上的一致性，还体现在教育实施过程中的连续性。通过家庭、学校、社区等不同主体的密切配合，学生在不同场景中接触到的德育内容能够保持一致性，从而避免了教育内容的割裂和重复。这种一致性帮助学生在不同环境下保持一致的道德观念和行为准则，确保德育工作的连续性和系统性。同时，教育各方的协同合作还可以通过定期的沟通和反馈，及时调整和改进德育策略，确保教育内容和形式与时俱进，从而进一步提高教育效果的实效性。

从实践效果来看，德育协同育人模式通过整合和协调不同教育主体的资源和力量，使得德育工作的影响力得以最大化。学校提供的系统化教育能够为学生奠定扎实的道德基础，家庭提供的情感支持和榜样示范能够帮助学生将道德规范内化为日常行为准则，社区提供的社会实践平台则为学生的道德观念提供了实践检验的机会。多方的共同努力，使得德育工作不仅具备持续的教育效果，还能够在不同场景下实现实效性，帮助学生形成全面而深刻的道德认知和行为习惯。

（三）优化教育资源配置

德育协同育人模式通过整合校内外的教育资源，使得教育资源的利用率得以提升。高校作为教育资源的核心场所，通过与家庭、社区以及社会各界的合作，能够将校内的教学资源与校外的社会资源有效结合，形成资源共享的教育环境。学校可以利用社区图书馆、博物馆等公共资源，开展丰富的德育活动，让学生在实际的社会环境中学习和实践道德规范，从而实现资源的最优配置。家庭不仅为学生提供了日常生活中的教育环境，还可以通过与学校的合作，将家庭资源引入到学校的德育工作中。家长可以分享自身的职业经验和生活经验，参与到学校的德育课程设计和活动组织中，为学生提供更贴近生活的教育内容。这种家校合作的方式，不仅丰富了德育内容，还增强了教育的实际效果，使学生能够更好地将所学知识应用于生活实践中。

社区作为德育协同育人模式中的另一重要资源提供方，能够为德育工作注入新的活力。社区中的企业、非营利组织、文化机构等，都是丰富的教育资源。通过与这些机构的合作，高校可以为学生提供更加多样化的学习体验。社区企业可以为学生提供实习机会，让他们在真实的工作环境中理解职业道德和社会责任；文化机构可以组织主题展览和讲座，帮助学生拓宽视野，提升道德认知。通过社区资源的整合和利用，德育教育不再局限于课堂，而是延伸到更广阔的社会空间，使学生在多样化的情景中接受教育。通过与政府部门、社会团体、志愿者组织等的合作，高校可以获得更多的教育资源支持，如政策指导、资金资助、志愿者服务等。这些社会资源的引入，不仅为学校德育工作提供了必要的物质支持，还为学生创造了更多的实践机会。政府部门可以为学校提供德育项目的政策支持，社会团体可以组织公益活动，志愿者组织可以为学生提供社会服务的实践平台。这种多方参与的资源配置方式，使得德育工作能够更好地适应社会发展的需求，提高教育的灵活性和适应性。

德育协同育人模式通过资源的优化配置，不仅提高了教育的质量，还有效减少了教育资源的浪费。通过多方合作，学校能够避免重复建设和资源的闲置浪费，实现教育资源的高效利用。通过共享图书馆资源，学校可以减少自建图书馆的成本；通过联合组织社会实践活动，学校可以避免资源的重复投入。这种资源整合和优化配置的方式，不仅提高了教育的经济效益，还为学生提供了更加丰富和多样的学习体验。

（四）促进社会和谐与稳定

通过这一模式培养出来的学生，具备较强的社会责任感和公共意识，这为社会的长远发展奠定了良好基础。在接受家庭、学校和社区等多方教育的过程中，学生不仅学习到了基础的学术知识，更在道德素养和社会认知方面得到了全面的提升。他们在未来步入社会后，能够以积极的心态参与到社会治理中，遵守社会规则，主动承担社会责任，为社会的和谐与稳定做出实际贡献。德育协同育人模式能够帮助学生更好地理解和尊重社会规则，这对社会的稳定具有重要意义。在学校的教育中，学生学习到法律、道德规范等内容，通过家庭的潜移默化影响，他们能够将这些规范内化为自身的行为准则。同时，社区通过提供社会实践机会，使学生在真实的社会环境中验证和强化对这些规则的理解。这种多层次、多维度的教育，帮助学生在进入社会后能够更加自觉地遵守社会规则，减少因不良行为引发的社会矛盾和冲突，从而促进社会的稳定。

德育协同育人模式通过培养学生的公共意识，鼓励他们积极参与社会治理。这种参与不仅体现在个人行为的规范化上，还体现在对社会公共事务的关心和参与中。学生在接受多方教育的过程中，逐步形成了对社会问题的敏感性和责任感，他们愿意投身于社会公益事业，参与社区服务、环保行动等公共事务。这种积极的社会参与行为，不仅有助于解决社会问题，还能够增强社会的凝聚力和信任感，推动社会朝着更和谐的方向发展。德育协同育人模式培养出的学生，在进入职场和社会后，能够以良好的职业道德和团队精神促进工作环境的和谐。这些具备高道德素养的人才，在企业中能够推动企业文化的建设，促进同事之间的团结协作，从而增强组织的凝聚力和竞争力。同时，他们在家庭和社区中，也能发挥积极的榜样作用，影响身边的人，共同营造和谐的社会氛围。这种辐射效应，使得德育协同育人模式不仅仅局限于学校教育层面，而是对整个社会的和谐与稳定产生了深远的影响。

从长远来看，德育协同育人模式通过多方协同的教育方式，不仅培养了具有良好道德素养的个体，还推动了社会整体的道德水准提升。随着这一教育模式的推广和深化，越来越多的学生将在这种模式下成长，他们将带着强烈的社会责任感和公共意识步入社会，成为推动社会进步的重要力量。这些具有良好道德素养的个体，能够在社会中发挥积极作用，减少社会矛盾的产生，增加社会成员之间的理解与信任，从而为社会的和谐与稳定提供有力保障。

第二节 高校思政课教学与德育协同育人的整合路径

一、深化课程内容的整合

（一）将德育目标融入教学大纲

通过将德育目标明确纳入教学大纲，高校能够确保课程内容不仅仅集中在政治理论的讲解上，还涵盖了社会责任、道德规范等德育核心内容。这种做法能够为学生提供全面的教育视角，使他们在学习政治理论的过程中，也能够自然而然地接触到德育知识。这样一来，思政课不仅成为传授政治理论的场所，也成为学生道德观念和价值观培养的重要阵地。高校可以根据德育目标的要求，调整和设计教学内容，使其与政治理论知识有机结合。可以在讲解国家政策和法律的同时，引入对社会责任和道德规范的讨论，帮助学生理解法律背后的伦理和价值观。这种内容的整合，不仅丰富了思政课的教学内容，也使德育教育与政治理论教学形成了紧密的联系，从而为学生提供了更全面的学习体验。

通过将德育目标融入教学大纲，高校能够逐步引导学生形成正确的价值观和道德观念。学生在学习过程中，能够通过对德育内容的不断接触和理解，逐渐将这些核心价值观念内化为自身的行为准则。在学习爱国主义和社会责任的过程中，学生能够认识到作为公民的责任，并将这些认识转化为实际行动。这样一种整合方式，不仅提升了德育的教学效果，也帮助学生在理论与实践之间建立了更加坚实的联系，从而为他们未来的社会生活和职业发展奠定了良好的基础。

（二）结合现实案例强化价值观引导

结合现实案例是强化思政课教学中德育内容的有效策略。这种方法通过将社会责任、爱国主义和道德规范等核心价值观融入课程讲解中，能够有效地帮助学生理解和内化这些德育内容。现实案例能够将抽象的德育理论与具体的社会现象结合起来，提供生动的学习材料。通过分析当下的社会热点问题，如环境保护、公共道德事件等，教师能够引导学生将理论知识应用于实际情景中。这种教学方式使学生能够从具体事件中观察到德育内容的实际表现，进而深化对理论的理解。在课堂上讨论真实的社会案例，可以促使学生对涉及的社会责任和道德规范进行深入思考。通过分析企业的社会责任实践，学生可以更好地理解如何在实际工作中践行职业道德；通过讨论爱国主义的现实表现，学生可以更深入地认识到国家利益与个人行为之间的关系。这种反思过程不仅帮助学生将理论知识与现实问题对接，也培养了他们独立思考和价值判断的能力。

将现实案例融入教学中，可以增强课程的现实感和说服力。相较于纯理论的讲解，案例分析提供了具体的情景和实例，使学生能够更直观地感受到德育内容的实际意义。这种直观的教学方式不仅提高了学生的学习兴趣，也使得德育内容更具说服力，帮助学生在多样化的社会情景中形成稳定的价值观。通过与实际生活密切相关的案例，学生能够更好地理解和接受德育课程的核心价值观念，并将这些观念内化为自身的行为准则。利用现实案例的教学方式，还可以激发学生对社会问题的关注和参与。通过讨论社会热点问题和真实案例，教师能够引导学生关注社会现实，并鼓励他们积极参与到社会实践中。这种参与不仅能够提升学生的社会责任感，还能够使他们在实践中进一步验证和深化所学的德育内容，从而在理论与实践之间建立更加紧密的联系。这种教学策略，既增强了德育课程的实践性，也为学生的全面发展提供了坚实的支持。

（三）设计互动性教学活动促进价值观内化

通过课堂讨论、辩论、角色扮演等互动形式，教师可以激发学生的参与热情，使他们主动投入德育内容的学习中。这种教学方式不仅使学生在参与过程中加深对德育内容的理解，还能促使他们在实际交流中反思和内化这些核心价值观念，从而实现更深入的学习效果。课堂讨论是一种有效的互动教学形式，它能够激发学生的思考和表达能力。教师通过设计与德育内容相关的问题，引导学生在小组或全班讨论中探讨社会责任、道德规范等话题。在讨论过程中，学生能够碰撞出不同的观点和见解，从而对德育内容有更全面理解。通过参与讨论，学生不仅能加深对德育理论的认知，还能在集体智慧的碰撞中逐步形成个人的价值观。

辩论活动为学生提供了一个系统化思考和表达观点的机会。在辩论过程中，学生需要围绕特定的德育话题，准备论据、组织论点，并进行辩论。这种形式的教学不仅提高了学生的思维能力和表达能力，还促进了对德育内容的深入理解。辩论的过程使学生必须从不同角度分析问题，并在实际的争论中体验和理解道德和社会规范的复杂性，从而更加深刻地内化这些价值观。角色扮演活动能够帮助学生在模拟的社会情景中体验和践行德育内容。在角色扮演中，学生扮演不同的社会角色，面对特定的道德困境或社会问题。通过这种模拟，学生可以在实践中体验道德选择和社会责任，从而对德育内容有更直观理解。在模拟一个企业决策的角色扮演中，学生可以深入思考企业的社会责任和职业道德，并在角色中做出相应的决策。这种参与式的活动使德育内容从理论走向实践，提升了教学的实际效果。

通过设计这些互动性教学活动，教师能够有效地促进学生对德育内容的内化。学生在积极参与中，不仅能够更深入地理解德育理论，还能够在实际交流和模拟中形成和巩固个人的价值观念。这种教学设计不仅提升了德育协同育人的效果，也为学生提供了一个全面的、参与式的学习体验，使他们能够在真实情景中践行所学的德育知识。

二、强化教学方法的多样化

（一）案例分析的运用

引入具有现实意义的社会案例是强化思政课与德育协同效果的一种有效方法。通过案例分析，教师能够将德育内容与实际情景紧密结合，使学生在具体的社会问题中理解和应用道德规范与政治理论。选择具有代表性的案例，例如企业伦理问题、社会责任冲突、法律规范案例等，教师可以引导学生深入分析案例中的道德困境和法律问题，从而帮助他们将理论知识与实际情景相结合，提升学习效果。在案例分析过程中，教师通过设置讨论题目，引导学生对案例中的问题进行详细分析。针对一个企业在处理环境污染问题时的伦理决策案例，教师可以鼓励学生探讨企业在追求经济利益的同时，如何平衡社会责任和环境保护。这种分析不仅使学生能够理解企业伦理和社会责任的重要性，还能帮助他们在实际生活中面对类似问题时做出更为合理和道德的选择。通过这种方法，学生能够将所学的道德规范和政治理论应用于实际问题中，增强理论知识的实际效果。

案例分析有助于培养学生的批判性思维和问题解决能力。在讨论案例的过程中，学生需要综合运用所学的理论知识，提出解决方案并进行论证。这种过程不仅提高了学生的思维能力，还培养了他们在面对复杂问题时的分析和解决能力。通过分析一个关于法律规范违反的案例，学生可以了解法律对社会秩序的重要性，同时也能够在讨论中提出改进措施，增强他们的实际问题解决能力。通过具体的社会案例，学生能够更直观地感受到道德规范和政治理论在现实生活中的应用。这种教学方法不仅使德育内容更具现实感和说服力，还能够帮助学生在面对复杂的社会问题时，更好地运用所学的理论知识，形成稳定的价值观念和道德判断。因此，案例分析在思政课教学中起到了桥梁作用，使学生能够将理论知识有效地转化为实践能力，提升了德育教育的实际效果。

（二）角色扮演与情景模拟

角色扮演和情景模拟活动为学生提供了沉浸式的学习体验，有效地将德育内容融入实际的社会情景中。学生被赋予不同的社会角色，并面对具体的道德困境或社会问题。在这种活动中，学生需要做出决策和互动，体验到道德选择的复杂性。这种方式使学生能够在模拟的情景中实际应用所学的道德规范和理论知识，增强他们对德育内容的理解和感受。通过角色扮演，学生可以在模拟的社会角色中体验到实际的道德决策。在一个模拟的企业会议中，学生可能需要扮演企业高管，面对关于环境保护与经济利益的决策。这种沉浸式的体验能够让学生直观地感受到在面对道德和伦理问题时的复杂性，并学会如何在现实中做出合理的选择。角色扮演不仅帮助学生将理论知识与实际情景结合起来，还能够提升他们的决策能力和道德判断力。

情景模拟活动通过设计与德育相关的具体情景，使学生能够在模拟环境中应用所学的理论知识和道德规范。教师可以创建各种社会情景，如社区服务、企业管理、公共政策制定等，让学生在这些模拟情景中实践德育内容。学生不仅能够加深对理论知识的理解，还能够在实践中内化这些德育内容。在模拟的社区活动中，学生可能需要解决社区中的问题，这样的活动帮助学生在实践中学会如何运用道德规范和社会责任感。这种教学方法有效地促进了学生对德育内容的内化。通过沉浸式的角色扮演和情景模拟，学生能够在具体的社会环境中理解和应用道德理论，从而将这些理论转化为自身的行为准则。这种实践经验不仅增强了学生对德育内容的感受，也为他们在真实社会中的行为提供了宝贵的指导。角色扮演和情景模拟的应用，使德育教育更加生动和具体，提升了教育的实际效果。

（三）现代教育技术的应用

通过利用线上讨论平台，教师能够在课堂之外与学生进行持续互动，从而增强教学的灵活性和延续性。建立在线讨论平台可以突破传统课堂的时间和空间限制，使学生能够在课外也参与讨论、分享观点。这种互动形式不仅扩展了课堂讨论的范围，还提高了学生的参与感和积极性，使得德育内容的讨论更加深入和广泛。此外，互动工具如即时反馈系统和电子投票系统为教学提供了实时的数据支持。通过这些工具，教师可以即时了解学生对德育内容的理解情况，并根据反馈及时调整教学策略。在课堂中使用电子投票系统进行观点调查，可以快速收集学生的意见，并在此基础上引导进一步讨论。即时反馈系统能够实时掌握学生对课程内容的掌握程度，帮助教师在教学过程中进行针对性调整，从而提高教学的针对性和有效性。借助现代教育技术，教师还能设计更加丰富多样的教学活动，如在线测验、互动游戏等，以提升学生的学习兴趣和参与度。这些技术手段不仅使课堂教学更加生动和互动，还能够为学生提供更多的学习方式和体验。通过这些创新的教学手段，德育内容不仅能更好地吸引学生的注意，还能够帮助他们在轻松愉快的环境中深入理解和接受德育知识，从而提升教学效果。

三、推进实践教学的落地

（一）组织志愿服务活动

通过参与社区服务、环保行动、支教等活动，学生能够在实际社会环境中深刻体会并践行德育理念。学校可以安排学生参与社区的老年人照料、环境保护项目、贫困地区的支教等志愿服务。这些活动为学生提供了宝贵的实践机会，使他们在服务他人的过程中能够直接感受到社会责任和道德规范的实际意义。通过志愿服务活动，学生能够在实际操作中体验到社会责任的重要性。比如，参与社区老年人照料的活动，学生需要为社区的老年人提供帮助，关心他们的生活，解决他们的实际困难。这一过程中，学生不仅能够理解到关爱他人的重要性，还能够亲身感受到服务他人的实际意义。这种体验能够加深学生对社会责任的认识，培养他们的同情心和社会关怀，进而将德育理念内化为自身的行为准则。

在组织的环保活动中，学生可能会参与到清理社区垃圾、植树造林等活动中。这种实际的操作不仅让学生了解到环境保护的紧迫性，还能通过亲身参与增强他们对环保理念的理解。通过这些活动，学生能够在行动中践行环保的理念，将课堂上学到的理论知识应用到实际问题中，从而加深对环境保护的认识和行动意识。参与支教活动则能够让学生在教育弱势地区的过程中，体会到教育公平和社会责任的意义。通过在贫困地区进行支教，学生不仅帮助了那些需要帮助的孩子，还能够在实践中体会到教育对个人和社会的重要作用。这种经历不仅能提升学生的社会责任感，还能使他们更加深入地理解教育和德育的价值，培养他们的同情心和责任感，使德育理论在实际行动中得以体现。

（二）开展社会调研项目

通过组织学生参与社会调研，学校不仅能够将德育理论与实际问题对接，还能培养学生的调查研究能力和解决问题的能力。学生在调研过程中需要对社会问题、公共政策、社区发展等方面进行深入分析，收集数据、提出建议。这种实践活动使学生能够将课堂上学到的德育理念应用于实际情况中，增强他们的社会责任感和实际问题解决能力。通过社会调研项目，学生能够直接接触和了解社会问题。学校可以组织学生调研社区中的社会服务需求，学生需要与社区成员交流，了解他们的实际需求。这种调研活动使学生在实际调查中体验到社会服务的重要性，并能够将理论知识应用于实际问题的解决中。学生在收集和分析数据的过程中，不仅能够理解社会问题的复杂性，还能够从中发现并提出切实可行的改进方案。

在调研过程中，学生需要设计调查问卷、进行数据收集、分析结果并撰写调研报告。这一过程不仅锻炼了学生的研究能力，还增强了他们在面对复杂问题时的分析和解决能力。通过分析社区服务需求，学生能够识别服务缺口，提出改进建议，并参与到解决这些问题的实际行动中。这种能力的培养不仅有助于学生在学术研究中取得成功，还能够在实际工作中发挥作用。通过亲身参与调研，学生能够深入了解社会问题，体会到社会责任的重要性。在调研中发现社区中存在的教育资源不足问题，学生能够感受到教育公平的重要性，并通过提出改进方案，实际参与到解决这些问题的过程中。这种实践经历使学生不仅将德育理论与实际问题结合起来，还能够在行动中体现社会责任感，从而全面提升其综合素质。

（三）参与社区活动与合作项目

鼓励学生参与社区活动和合作项目，是将德育理念应用于真实社会环境中的有效途径。高校可以通过与社区、企事业单位的合作，组织学生参与社区文化建设、公益项目、企业社会责任等实践活动。这些项目不仅使学生能够实际体验德育内容，还能在合作中提升他们的组织协调能力和团队合作精神。通过社区文化建设活动，学生能够在实践中理解德育理念的实际意义。参与社区的文化活动组织，如节日庆典、社区文艺演出等，学生不仅能够贡献自己的创意和能力，还能在活动中体验到文化建设对增强社区凝聚力的重要性。学生能够体会到德育理念如何在实际操作中促进社区的和谐与发展，从而将所学的理论知识转化为实际行动。

高校可以组织学生参与如助老、环境保护等公益活动，通过这些项目，学生能够在解决社会问题的过程中实际应用德育理念。在组织扶贫活动中，学生可能需要进行物资募集、资源分配和社区服务等工作，这不仅使他们了解贫困问题的复杂性，还能够增强他们的社会责任感和服务意识。这种参与方式使德育理念在学生的实际行动中得以体现，提升了他们的社会服务能力和解决实际问题的能力。通过参与企业社会责任项目，学生能够感受到企业在社会中的角色和责任。高校组织学生参与企业的社会责任活动，如企业环保项目、员工志愿服务等。在这些活动中，学生能够了解企业如何在经营过程中践行社会责任，并通过实际参与体验到企业责任对社会的影响。这种实践不仅让学生看到德育理念在企业中的应用，还能够帮助他们提升组织和协调能力，培养团队合作精神。

四、加强校内外资源的整合

（一）建立校内外合作平台

高校应积极建立与家庭、社区、企业等的合作平台，以实现校内外资源的有效整合。这种合作可以通过设立联动教育项目、合作办学和校外实习等方式进行。学校可以与当地社区合作，开展社会服务项目，如社区文化活动、环保行动等。通过这种合作，学生能够在实践中应用德育内容，并与社区成员共同参与活动，从而在真实的社会环境中接触和学习德育理念。同时，企业的参与可以帮助学生了解职业伦理和社会责任，提升德育教育的广度和深度。

（二）优化资源配置与共享

整合校内外资源有助于优化教育资源的配置与共享。高校可以与企业、社区等合作伙伴共同开发德育课程、组织实践活动，将这些资源有效地应用于教学中。高校可以邀请企业专家进行职业伦理讲座，或安排学生到企业进行实习，体验企业文化和社会责任。这种资源共享不仅提高了教育资源的利用效率，还能够为学生提供更丰富的德育内容和实际经验，从而增强德育教育的效果。

（三）开展跨界合作项目

高校应通过跨界合作项目，进一步拓展德育教育的实践范围。通过与不同领域的合作伙伴开展项目，如与社区联合举办的社会调研、与企业合作的公益活动等，学生能够在多种实际环境中体验德育内容。学生可以参与社区的环境保护项目，与企业一起开展的社会责任项目中，深入了解如何将德育理念应用于实际工作和社会服务。这种跨界合作不仅丰富了德育教育的形式，还能够帮助学生在不同的社会场景中实践和内化德育理念。

五、构建系统化的评价体系

（一）建立多维度的评价标准

系统化的评价体系应涵盖学生的课堂表现、社会实践参与度、道德素养提升等多个方面。课堂表现评价应包括学生对思政课内容的理解程度、参与积极性和思想表达能力。社会实践参与度的评价则需考查学生在志愿服务、社会调研等实践活动中的参与情况和实际贡献。此外，道德素养提升的评价应侧重于学生在日常生活中的道德行为和社会责任感的表现。通过多维度的评价标准，能够全面反映学生在德育协同育人过程中的成长情况，确保评价的全面性和准确性。

（二）实施定期和动态评估

为了确保评价体系的有效性，需实施定期和动态评估。定期评估包括学期末的综合评价，以全面了解学生在一段时间内的德育进展和思政课学习效果。动态评估则通过周期性的反馈，如每月或每季度的检查，实时跟踪学生的学习和成长情况。动态评估能够及时发现问题并进行调整，保证学生在德育和思政教育中不断进步。此外，定期评估和动态评估结合使用，可以为教师提供持续的数据支持，帮助他们更好地调整教学策略。

（三）采用多种评估手段

评价体系应采用多种评估手段，以确保评价的全面性和客观性。除了传统的考试和作业评分，还可以通过问卷调查、同伴评价、自我评价等方式收集数据。问卷调查可以了解学生对课程和实践活动的满意度及建议；同伴评价和自我评价则可以反映学生的自我认知和相互间的影响。这些评估手段相结合，可以提供对学生德育表现的多角度反馈，确保评价结果的准确性和可靠性。

六、促进教师队伍的专业化发展

（一）开展专项培训和专业发展活动

高校应定期开展针对思政课与德育协同育人的专项培训和专业发展活动。这些培训可以包括德育课程设计、思政教学方法创新、跨学科教学策略等方面的内容。通过邀请专家学者开展讲座、组织工作坊和培训班，教师能够掌握最新的教学理论和方法，提升在思政课与德育整合中的专业能力。此外，教师还可以通过参与国内外相关领域的学术会议和研究项目，进一步拓宽视野，提升专业素养。

（二）实施教学研讨与经验交流

高校应建立教学研讨机制和经验交流平台，以促进教师之间的知识分享和教学经验交流。定期组织教学研讨会，邀请各领域的专家和优秀教师分享成功案例和教学经验，讨论如何在思政课中有效融入德育内容。教师可以学习到同行的教学经验，借鉴有效的教学策略，从而改进自己的教学实践。此外，经验交流平台还可以鼓励教师之间的合作与创新，共同推动德育与思政课的深度融合。

（三）制定评价与激励机制

高校应制定科学的评价与激励机制，鼓励教师在德育与思政课整合教学中的专业化发展。评价机制可以包括教师的教学效果评估、学生反馈、同行评价等方面，全面了解教师在教学过程中的表现和成效。激励机制可以包括教学奖励、专业发展机会、晋升机会等，通过这些措施激励教师不断提升自己的专业能力，积极参与到德育与思政课的整合教学中。通过有效的评价与激励机制，教师的积极性和创造性将得到充分发挥，从而提升教育质量。

（四）支持教师进行跨学科研究

高校应支持教师进行跨学科研究，鼓励他们探索德育与思政课整合的创新途径。通过跨学科的研究，教师可以将德育理念与其他学科的教学内容结合，探索如何在不同领域中有效融入德育内容。教师可以结合心理学、社会学、教育学等领域的研究成果，提出新的教学方法和策略。高校可以提供研究资金、资源支持和时间保障，鼓励教师开展跨学科研究，推动德育与思政课的融合创新，提升教育的整体水平。

第三节 高校思政课教学与德育协同育人的实践探索

一、建立校内德育与思政课联动机制

高校应建立校内德育与思政课的联动机制，通过制定具体的工作方案和实施步骤，使德育内容有效融入思政课程中。设立专门的德育与思政课整合工作小组，定期召开协调会议，明确课程内容、教学目标和评估标准。通过这种机制，确保德育与思政课的整合工作有序推进，形成系统化的教学方案，并对实施效果进行跟踪和评估，以不断优化教学内容和方法。

二、创新思政课程的教学形式

在思政课程教学中，高校应探索创新的教学形式，以增强德育内容的实践性和互动性。采用案例教学、情景模拟、角色扮演等方式，让学生在实际操作中理解德育理念和思政理论。此外，结合线上教学平台，开展虚拟实境（VR）体验和互动讨论，提升学生的学习兴趣和参与度。这些创新的教学形式可以更好地将理论与实践结合，增强学生的学习效果和德育体验。

三、开展德育主题实践活动

高校应组织德育主题实践活动，将思政课程中的理论知识应用于实际社会问题解决中。开展以“社会责任”为主题的志愿服务、社会调研或公益项目，让学生在实际行动中践行德育理念。通过参与这些活动，学生能够在真实环境中理解和应用所学的德育内容，同时提升他们的社会责任感和实践能力。这种实践活动有助于将理论知识转化为实际行动，增强德育教育的实效性。

四、建立德育与思政课的评价反馈机制

高校应建立完善的评价反馈机制，以监测和评估德育与思政课整合的效果。通过收集学生的反馈、教师的评价和相关数据，定期对教学内容、方法和效果进行分析。开展问卷调查、学生座谈会和教学评估，以了解学生对德育内容的理解和应用情况。根据评价结果，及时调整教学策略和内容，以确保德育与思政课的整合工作不断改进和提升。

五、推广成功案例与经验分享

高校应积极推广德育与思政课整合中的成功案例和经验，促进不同院校和教师之间的交流与合作。通过组织教学研讨会、经验分享会等形式，展示和讨论各高校在德育与思政课整合中的优秀实践和成果。这种经验分享可以为其他高校提供借鉴和参考，推动德育与思政课整合工作的深入开展，并激励更多教师参与到这一工作中。

六、强化师生互动与合作

高校应强化师生互动与合作，以增强德育与思政课整合的实践效果。通过设立师生共创项目、组织思政课教学沙龙、开展德育主题讨论等形式，促进教师与学生的交流与合作。这种互动可以帮助教师更好地了解学生的需求和反馈，从而优化教学内容和方法。同时，学生在参与互动中能够更深入地理解德育内容，提高对思政课程的参与度和兴趣。

第四章　新时代非凡成就融入高校思政课教学的基础与前提

第一节　新时代非凡成就融入高校思政课教学的价值意蕴

一、新时代非凡成就的内涵

新时代非凡成就是指2012中国特色社会主义进入新时代以来，我们党团结带领人民，攻克了许多长期没有解决的难题，办成了许多事关长远的大事要事，推动党和国家事业取得举世瞩目的重大成就。这些重大成就主要体现在以下三个方面。

一是采取一系列重大战略举措。包括坚持加强党的全面领导和党中央集中统一领导，全力推进全面建成小康社会进程，完整、准确、全面贯彻新发展理念，着力推动高质量发展，主动构建新发展格局，蹄疾步稳推进改革，扎实推进全过程人民民主，全面推进依法治国，积极发展社会主义先进文化，突出保障和改善民生，集中力量实施脱贫攻坚战，大力推进生态文明建设，坚决维护国家安全，防范化解重大风险，保持社会大局稳定，大力度推进国防和军队现代化建设，全方位开展中国特色大国外交，全面推进党的建设新的伟大工程。

二是办成一系列大事要事。包括隆重庆祝中国共产党成立一百周年、中华人民共和国成立七十周年，制定第三个历史决议，在全党开展党史学习教育，号召全党学习和践行伟大建党精神。

三是妥善应对一系列重大考验。面对突如其来的新冠肺炎疫情，我们坚持人民至上、生命至上，坚持动态清零不动摇，开展抗击疫情人民战争、总体战、阻击战，最大限度保护了人民生命安全和身体健康，统筹疫情防控和经济社会发展取得重大积极成果。面对香港局势动荡变化，我们依照宪法和基本法有效实施对特别行政区的全面管治权，落实“爱国者治港”原则，香港局势实现由乱到治的重大转折。面对“台独”势力分裂活动和外部势力干涉台湾事务的严重挑衅，我们坚决开展反分裂、反干涉重大斗争，展示了我们维护国家主权和领土完整、反对“台独”的坚强决心和强大能力。面对国际局势急剧变化，我们保持战略定力，发扬斗争精神，在斗争中维护国家尊严和核心利益，牢牢掌握了我国发展和安全主动权。

党的十八大以来，在以习近平同志为核心的党中央坚强领导下，在习近平新时代中国特色社会主义思想指引下，我们全面贯彻党的基本路线、基本方略，采取一系列战略性举措，推进一系列变革性实践，实现一系列突破性进展，取得一系列历史性成果，经受住了来自政治、经济、意识形态、自然界等方面的风险挑战考验，党和国家事业取得历史性成就、发生历史性变革，推动我国迈上全面建设社会主义现代化国家新征程。

对新时代十年的伟大成就，习近平总书记在党的二十大报告中从思想指引、党的领导、战略部署、实现小康、高质量发展等 16 个方面作了系统梳理。报告第一次把思想引领和战略擘画纳入成就范畴，使得我们对历史性成就和变革内容的理解更加深刻全面；把全面建成小康社会和历史性消灭绝对贫困作为历史性成就和变革的内容单列一条，凸显了该成就之巨大之非凡，也彰显了我们党坚持人民至上，敢于啃硬骨头的决心和信心；把改革与开放分开叙述，不仅突出了全面改革的巨大进展，还彰显了我们推动高水平对外开放取得重大进步；把民主与法治合并一条论述，画龙点睛地将民主法治的非凡进步呈现出来。

新时代的伟大成就证明，党的十八大以来党中央的大政方针和工作部署是完全正确的，中国特色社会主义道路是符合中国实际、反映中国人民意愿、适应时代发展要求的，不仅走得对、走得通，而且走得稳、走得好。我们要坚定历史自信、增强历史主动，在新的赶考之路上向历史和人民交出新的优异答卷。

二、新时代非凡成就的特点

（一）攻克长期未解难题，推动全面发展

新时代的非凡成就体现在党和国家带领人民攻克了许多长期没有解决的难题，推动了社会、经济、文化等多领域的全面发展。过去一段时间里，中国在脱贫攻坚、生态保护、科技创新等领域面临着诸多复杂问题，但进入新时代以来，通过一系列政策创新和集中力量的战略部署，国家成功解决了这些困扰已久的难题。比如，精准脱贫政策帮助数千万贫困人口实现了脱贫，打赢了人类历史上规模最大的脱贫攻坚战。这一成就不仅为中国社会的和谐与稳定打下了基础，还为全球减贫事业提供了宝贵经验。

（二）办成事关长远的大事要事

新时代以来，中国在推进国家现代化建设和国家长远发展中办成了一系列具有历史意义的大事。全面建成小康社会是中国发展的重要里程碑，标志着中国进入了新的发展阶段。此外，隆重庆祝中国共产党成立一百周年、中华人民共和国成立七十周年等活动，展示了中国在新时代取得的辉煌成就，并进一步凝聚了民族自信心和团结力。制定第三个历史决议，明确总结了中国共产党百年奋斗的重要经验和历史使命，为新时代中国特色社会主义

的发展提供了明确的理论和方向指导。这些事关长远的成就，为中国的未来发展奠定了坚实的基础。

（三）应对重大挑战中的坚强领导与灵活应变

新时代的非凡成就还表现为中国在面对重大挑战时的坚强领导和有效应对能力。在全球应对新冠肺炎疫情的过程中，中国迅速采取了严格的防控措施，坚持“人民至上、生命至上”的理念，最大限度地保护了人民的生命安全。同时，中国在疫情防控的同时统筹经济社会发展，确保经济运行在全球动荡的背景下依然稳健有序。此外，在应对香港局势动荡、维护国家安全等方面，中国政府展现了坚强的领导力，通过落实“爱国者治港”原则和有效实施“一国两制”，使香港局势实现了由乱到治的转折。面对“台独”势力和外部干涉，中国坚决反对分裂行为，展现了维护国家主权和领土完整的强大决心。这些重大挑战的成功应对，进一步证明了中国在新时代的战略定力与应变能力。

（四）推动高质量发展的全面深化改革

新时代的非凡成就还体现在中国持续推进的全面深化改革和高质量发展中。中国通过实施创新驱动战略，着力推动经济从高速增长向高质量发展的转型，打破了原有的依赖资源驱动的发展模式，推动科技创新成为经济增长的主要动力源泉。5G、人工智能、量子科技等领域的突破，展示了中国在全球科技前沿的强大实力。与此同时，中国坚持绿色发展，推进生态文明建设，积极应对气候变化，并在全球范围内承担更多的环保责任。通过全面深化改革，推动高质量发展，中国在新时代继续保持强劲的经济增长动能，确保了经济社会的可持续发展。

（五）提升全球影响力与推进大国外交

新时代的非凡成就还体现在中国在全球事务中的积极参与与国际影响力的提升。通过共建“一带一路”倡议，中国推动了全球基础设施建设与经济合作，进一步加强了与各国的互联互通。同时，中国积极参与全球治理，倡导多边主义，在应对气候变化、维护世界和平等重大议题上展现了负责任的大国形象。中国通过推动构建人类命运共同体，展示了在新时代全球治理中承担更多责任的意愿与行动能力，巩固了其作为国际秩序稳定力量的地位。这种全球影响力的提升，进一步增强了中国在国际舞台上的话语权，为世界的和平与发展作出了重要贡献。

三、新时代非凡成就融入高校思政课教学的价值意蕴分析

（一）增强学生的理论认同与价值自信

新时代非凡成就融入高校思政课教学，是增强学生对中国特色社会主义理论认同感和

提升价值自信的重要手段。通过系统介绍党和国家自2012年以来取得的显著成就，学生可以更加直观地理解和认同这一理论体系的生命力与实践成果。首先，新时代以来，中国在政治、经济、科技等多领域都取得了世界瞩目的成绩。例如，精准脱贫战略的成功实施，不仅彻底解决了数千万人民的绝对贫困问题，还为全球减贫事业贡献了中国智慧。这一非凡成就不仅体现了社会主义制度下的强大组织力和执行力，也表明中国共产党始终把人民利益放在首位的执政理念得到了充分的体现。通过了解这些成就，学生们能够深刻感受到中国特色社会主义理论在实践中的巨大成功。与此同时，全面建成小康社会的目标顺利实现，进一步展示了中国特色社会主义制度的优越性。全面小康社会的建成，不仅仅是经济数字上的提升，更意味着中国人民在各个方面的生活质量得到了显著改善。通过高校思政课教学，教师可以引导学生理解这些成就背后蕴含的深刻意义，帮助他们认识到中国在全球发展格局中的独特道路与模式。在全球化的背景下，面对各种西方社会思潮的冲击，增强学生对中国特色社会主义的理论信心和制度自信显得尤为重要。新时代非凡成就的展示，让学生看到中国不仅能够在国内保持社会稳定、经济繁荣，还能为全球治理提供新的思路与方案。这种深刻的对比使得学生更加坚定了对国家未来发展道路的信心，也增强了他们在国际舞台上捍卫国家立场的自觉性。

新时代的科技创新成就也为学生增强理论认同和价值自信提供了强有力的支持。近年来，中国在科技领域取得了一系列重大突破，尤其是在高科技领域，如5G技术、人工智能、航天探测等方面的领先地位，极大提升了国家的国际竞争力。通过在高校思政课教学中分析这些科技成就的背后逻辑，学生能够更加深刻地理解中国科技创新的成果与中国特色社会主义制度的内在联系。思政课不应仅限于理论层面的讲解，而应结合新时代的实践成就，以具体的科技创新成果为例，让学生认识到，中国特色社会主义不仅有着科学理论的支撑，更具备了强大的实践能力。这些具体成就向学生传递了社会主义制度的潜力与可持续发展性，从而增强他们的价值自信。新时代非凡成就的融入还可以帮助学生树立更坚定的文化自信。全球化背景下，文化的碰撞与交融成为不可避免的现象，但中国通过坚持中国特色社会主义文化道路，展现了自身文化的强大生命力。通过将新时代取得的文化成就纳入高校思政课教学，教师可以进一步增强学生对中华文化的认同感和自信心。无论是在国内文化自觉的提升，还是在国际舞台上中华文化的影响力扩大，都充分证明了中国特色社会主义文化的优势与韧性。通过学习这些成就，学生能够更好地理解中华文化在新时代的复兴与创新，并在面对西方文化冲击时，坚定捍卫中华文化的价值观。

新时代非凡成就的引入，还可以帮助学生理解国家发展与个人命运的密切联系，进而增强个人价值观的塑造。在全球化的挑战面前，国家的稳定与繁荣为学生提供了安全的发展环境与广阔的成长空间。通过思政课中的理论讲解，学生不仅能够了解国家发展的宏观图景，还能从中体会到个人命运与国家命运的紧密相连。例如，中国在全球抗疫中的表现，展现了党和政府在危机中的卓越领导能力。学生在学习这些成功经验时，会更加坚定自己的文化立场和政治信仰，明确国家发展道路的正确性。通过国家的成就来加强学生对个人未来的信心，这种教学方式有助于帮助学生在面临复杂国际形势时，保持清醒的头脑和坚定的信念。

（二）激发学生的爱国主义情怀与责任感

新时代非凡成就的融入高校思政课教学，能够有效激发学生的爱国主义情怀，并增强他们的责任意识。通过讲解中国在新时代所取得的辉煌成就，学生们能够更加直观地感受到祖国的发展与进步，进而激发他们内心的自豪感与国家认同感。例如，在抗击新冠疫情的过程中，中国政府以“人民至上、生命至上”为原则，采取了及时、有效的防控措施，成功遏制了疫情的蔓延。这一举世瞩目的成就不仅展示了国家的治理能力，也体现了中国对人民生命健康的高度重视。通过这些实例的讲解，学生们能够深刻理解党和国家在关键时刻的坚强领导与决策，从而更加认同国家的执政理念，激发他们的爱国情怀。教师还可以通过介绍国家在经济高质量发展方面的成就，进一步增强学生的爱国主义情感。新时代以来，中国坚持推动经济从高速增长向高质量发展的转型，取得了显著进展。通过深化改革、创新驱动，中国的科技实力和经济结构得到了优化和提升，5G、人工智能等领域取得了世界领先的突破，标志着中国的经济发展进入了一个全新的阶段。这些成就不仅提升了国家的国际竞争力，也增强了国民的自豪感。通过在高校思政课教学中展示这些成果，教师可以引导学生认识到国家的进步与每个人息息相关，激励他们积极思考个人如何在未来的学习和工作中为国家的发展贡献力量。这种自觉的责任感，能够有效转化为学生的实际行动，使他们更加主动地投身于社会建设与祖国的繁荣进步中。

新时代的生态文明建设成就也是激发学生责任感的重要内容。近年来，中国在环保领域取得了巨大进展，坚决推动绿色发展和可持续发展理念，实施了一系列生态保护措施，使得生态环境得到了显著改善。通过在高校思政课教学中分析这些生态文明建设的成果，教师可以引导学生思考环保与个人生活、国家未来发展的关系。学生们不仅能够感受到国家在生态领域的决心和行动力，还能够认识到个人在环保中的责任与担当。教师可以通过这些成就的展示，增强学生的环保意识和社会责任感，让他们明白，新时代的成就是党和国家在应对重大挑战中取得的，他们作为新时代青年，肩负着传承和发扬这些成就的责任。此外，通过讲述新时代国家的重大成就，教师还可以激发学生对国家未来发展的憧憬与使命感。新时代的非凡成就，不仅是对过去努力的总结，也是未来奋斗的起点。教师可以通过对国家发展的宏伟蓝图的讲解，如《“十四五”规划和2035年远景目标纲要》的介绍，帮助学生了解国家未来的发展方向和目标。让学生意识到，国家的现代化建设离不开每一位青年的共同努力，作为新时代的接班人，他们有责任也有义务为实现中华民族的伟大复兴贡献力量。通过这种方式，教师可以将新时代的成就转化为学生的动力源泉，增强他们对个人奋斗与国家发展的使命感，激励他们在未来的学习和生活中积极进取、勇于创新。

特别是在新时代国际影响力提升的背景下，教师可以通过展示中国在全球事务中的担当与贡献，进一步增强学生的国家认同感与责任意识。近年来，中国通过共建“一带一路”、推动构建人类命运共同体等举措，积极参与全球治理，为世界和平与发展贡献了中国智慧和力量。在高校思政课教学中，教师可以介绍中国在应对全球气候变化、维护国际和平等方面的实际行动，向学生展示国家在全球事务中发挥的重要作用。这不仅能激发学生的爱国主义情怀，还能让他们认识到，国家的强大不仅体现在国内的稳定发展，更体现在国际事务中的积极贡献。学生在了解这些成就后，将更加明确自己作为新时代青年的国际责任和历史使命，进而增强为国家的国际形象和利益奋斗的决心。

（三）加强对马克思主义中国化发展的理解

新时代非凡成就的融入高校思政课教学，对于学生理解马克思主义中国化的过程及其最新理论成果具有重要意义。通过讲述新时代的伟大成就，教师能够将马克思主义基本原理与中国的具体国情相结合，帮助学生更好地理解这一理论体系在实践中的具体运用与创新。马克思主义中国化是一个不断发展的过程，而新时代的非凡成就正是这一理论在中国土壤上不断丰富与发展的结果。通过将这些成就纳入思政课，学生能够更加清晰地认识到马克思主义如何在中国的社会、经济、政治等各个领域发挥作用，并通过实践推动中国的不断进步。新时代中国特色社会主义的发展是马克思主义中国化的重要体现。精准扶贫、生态文明建设等重大政策的成功实施，正是马克思主义基本原理与中国具体国情相结合的生动实践。精准扶贫战略以“人民至上”为根本原则，体现了马克思主义关于以人为本、实现社会公平的基本思想。通过在高校思政课中讲解这一政策的成功经验，教师可以向学生展示马克思主义如何在中国不断发展出新的理论和实践成果，从而帮助学生加深对马克思主义本土化的理解。例如，精准扶贫不仅仅是经济政策，它还是一种解决贫困问题的社会系统工程，涵盖了教育、医疗、住房等方方面面。通过这个案例，学生们可以更好地理解马克思主义在中国的实践方式以及其与具体社会问题相结合的重要性。

新时代的生态文明建设也是马克思主义中国化发展的一个典范。马克思主义强调人与自然的辩证关系，而中国在新时代所推动的生态文明建设正是这一思想的具体实践。通过在高校思政课教学中分析中国的绿色发展战略和可持续发展理念，教师可以引导学生理解马克思主义在应对全球环境挑战中的创新与运用。新时代以来，中国通过一系列环保政策的实施，大力推动生态环境的保护与修复，使得绿色发展成为经济增长的重要动力源之一。这种绿色发展的思想与实践，不仅源自马克思主义关于人与自然和谐相处的理论，也是中国在新时代提出的可持续发展观念的体现。通过生态文明建设的成功案例，学生能够更加深刻地认识到马克思主义与中国具体国情相结合的重要性，以及理论如何在实践中推动社会进步。与此同时，新时代中国特色社会主义理论的发展也体现了马克思主义时代化的特征。在全球化、信息化背景下，马克思主义在中国的发展不仅需要结合国内具体情况，还必须回应全球挑战。通过在高校思政课中融入中国在新时代全球治理中的成就，教师可以帮助学生理解马克思主义中国化与时代化的密切关系。例如，中国在推动共建"一带一路"倡议、参与全球气候治理等方面取得的成就，充分展示了马克思主义在中国应对国际挑战中的创新与发展。这些全球性成就不仅展现了中国的责任与担当，也表明马克思主义中国化的发展正在适应全球化的时代背景，推动中国在全球治理中发挥更大作用。通过这些成就的分析，学生们可以更加深入地理解马克思主义如何随着时代的发展而不断创新，成为中国在新时代应对全球挑战的重要理论基础。

新时代的非凡成就还为学生理解马克思主义理论的实践性提供了鲜活的例证。马克思主义强调理论必须与实践紧密结合，而新时代中国取得的重大成就正是这种理论与实践结合的成果。在高校思政课教学中，教师可以通过解析新时代成就中的马克思主义思想，帮助学生更好地理解这一基本原理。例如，通过对"以人民为中心"发展思想的深入剖析，学生可以看到，马克思主义在中国的应用始终关注人民的根本利益，这一思想体现在国家的各项政策中，确保了改革发展成果惠及全体人民。通过这些政策的具体实施，学生能够理解理论与实践如何相辅相成，使得马克思主义不仅仅是一个学术框架，更是一种解决现实问题的有力工具。新时代非凡成就的融入还能帮助学生更全面地认识马克思主义的动态性与发展性。马克思主义中国化的过程并非一成不变，而是随着中国社会的发展而不断调整和深化。新时代中国特色社会主义理论的发展，就是这一理论体系动态发展的典范。通过将这一点融入思政课教学，教师可以引导学生认识到，马克思主义在中国的发展不仅依托于历史经验的积累，也通过应对新的社会、经济、国际环境不断丰富自身内容。学生通过理解新时代成就中的马克思主义思想，不仅能够加深对理论的认知，还能培养出在实践中运用理论解决实际问题的能力。

（四）深化对中国发展道路的认同与理解

新时代非凡成就的融入高校思政课教学，对于帮助学生更好地理解中国发展的独特道路具有重要价值。通过这些成就的展示，教师能够引导学生深入思考中国的发展道路及其与西方资本主义国家模式的差异，从而增强学生对中国特色社会主义道路的认同感。中国的发展道路，不同于西方的资本主义发展路径，充分展现了社会主义制度的独特优势。新时代以来，中国在多个领域取得了举世瞩目的成就，这些成就不仅是经济发展数字的积累，更体现了中国特色社会主义道路的成功实践。通过在高校思政课教学中探讨这些成果，学生可以更全面地理解中国在发展过程中所坚持的独特道路，进而深化对这一模式的认同。

中国的发展模式以坚持党的集中统一领导为核心，这一特征是中国取得巨大成就的重要保障。新时代非凡成就的取得，离不开中国共产党的坚强领导。在党的集中统一领导下，国家在战略决策和政策实施中能够保持高度的连续性和协调性，确保各项改革和发展措施得到有效推进。例如，在精准脱贫和抗击新冠疫情等关键领域，党和国家的统一领导确保了全国范围内资源的高效配置与动员能力。在高校思政课教学中，通过对这些成就的分析，教师可以帮助学生理解集中统一领导如何为中国的发展提供了制度性保障，进而引导学生认识到这一独特发展道路的重要性。

以人民为中心的发展思想是中国发展道路的另一个核心特征。这一思想贯穿于新时代各项政策的制定与实施中，体现了中国特色社会主义的发展目标与价值追求。在高校思政课教学中，教师可以通过解读精准扶贫、生态文明建设等重大成就，帮助学生认识到中国的经济发展并非单纯追求增长速度，而是注重发展成果的公平分配与人民福祉的提升。精准扶贫战略的成功实施，彻底解决了困扰中国几千年的绝对贫困问题，体现了党和国家坚持以人民为中心的执政理念。这一成就不仅是中国发展的重要里程碑，也是社会主义制度优越性的有力证明。通过对这些政策的解读，学生能够更好地理解中国发展道路中的人民至上理念，增强对国家发展目标的认同感。与此同时，中国的发展道路还体现了高度的灵活性与务实性。在面对复杂的国内外环境时，中国始终坚持根据实际情况调整政策，通过不断的改革和创新推动国家进步。新时代的非凡成就，如科技创新的突破、高质量发展的推进，都是在改革中寻求进步的成果。例如，中国在发展过程中通过实施创新驱动战略，摆脱了对资源密集型产业的依赖，推动了经济结构的优化升级。这一道路不同于西方资本主义国家的路径，展现了中国特色社会主义道路的灵活性与应变能力。在高校思政课教学中，教师可以通过具体案例，分析中国在不同发展阶段如何根据国内外环境变化，灵活调整战略，从而帮助学生认识到这一发展道路的独特优势。

中国的发展并非依赖短期的经济刺激政策，而是通过长期的战略规划和系统性改革，实现可持续的高质量发展。通过“十三五”规划、“十四五”规划，以及更远期的2035年远景目标等国家战略，中国始终保持了明确的发展方向与目标。在高校思政课教学中，教师可以通过讲述这些长期规划的成功实践，帮助学生认识到中国坚持战略定力、逐步推进改革的智慧与耐心。相对于一些西方国家的政策短视性，中国的长期规划不仅确保了国家的稳定与繁荣，也为人民的幸福生活提供了保障。这种稳中求进的发展道路，正是中国能够在复杂国际环境中保持经济社会稳健发展的原因之一。通过“一带一路”倡议、中国在全球气候治理中的积极参与等行动，中国展现了和平发展的理念和负责任的大国形象。中国的发展道路不仅在国内取得成功，也为全球发展贡献了中国智慧与方案。通过这些国际合作与贡献，学生们可以进一步理解中国的发展道路不仅服务于自身的繁荣稳定，还通过共享发展机遇促进全球共同进步。高校思政课教学可以通过对这些全球性成就的分析，让学生认识到中国作为负责任大国所展现的领导力与担当，增强他们对国家发展道路的自豪感与认同感。

（五）引导学生树立远大理想与奋斗目标

新时代非凡成就的融入高校思政课，能够有效引导学生树立远大的理想和清晰的奋斗目标。在新时代取得的伟大成就中，学生不仅能看到党和国家的坚强领导，还能感受到在复杂国际环境中，中国依然保持了强大的战略定力和发展势头。这种能力的展示，能够激励学生树立远大的目标，勇敢追求卓越。通过讲述这些成就，教师可以让学生明白，个人的奋斗与国家的发展密不可分。新时代成就所彰显的国家力量，不仅是国家整体发展的结果，也是无数个体拼搏的共同结晶。因此，学生应在国家不断向前的过程中找到属于自己的方向，把个人理想与国家前途相结合，勇敢肩负起历史赋予的责任。同时，通过讲解新时代成就中的具体事例，教师能够进一步激发学生的奋斗精神。例如，精准脱贫的成功不仅是国家政策的有力体现，更是无数基层工作人员和志愿者坚持不懈努力的结果。通过这些典型案例，教师可以让学生意识到，无论多么宏大的国家目标，都需要通过个人的努力才能实现。国家发展蓝图的实现，离不开每一个普通人的拼搏与奉献。因此，新时代的伟大成就也给青年一代提供了丰富的精神养料，使他们更加清楚自己肩负的责任，明确自己在国家发展中的角色。这种责任感的培养，能够引导学生主动将个人理想与国家需要结合起来，勇敢追求卓越，为国家的进一步繁荣贡献自己的智慧与力量。

新时代取得的非凡成就，尤其是科技创新领域的突破，能够激励学生在未来学习中树立更加明确的奋斗目标。近年来，中国在科技创新、空间探索、智能制造等领域取得了全球领先的成就。这些成就不仅展示了中国作为一个大国的科技实力，还为学生未来的发展指明了方向。通过在思政课中分析这些科技成果，教师可以引导学生思考科技进步与国家实力提升的关系，激发他们在学习中勇于探索、不断创新的精神。新时代的科技突破，证明了中国在全球竞争中具有强大的创新能力，而这种能力的持续发展，依赖于更多青年学子的接力奋斗。因此，新时代的非凡成就能够启发学生在自己的专业领域设立更高的目标，追求技术创新和知识积累的卓越境界。在新时代的全球化背景下，国际竞争日益加剧，而中国在这一过程中所展现的战略定力和综合国力，为学生树立理想和奋斗目标提供了有力支撑。思政课中，教师可以通过讲解中国在全球事务中的贡献，帮助学生认识到中国不仅在国内取得了显著的成就，也在国际舞台上发挥了越来越重要的作用。例如，中国通过"一带一路"倡议推动全球经济发展、参与国际组织治理、积极应对气候变化，这些全球性成就能够让学生更好地理解个人奋斗与国家发展的全球维度。在全球化的浪潮中，学生的理想不应局限于个人成就，而应与国家的国际地位和影响力提升紧密相连。这种全球视野的培养，有助于学生树立更加长远的奋斗目标，立志在国际舞台上为中国的崛起贡献力量。

新时代非凡成就不仅展示了国家在多领域的成功，也传递了坚持不懈奋斗的精神。在高校思政课教学中，教师可以通过这些成就背后的奋斗故事，帮助学生树立坚韧不拔的奋斗信念。例如，教师可以介绍中国航天领域的科研人员几十年如一日的努力，最终让中国成为全球航天强国之一的故事。这些成就的取得，不仅依赖于国家的战略规划，更源于无数科研工作者默默无闻的奉献和不懈的努力。通过这些故事，学生能够认识到，追求理想并非一帆风顺，往往需要经历无数的失败和挑战。这种奋斗精神的激发，能够引导学生在面对未来的挑战时不轻言放弃，而是勇敢追求卓越，坚定实现自己的理想。通过新时代的成就展示，学生可以更加清楚地看到个人奋斗与国家发展之间的紧密关系。新时代取得的成就不仅是国家的荣耀，也是激励青年一代勇敢前行的动力。教师通过这些成就的讲解，能够帮助学生树立远大的理想和清晰的奋斗目标，让他们认识到，个人的梦想只有与国家的前途紧密结合，才能更加有意义。在这一过程中，学生不仅能够实现自我价值，还能为国家的长远发展做出贡献。这种理想和奋斗目标的确立，将有助于培养一代又一代充满责任感、使命感的青年，为中华民族的伟大复兴贡献青春力量。

（六）加强青年学生对时代使命的深刻理解与担当

新时代非凡成就的融入高校思政课教学，对于引导学生深刻理解他们所处的时代特征和肩负的历史使命具有重要意义。通过讲述党和国家在新时代所取得的辉煌成就，教师可以帮助学生意识到自己所处的历史方位，进一步激发他们的时代担当意识。新时代的成就不仅是党和国家领导的胜利，更是中国社会各个阶层共同努力的结果。这些成就为学生提供了生动的时代背景，使他们能够清晰地认识到，作为新时代的青年，肩负着承前启后的责任和使命。高校思政课教学融入这些教学内容，有助于学生将自身奋斗与国家发展目标相结合，树立为实现中华民族伟大复兴而努力的志向。不仅如此，教师还可以通过分析新时代取得的成就，帮助学生反思自身在社会中的角色与责任。新时代的中国，正处于一个快速发展、日新月异的时期，社会的变革为青年一代提供了广阔的舞台。在讲述国家在科技创新、经济转型和全球治理等领域取得的成就时，教师可以引导学生思考这些成就背后的社会责任，增强他们的时代使命感。例如，精准脱贫战略的成功不仅依赖于国家政策的推动，还源于无数基层干部和志愿者的奉献精神。通过这样的案例，教师可以让学生明白，国家的繁荣昌盛离不开每一个个体的努力，青年一代作为国家未来的中坚力量，必须主动承担起历史赋予的重任。

新时代的发展成就，也为学生理解国家与个人之间的密切联系提供了新的视角。通过思政课中的深入讨论，教师可以引导学生认识到，新时代的成就是整个社会共同努力的结果，每个人的贡献都至关重要。在这样的背景下，学生能够更加清晰地认识到自己的责任与担当，并意识到个人命运与国家前途的紧密结合。新时代的中国，正在加快建设社会主义现代化强国的进程，而学生作为新时代的青年，必须意识到自己肩负的历史责任。这种认识不仅能够激励他们积极投身社会实践，还能促使他们将个人理想融入到国家的伟大事业中，为实现中华民族的伟大复兴贡献自己的力量。新时代成就的展示，还能够帮助学生理解中国在全球事务中的责任与担当。作为新时代的青年，学生不仅要关注国内发展，还应当具有全球视野，认识到中国在国际社会中的重要角色。通过讲解中国在“一带一路”倡议、全球气候治理等方面的成就，教师可以引导学生思考中国如何在全球治理中发挥更加积极的作用。与此同时，学生也应意识到，作为未来的建设者和接班人，他们有责任继续推进中国在国际舞台上的贡献，为全球发展提供更多中国智慧。这种全球责任感的培养，能够使学生更加主动地思考如何在国际事务中承担责任，推动中国在国际社会中的地位和影响力不断提升。

在教学中，教师还可以通过介绍新时代伟大成就中的人物故事，激发学生的担当精神。例如，通过讲述为国家科技事业作出卓越贡献的科学家、奋战在脱贫攻坚一线的基层工作者等典型人物的故事，教师可以让学生认识到，这些伟大的成就背后，是无数默默奉献、坚定不移的人在不断努力。他们的奋斗和奉献，正是新时代精神的具体体现。这些人物故事能够生动地展示出什么是责任与担当，使学生更加清晰地认识到自己的社会责任和历史使命。这种情感上的共鸣，可以帮助学生更好地理解国家发展与个人贡献之间的联系，激励他们在未来的学习和工作中主动承担更多社会责任。此外，新时代的非凡成就展示了中国特色社会主义制度的优越性和强大的社会动员能力。这为学生理解自己在国家发展中的角色提供了理论依据。在思政课教学中，教师可以通过讲解这些成就，帮助学生深刻认识到中国特色社会主义制度如何为国家发展提供了稳定的政治环境和强有力的制度保障。通过对这一制度优势的理解，学生能够更加坚定信心，增强制度自信，从而更加自觉地肩负起时代赋予的责任。这种理论与实践的结合，能够有效提升学生的政治觉悟和责任意识，使他们更加坚定地站在国家发展的前沿，勇于担当历史重任。

第二节　新时代非凡成就融入高校思政课教学的重要原则

一、坚持理论联系实际原则

在讲述改革开放的成就时，教师可以结合学生身边的具体实例，如城市基础设施的改善、生活水平的提高等，使学生更直观地理解和感受到国家发展的成果。这不仅有助于加深学生对理论知识的理解，也能增强他们对现实生活的认同感和归属感。在将新时代非凡成就融入思政课教学时，教师需要关注学生的实际需求和兴趣点，通过现实案例让理论知识变得生动具体。比如，可以结合当前的热门话题，如人工智能、5G 技术的发展，展示这些科技成果如何影响和改变人们的日常生活。这种结合实际的教学方法，不仅能够提升学生的学习兴趣，还能帮助他们更好地理解和掌握理论知识，从而增强他们的学习动力和积极性。

理论联系实际的教学方法还可以通过社会实践活动来实现。教师可以组织学生参观高科技企业、博物馆或参与社会调研，使学生在实际体验中感受国家的新时代非凡成就。参观科技馆可以让学生直观地看到我国在航天、深海探测等领域的科技进步，通过这些具体的实践活动，学生能够更加深刻地体会到国家的发展成就，进而增强他们的爱国热情和社会责任感。坚持理论联系实际的原则，还要求教师在教学过程中注重理论的应用性和实效性。教师应当根据学生的实际情况，灵活调整教学内容和方法，使理论知识能够更好地服务于学生的学习和生活。在讲授社会主义核心价值观时，可以结合校园生活中的具体案例，如诚信考试、志愿服务等，让学生在实际生活中践行这些价值观，从而增强他们的价值认同和行为自觉。

将理论知识与实际生活相结合，还需要教师不断更新教学内容，紧跟时代发展的步伐。随着社会的不断进步，国家的新时代非凡成就也在不断涌现。教师应当及时将这些最新成就融入教学内容中，使学生能够了解国家的最新发展动态和前沿成果。在讲述国家的环保成就时，可以结合当前的“碳达峰、碳中和”目标，介绍国家在可再生能源、生态保护等方面的最新政策和成就，从而激发学生的环保意识和责任感。理论联系实际的教学方法还需要教师具备较强的综合素质和实践能力。教师不仅要具备扎实的理论基础，还要能够熟练运用各种教学方法和手段，将理论知识转化为学生易于理解和接受的具体内容。可以通过多媒体教学手段，如视频、音频、图片等，展示国家的新时代非凡成就，使教学内容更加生动形象，从而提升学生的学习效果和体验。

二、注重学生主体地位原则

教师应积极调动学生的主动性和积极性，引导他们在课堂讨论、案例分析、小组合作等活动中发挥主导作用。通过这种方式，不仅能够增强学生的学习参与感，还能促进他们在实践中成长，从而实现理论与实践的紧密结合。通过提出富有挑战性的问题，可以激发学生的思考和探究欲望。例如，在讲解新时代成就时，教师可以提出关于这些成就对社会发展的深远影响的问题，让学生进行思考和讨论。这样的设计能够促使学生主动查阅相关资料，深入理解新时代的非凡成就背后的理论和实践意义。通过对问题的探索，学生不仅可以提高自主学习能力，还能培养解决实际问题的能力。这种教学方法不仅有助于学生掌握知识，更能够增强他们的分析能力和创新思维。

现代教育强调互动性和参与感，通过小组讨论、案例分析等形式，可以让学生在实际操作中加深对知识的理解。例如，教师可以组织学生就新时代的成就进行分组讨论，分析这些成就对不同领域的影响，并提出他们的见解和建议。这样的互动活动不仅能够增强学生的参与感，还能够促进他们的合作能力和团队精神。在这个过程中，学生可以通过交流和合作，获取不同的观点和信息，从而更全面地理解教学内容。开放性问题通常没有固定的答案，要求学生通过自主查阅资料、进行团队合作来寻找解决方案。这种方法不仅鼓励学生积极主动地进行学习，还能培养他们的创新思维和解决问题的能力。例如，在探讨新时代的非凡成就时，教师可以提出关于如何进一步推动这些成就的相关问题，要求学生通过自主研究和讨论来提出建议和对策。这种方式能够促使学生更加深入地理解课题，并培养他们的独立思考能力和实际应用能力。

通过将学生的主体地位贯穿于思政课教学的各个环节，教师能够有效地提高学生的学习兴趣和主动性。新时代的非凡成就为教学内容提供了丰富的素材和实践依据，而学生的主动参与和实践操作则能够使他们在真实的学习环境中成长。最终，这种注重学生主体地位的教学方式不仅能够提升学生的学习效果，还能够为他们的全面发展奠定坚实的基础。

三、融合多元教学方法原则

通过结合讲授法、讨论法、案例分析法、项目教学法等多种教学方法，教师可以增强教学的趣味性和实效性。可以通过播放相关视频、组织专题讨论、开展项目研究等方式，使学生在多样化的学习过程中，更加全面、深刻地理解和认同国家的新时代非凡成就。多元教学方法的融合，能够满足不同学生的学习需求，提升整体教学效果。讲授法是传统且基础的教学方法，通过系统讲述知识，教师可以为学生提供完整的理论框架。在介绍新时代非凡成就时，教师可以通过生动的语言和丰富的资料，将国家的伟大成就具体化、形象化。教师可以详细介绍从“两弹一星”到“天宫空间站”的历程，帮助学生了解这些成就背后的科学原理和技术突破。

通过引导学生围绕某一成就展开讨论，教师可以促进学生之间的交流与互动，帮助他们加深对教学内容的理解。在探讨“一带一路”倡议的成就时，教师可以提出开放性问题，让学生分组讨论其对全球经济和政治格局的影响。通过这样的讨论，学生不仅能够分享彼此的见解，还能在辩论中深化对“一带一路”倡议的认识。案例分析法是将实际案例引入课堂，通过具体事例帮助学生理解抽象的理论知识。教师可以选取国家在不同领域的成功案例进行详细剖析。在讲解中国的精准扶贫成就时，可以通过分析某一贫困村的脱贫过程，展示政策实施的具体步骤和效果。这种方法不仅能使理论知识更加生动，还能培养学生的分析能力和实际问题解决能力。

项目教学法则是通过设定项目任务，让学生在实践中学习和应用所学知识。教师可以设计与新时代非凡成就相关的项目任务，要求学生进行团队合作，完成调查研究、数据分析和成果展示等任务。可以设立“探讨中国高铁发展”的项目，要求学生查阅相关资料、实地考察并撰写报告。学生不仅能深入了解中国高铁的技术创新和社会影响，还能提升他们的研究能力和团队合作精神。通过利用视频、音频、动画等多媒体资源，教师可以使课堂更加生动有趣。在讲述中国在抗击新冠疫情中的成就时，让学生直观地看到医护人员的无私奉献和国家应对疫情的强大能力。这种视听结合的教学方法，可以增强学生的感性认识和情感共鸣。

为了满足不同学生的学习需求，教师还可以采用个性化教学方法。针对学生的兴趣和专业背景，设计不同的教学内容和活动。对于理工科学生，可以更多地介绍国家在科技创新和工业发展方面的成就；对于人文社科学生，则可以侧重于文化建设和社会治理的成就。通过个性化的教学设计，教师可以更好地激发学生的学习兴趣和积极性，提升教学的针对性和实效性。

四、坚持价值引领原则

在新时代非凡成就融入思政课教学中，教师应坚持价值引领的原则，注重引导学生树立正确的世界观、人生观和价值观。在讲述新时代非凡成就时，要突出其背后的价值观念和精神内涵，如爱国主义精神、自主创新精神、艰苦奋斗精神等。在介绍中国航天事业的发展时，要强调航天人无私奉献、攻坚克难的精神，激发学生的爱国热情和责任感。通过价值引领，使学生在学习过程中，不仅获得知识，还能在思想上受到启迪和熏陶，成长为有理想、有道德、有文化、有纪律的新时代青年。教师在讲授新时代非凡成就时，应注重挖掘成就背后的价值观念和精神内涵。在讲述中国改革开放以来的经济成就时，可以重点强调改革者们勇于创新、敢于突破的精神，展示他们在面对困境时的不懈努力和智慧选择。通过这些具体的事例，学生可以感受到价值观的实际意义，从而在内心树立起相应的价值观念。

教师在讲述国家重大成就时，应注重突出其中的爱国主义精神。通过讲述历史上和当代的爱国人物和事迹，如抗日战争中的英雄、建设新中国的模范、抗击疫情的无名英雄等，可以让学生感受到浓厚的爱国情怀。爱国主义精神不仅是个人发展的动力源泉，也是国家繁荣昌盛的重要基石。在教学中，通过实际事例的讲解，使学生理解爱国主义精神的深刻内涵，增强他们的民族自豪感和历史责任感。在介绍国家科技成就时，可以讲述科学家和技术人员在科研过程中克服重重困难、不断创新的故事。在介绍中国高铁技术的发展时，可以强调技术团队如何攻坚克难、突破技术瓶颈，最终实现了自主研发和技术创新。这些故事不仅能激发学生的创新意识，还能鼓励他们在学习和生活中勇于探索、不断创新。

在讲述国家发展的过程中，可以介绍那些在艰苦环境中奋斗的英雄人物和群体，如“两弹一星”元勋、脱贫攻坚战线上的无名英雄等。通过这些感人的故事，学生可以体会到艰苦奋斗精神的重要性，理解只有通过艰苦努力，才能实现个人和国家的伟大目标。这种精神的传递，有助于学生在面对困难和挑战时，保持积极向上的态度和顽强拼搏的精神。此外，教师在讲授过程中，还应注重培养学生的社会责任感和奉献精神。在介绍国家在国际事务中的贡献时，如参与联合国维和行动、援助其他国家抗击疫情等，可以突出中国在全球治理中所体现的责任和担当。通过这些事例，使学生认识到个人的价值不仅在于自身的成功，更在于为社会和国家的发展贡献力量，培养他们的社会责任感和奉献精神。

坚持价值引领原则，还要求教师在日常教学中注重言传身教。教师自身的言行对学生有着重要的影响作用。在课堂上，教师应以身作则，展示积极向上的价值观和生活态度，成为学生学习的榜样。通过言传身教，学生可以在潜移默化中受到熏陶，逐步形成正确的价值观念。教师应积极创造条件，让学生在实践中践行所学的价值观念。通过组织社会实践、志愿服务、公益活动等，让学生在实际行动中体验和感受价值观的意义。组织学生参加社区服务，帮助弱势群体，参与环保行动等，让他们在实践中理解和认同爱国主义精神、自主创新精神、艰苦奋斗精神和社会责任感等重要价值观。这种通过实践体验的方式，不仅能够增强学生的价值认同，还能培养他们的实际能力和社会责任感。

第三节　新时代非凡成就融入高校思政课教学的主要目标

一、增强学生的国家认同感和自豪感

将新时代中国的非凡成就融入高校思政课教学，首先应当以增强学生的国家认同感和自豪感为核心目标。通过系统讲述中国在科技创新、经济发展、文化传承等领域取得的重大成就，可以帮助学生深刻理解国家的强大与进步，从而提升对祖国的认同和热爱。这一过程不仅是对国家成就的展示，更是对学生国家认同感的培养和激发。讲述中国在各个领域的重大成就，是增强学生国家认同感的有效途径。例如，中国高铁的飞速发展是新时代成就中的一项亮丽名片。中国高铁以其速度、安全和便捷赢得了全球的瞩目，从技术研发到运营管理的每一个环节，都体现了中国科技水平的显著提升。在高校思政课教学中，通过详细介绍高铁技术的发展历程、主要成就及其对社会经济的影响，能够让学生切身感受到国家在全球范围内的领先地位。这种对国家科技进步的了解，不仅让学生看到祖国的强大，还能激发他们的民族自豪感，使他们对国家的成就有更深刻的认同。

中国探月工程通过一系列成功的月球探测任务，标志着我国在航天领域的突破和创新。这些成就不仅展示了中国科技的进步，也彰显了国家在国际科技竞争中的实力。在高校思政课教学中，通过展示探月工程的关键节点和取得的成果，能够让学生感受到国家在

世界舞台上的重要地位。这种对国家航天成就的了解和认同，能够有效提升学生的国家认同感，使他们更加自豪于祖国的辉煌成就。此外，文化传承与创新的成就也应当成为高校思政课教学的重要内容。中国传统文化的复兴与发展，如非物质文化遗产的保护、传统节日的弘扬等，都展示了国家对文化传承的重视和对文化软实力的提升。通过介绍这些文化成就，学生不仅能够了解中国文化的深厚底蕴，还能感受到文化自信的力量。这种对文化成就的认识，不仅能增强学生对民族文化的认同感，还能够激发他们对中华文化的自豪和热爱。

在高校思政课教学中，通过以上这些具体的国家成就展示，不仅能够帮助学生更好地理解国家的进步与强大，还能够激发他们的民族自豪感。这种自豪感的培养，对于学生的成长和发展具有深远的影响。学生在理解国家成就的过程中，会逐渐树立正确的价值观和世界观，对未来的发展充满信心，对祖国的未来充满期待。这不仅是对国家成就的认可，更是对未来发展的信心和希望。

二、培养学生的社会责任感和使命感

在新时代背景下，将非凡成就融入高校思政课教学，另一个重要目标是培养学生的社会责任感和使命感。通过展示国家在扶贫攻坚、生态文明建设、公共卫生等领域取得的显著成就，教师能够引导学生认识到个人在社会中的责任与担当，从而激发他们积极投身社会服务的热情和奉献精神。这种教育不仅帮助学生理解国家的进步和成就，还促使他们自觉承担起推动社会发展的责任。展示国家在扶贫攻坚方面的成就是培养学生社会责任感的有效方式。精准扶贫作为新时代的重要举措，取得了显著的成效。通过介绍精准扶贫项目的成功实施，学生可以了解到国家如何通过科学的扶贫策略和政策，实现了大量贫困人口的脱贫。这些实际案例不仅展示了国家在改善民生方面的努力和成效，还突显了社会各界对扶贫事业的共同责任。在课堂上，通过对这些案例的深入讨论，教师能够帮助学生认识到扶贫攻坚不仅是国家的责任，也需要每个人积极参与和支持。这种认识能够激发学生的社会责任感，让他们更加关心社会问题，并积极寻求为社会服务的机会。

随着国家对生态环境保护的重视，许多具有示范意义的环保项目和政策相继推出，如大气污染治理、绿色能源开发等。这些成就不仅显示了国家在环保方面的积极作为，也反映了人们对可持续发展的责任感。在高校思政课教学中，通过介绍这些生态文明建设的具体成果，教师可以让学生认识到环境保护与每个人的生活息息相关。学生能够深刻体会到保护环境不仅是国家的任务，也是每个公民应尽的责任。这种意识的培养，使学生在日常生活中更加注重环保行为，增强了他们的社会使命感。例如，面对全球疫情挑战，中国迅速采取了有效的公共卫生措施，展示了国家在应对重大公共卫生事件中的能力和决心。通过讲解这些公共卫生成就，教师可以让学生了解到国家在保障民众健康方面所做的努力以及取得的成果。这样的教学内容不仅让学生认识到国家在公共卫生领域的先进水平，还使他们意识到作为未来的社会栋梁，每个人在健康和卫生保障中的角色和责任。这样的认知能够促使学生在未来的职业生涯中，自觉承担起对社会的健康责任，并为公共利益贡献自己的力量。

三、提升学生的综合素质和能力

新时代非凡成就的融入不仅在于丰富教学内容，更在于有效提升学生的综合素质和能力。通过讲述国家在教育、科技、文化等领域的重大成就，教师能够帮助学生开阔视野、拓宽思维，从而提升他们在分析问题和解决问题方面的能力。这种教育方式不仅促进了学生的知识增长，还培养了他们的创新能力和实践能力，为他们的全面发展奠定了坚实的基础。讲述中国在教育领域的成就可以开拓学生的视野，并提升他们的综合素质。新时代，中国教育体系的改革和创新不断推进，如“双一流”建设和职业教育的发展等。这些成就不仅体现了教育的进步，也为学生提供了新的学习和成长路径。在高校思政课教学中，通过分析中国教育体系的改革成就，教师能够让学生认识到现代教育对个人发展的重要性。通过了解国家在教育领域的先进实践，学生可以看到自己未来发展的广阔前景，从而激发他们的学习动力和追求卓越的决心。这种视野的开拓不仅提升了学生的知识水平，也增强了他们的学习能力和适应能力。

讲解中国在科技领域的成就有助于提升学生的创新能力和实践能力。例如，中国在人工智能领域的领先地位，展示了国家在科技前沿的突破和应用。通过介绍具体的技术应用案例，如智能家居、自动驾驶等，教师可以引导学生思考科技进步对社会发展的深远影响。这不仅让学生了解前沿科技的应用场景，还能够激发他们对科技创新的兴趣。在这种教学模式下，学生不仅能掌握科技知识，还能够培养出解决实际问题的能力，提高他们的创新思维和实践操作能力。讲解文化领域的成就可以拓宽学生的思维和提高他们的综合素质。中国文化的传承与创新，如非物质文化遗产的保护和现代文化产业的发展，都展示了国家在文化建设方面的努力和成效。在高校思政课教学中，通过对这些文化成就的分析，教师能够帮助学生理解文化对社会发展的重要作用，并鼓励他们积极参与文化传承和创新。这样的教学方法不仅提高了学生的文化素养，还增强了他们对社会文化的认同感和责任感，从而全面提升学生的综合素质。

四、促进学生的理性思考和价值观塑造

通过展示国家在不同领域取得的显著成就，教师不仅能够丰富思政课的教学内容，还能够有效促进学生的理性思考和价值观塑造。这些成就的讲解不仅帮助学生理解国家发展的艰辛历程，还能引导他们在理性分析的过程中形成正确的价值观和人生观。特别是在探讨国家在抗击新冠疫情中的成功经验和防控措施时，教师能够让学生深刻认识到国家制度

优势和人民团结精神的重要性，从而塑造他们的价值观。通过讲述国家在抗击新冠疫情中的成功经验，教师可以引导学生进行理性分析。新冠疫情作为全球性挑战，中国的应对措施和取得的成果为全球提供了宝贵的经验。教师可以详细介绍国家在疫情防控中的具体措施，如大规模核酸检测、封闭管理、疫苗研发等。这些成就的背后，体现了国家强大的组织能力和制度优势。通过对这些措施和成效的深入分析，学生能够认识到在重大公共卫生事件中，制度的高效性和社会的团结精神是成功的关键。这种理性分析不仅帮助学生理解国家应对复杂挑战的能力，也让他们看到在危机面前，理性思考和科学决策的重要性。

在疫情期间，社会各界齐心协力，医务工作者、志愿者和普通市民共同参与防控工作，展现了强大的集体主义精神和社会责任感。教师可以通过具体的事例，如医护人员的无私奉献、社区工作人员的辛勤付出等，让学生感受到社会团结的力量。这种团结精神不仅在疫情防控中发挥了重要作用，也为学生树立了正确的集体主义和社会责任感。通过这些真实的案例，学生能够理解个人与集体的关系，认识到在社会发展中，每个人的努力都是不可或缺的，从而培养他们的社会责任感和团队合作意识。通过对国家成就的理性思考，学生能够形成更加成熟的价值观和人生观。在讲解新时代非凡成就时，教师应引导学生反思这些成就的背后所包含的奋斗和付出。例如，在讨论国家经济发展的成就时，教师可以探讨经济增长对社会各阶层的影响，以及在发展过程中面临的挑战和解决方案。这种思考过程不仅帮助学生理解经济发展的复杂性，也促使他们在面对现实问题时，能够用理性的态度进行分析和解决。通过这种理性思考，学生能够形成更加全面和深刻的价值观，从而为未来的人生道路奠定坚实的思想基础。

五、激发学生的学习兴趣和动力

将新时代国家的非凡成就融入高校思政课教学，能够有效激发学生的学习兴趣和动力。通过展示生动的案例和鲜活的数据，教师可以让教学内容更具吸引力和感染力，从而使学生在学习中感受到国家发展的脉搏。这种方法不仅提升了教学效果，还能激发学生对知识的热爱和探索欲望。通过展示国家在科技创新领域的最新突破，可以显著提升学生的学习兴趣。中国在量子通信、超级计算机等领域的突破，展示了国家在科技前沿的卓越成就。量子通信作为一种具有颠覆性的新兴技术，其超高的安全性和远程传输能力引起了全球的关注。在高校思政课教学中，通过详细介绍量子通信技术的原理、应用及其对未来社会的影响，教师可以让学生感受到科学技术的魅力和国家在全球科技竞争中的地位。这样不仅能够激发学生对科技的兴趣，还能够让他们了解到科技创新对国家发展的重要性，从而提高他们的学习动力和探索精神。

中国在超级计算机领域的突破，不仅展示了强大的计算能力，也标志着国家在国际科技竞争中的领先地位。教师可以介绍中国超级计算机在数据处理、模拟实验等方面的应用实例，使学生了解这些技术如何推动科学研究和社会发展。通过这些具体案例，学生能够看到国家在科技领域的进步与成就，从而激发他们对科技学习的兴趣，并鼓励他们在未来的学习中追求更高的目标。将这些科技成就融入教学，不仅提升了课堂的吸引力，也为学生提供了实用的学习动力。教师可以通过实际案例的分析，让学生理解科技创新对社会变革的推动作用。这种方式能够帮助学生看到理论知识与实际应用的紧密联系，增强他们对学习的兴趣和热情。例如，探讨量子通信在保护数据安全方面的应用，能够让学生认识到学习科学知识不仅是为了获取学术成果，还可以为社会解决实际问题。这种认知的提升，能够有效激发学生的学习动力，使他们在课堂学习中更加积极主动。

六、帮助学生增强“四个自信”

将新时代非凡成就融入高校思政课教学的核心目标之一是帮助学生增强“四个自信”——即中国特色社会主义道路自信、理论自信、制度自信和文化自信。通过展示中国在各个领域取得的显著成就，教师可以有效提升学生对中国特色社会主义道路的认同感和信心，使他们更加坚定地相信我国的理论体系、制度安排和文化传统。这种教育目标不仅有助于塑造学生的价值观，还能够促进他们对国家发展的全面理解。新时代的非凡成就为增强学生的道路自信提供了有力的支撑。中国特色社会主义道路的成功实践，是中国取得显著成就的根本原因。通过讲解国家在经济增长、科技进步和社会发展等方面的成果，教师能够让学生深刻认识到这一发展道路的科学性和有效性。例如，中国的脱贫攻坚战取得的显著成果，展示了中国特色社会主义道路在改善民生方面的巨大优势。通过这种具体实例的介绍，学生可以看到国家在解决社会问题、推动经济发展的实际成效，从而增强对中国特色社会主义道路的自信，坚信这一道路能够引领国家实现更大的发展目标。

中国特色社会主义理论体系是新时代取得伟大成就和伟大变革的重要理论指导。通过将国家在科技创新、经济建设和社会治理等方面的成就融入教学，教师可以帮助学生理解理论与实践的紧密联系。例如，在讲解中国在人工智能领域的突破时，教师可以结合中国特色社会主义理论中的创新驱动发展战略，让学生看到理论指导下的实际成效。这种结合不仅能够提升学生对理论的理解，还能够增强他们对理论体系的自信，使他们认识到这一理论体系在指导国家发展中的重要作用。中国的制度优势在应对各种挑战中表现得尤为突出，如新冠疫情防控中的高效应对措施。在思政课中，通过详细介绍这些制度优势及其在实际中的体现，教师可以帮助学生认识到中国特色社会主义制度在保持国家稳定、促进发展方面的独特优势。通过实际案例的分析，如国家在危机中的快速反应和有效管理，学生能够感受到这一制度的强大执行力和适应力，从而增强对中国特色社会主义制度的自信，认可其在全球化背景下的优越性。

文化自信的增强同样不可忽视。中国传统文化的复兴与发展，是新时代成就的重要组成部分。通过讲述中国在非物质文化遗产保护、传统节日弘扬等方面的成功实践，教师能够帮助学生认识到中华文化的独特魅力和深厚底蕴。例如，通过介绍中国传统节日的现代化传承和文化产业的发展，学生能够感受到中华文化的生命力和影响力。这种文化成就的展示，不仅能够提升学生的文化自豪感，还能够增强他们对中华文化的自信，使他们更加坚定地认同和传承优秀的文化传统。

第五章　新时代非凡成就融入高校思政课教学的形式与要求

第一节　从新时代非凡成就丰富素材中挖掘与整理高校思政课教学素材

一、挖掘经济发展成就的教学素材

新时代中国经济发展取得的成就，为高校思政课教学提供了宝贵的素材。这些成就不仅体现了中国经济的飞速增长，还反映了中国特色社会主义制度的优越性。自2012年以来，中国经济的跨越式发展使其成为全球第二大经济体，为教学内容的丰富提供了坚实基础。中国在经济增长方面的表现非常亮眼，如国内生产总值（GDP）的持续增长，推动了国家综合实力的显著提升。例如，中国的GDP在过去几年中年均增长率保持在高水平，经济总量不断扩大，这为学生提供了明确的经济数据支持。在思政课中，教师可以通过这些数据向学生展示中国经济的增长速度和质量，以及如何在全球经济中占据重要地位。这种数据驱动的教学不仅能够让学生直观感受到经济成就的规模，还能够加深他们对国家经济实力的理解。

自实施精准扶贫战略以来，中国已成功帮助数亿人脱贫，这不仅体现了国家经济发展的成果，还展示了社会主义制度在解决社会问题中的有效性。在课堂上，教师可以详细讲解扶贫政策的实施过程、主要措施及其取得的成果。例如，通过介绍某些贫困县通过产业发展、基础设施建设等措施实现了脱贫的具体案例，教师能够让学生看到国家在改善民生方面的巨大努力。这种具体实例的讲解，不仅能够帮助学生理解经济政策的实际效果，还能够让他们感受到国家在推动社会公平和共享发展成果方面的决心和能力。在介绍扶贫成果时，教师还可以探讨这些成就对贫困人口生活的具体改善。扶贫攻坚不仅提升了贫困地区的经济水平，也改善了居民的生活条件，如教育、医疗、住房等方面的全面提升。通过这种讲解，教师能够让学生认识到经济发展带来的社会福利改善，从而增强对国家政策和经济发展战略的信心。这种对社会进步的真实感受，有助于激发学生对国家发展的自豪感和参与感。

将经济成就与国家战略目标相结合，能够使教学内容更具深度。新时代经济的发展不仅仅是数字的增长，更是国家战略目标的实现。例如，中国提出了“高质量发展”的战略目标，通过推动创新驱动发展，优化经济结构，提升经济发展质量。教师可以结合这些战略目标，分析中国经济如何在质量和效益上取得突破。通过这种综合性的分析，学生能够更全面地理解经济发展背后的战略考量和长远目标，从而对国家发展有更深刻的认识。

二、发掘科技创新成就的教学素材

科技创新在新时代成就中占据了举足轻重的地位，为高校思政课教学提供了丰富且生动的素材。中国在科技领域取得的诸多突破，如量子通信、超级计算机和5G技术等，不仅展示了国家在科技创新中的领先地位，也为学生理解科技对社会发展的影响提供了实际案例。这些创新成果不仅引领了全球科技的发展潮流，也为教学内容增添了鲜活的实践案例。中国在这一领域的成就具有全球领先水平，尤其是中国首个量子通信卫星“墨子号”的成功发射。这一科技突破不仅是量子通信领域的重要里程碑，还对全球通信安全具有深远的影响。在思政课教学中，教师可以详细讲解“墨子号”的发射过程、技术原理以及其对提高通信安全性的贡献。这种生动的科技案例能够让学生直观感受到量子通信技术的前沿性和国家在全球科技竞争中的领先地位。通过这种具体的案例介绍，教师不仅能够激发学生对科技的兴趣，还能够帮助他们认识到科技创新对国家综合实力的提升及国际竞争力的增强。

中国在超级计算机技术上的成就，如“天河”系列和“神威”系列计算机的成功研发和应用，展示了国家在高性能计算领域的强大实力。这些超级计算机在数据处理、科学计算和复杂模拟等方面发挥了重要作用。教师可以通过介绍这些计算机的技术参数、应用案例及其在科学研究中的实际贡献，使学生了解到科技创新在推动科学进步和社会发展中的关键作用。这样的教学内容不仅能够加深学生对科技的理解，还能让他们看到科技创新对国家科技水平和国际地位的提升作用。中国在5G技术的发展中走在全球前列，已经实现了5G网络的广泛覆盖和应用。教师可以介绍5G技术的特点、应用场景及其对经济社会发展的推动作用。例如，5G技术在智能交通、远程医疗和智能制造等领域的应用，展示了科技进步如何改变人们的生活和工作方式。这种技术的实际应用案例，不仅能够激发学生对未来科技的兴趣，还能帮助他们认识到科技创新对国家经济发展和社会进步的重要性。

通过这些具体的科技创新成就案例的讲解，教师能够有效地提升学生的科技素养，增强他们对国家科技进步的认同感。这种教学方式不仅丰富了课堂内容，还能够激发学生对科学技术的热情，培养他们的创新思维和实践能力，从而为他们的全面发展奠定坚实的基础。

三、挖掘生态文明建设成就的教学素材

新时代的生态文明建设成就为高校思政课教学提供了重要的素材，这些成就不仅反映了国家在环境保护和可持续发展方面的努力，也展示了社会主义制度在生态治理中的有效性。教师可以通过丰富的案例和数据，将这些成就融入课堂教学中，帮助学生更好地理解生态文明建设的意义及其对未来社会的影响。中国在大气污染治理方面取得了显著的进展。例如，“蓝天保卫战”政策的实施，标志着国家在改善空气质量方面的坚定决心。教师可以介绍这一政策的具体措施，如限制高污染企业的排放、推广清洁能源、加强机动车排放管理等。通过提供具体的数据和案例，如某些城市在政策实施后空气质量显著改善的实例，教师能够让学生直观地看到环保政策的实际效果。这不仅有助于学生理解大气污染治理的紧迫性，还能够让他们认识到政策措施在保护环境方面的关键作用。

中国通过划定生态保护红线，明确了必须严格保护的生态空间，从而确保生态系统的稳定性和生物多样性。教师可以讲解这一制度的背景、实施过程以及实际效果。例如，教师可以介绍某些区域因生态保护红线的设立而恢复了自然环境和生态功能的具体案例。这些实例能够帮助学生理解生态保护红线在维护生态安全和促进可持续发展中的重要作用，同时增强他们对生态文明建设的认同感。教师还可以通过讲解绿色发展和生态补偿机制等方面的成就，丰富思政课的教学内容。绿色发展政策提倡经济发展与环境保护的协调，强调在发展中保护环境，实现可持续发展。生态补偿机制则通过对生态保护区域的经济补偿，激励地方政府和企业参与生态保护工作。教师可以介绍这些政策的实施效果，如生态补偿资金如何促进了生态恢复项目的开展，以及绿色发展如何推动了绿色产业的成长。通过这些具体的案例，学生不仅能够理解绿色发展的理念，还能够认识到在经济发展过程中保护生态环境的重要性。

通过这些具体的生态文明建设成就，教师可以帮助学生深刻理解生态文明建设的复杂性和紧迫性，使他们意识到保护环境不仅是国家的责任，也需要每个人的积极参与。这样的教学不仅提升了学生对生态文明的认知，还激发了他们在日常生活中践行环保理念的积极性，从而为未来的可持续发展贡献力量。

四、挖掘文化传承与创新成就的教学素材

在新时代的成就中，文化传承与创新占据了重要地位，为高校思政课提供了丰富且有深度的教学素材。中国在保护和弘扬传统文化、推动文化创新方面取得了显著成果，这些成就不仅展示了国家在文化领域的努力，也为学生理解文化自信和文化自觉提供了实际案例。通过介绍这些成就，教师可以有效地引导学生增强对中华文化的认同感和自豪感，促进文化自信的形成。非物质文化遗产，包括传统工艺、民俗活动、地方戏曲等，是中华文化的重要组成部分。近年来，国家在保护这些文化遗产方面采取了积极措施，例如建立非

物质文化遗产保护名录、开展传承人培训等。教师可以通过讲解具体的保护措施，如对传统工艺的传承和现代应用，展示这些工艺如何在新时代中焕发新活力。例如，某些传统手工艺如苏绣、景泰蓝等，通过结合现代设计和生产工艺，成功地在国内外市场中占有一席之地。这些实例不仅展示了传统文化的创新发展，也让学生看到文化传承与现代产业结合的可能性，从而增强对中华文化的认同感。

国家在促进传统节日的文化活动方面也做出了积极努力，如春节、中秋节等传统节日的庆祝活动得到了更广泛的推广和创新。这些节日不仅保留了传统习俗，还融入了现代元素，如在春节期间的灯光秀和文化展览，使传统节日更具现代感。教师可以通过介绍这些节日活动的创新形式和社会反响，让学生了解传统文化在新时代中的发展趋势，以及如何在传承中实现创新。这种介绍不仅能够增强学生对传统节日的认识，还能让他们感受到文化传承与创新的紧密联系。此外，现代文化产业的发展也是展示文化传承与创新成就的重要素材。中国的文化产业，如电影、音乐、动漫等领域，已经成为全球文化市场的重要组成部分。教师可以通过讲解中国电影的国际影响力，如《流浪地球》的全球票房成功，以及中国动漫的逐步崛起等案例，展示文化创新如何推动文化产业的发展。这些现代文化产业的成功案例，不仅体现了中国文化在国际上的竞争力，也反映了传统文化在现代社会中的活力。通过这些实例，学生可以看到文化创新带来的社会效益，同时激发他们对文化产业和文化创新的兴趣。

五、挖掘公共卫生成就的教学素材

公共卫生领域的巨大成就为高校思政课提供了重要的教学素材，尤其是中国在应对新冠疫情中的成功经验，展示了国家强大的制度优势和应对能力。通过深入讲解中国在公共卫生危机中的举措和成果，教师可以为学生提供鲜活的案例，帮助他们理解国家在这一领域的政策有效性，同时增强他们对国家治理能力的信心。中国在疫情防控中的大规模核酸检测是展示公共卫生应对能力的重要案例。面对新冠疫情，中国迅速组织了全国范围内的大规模核酸检测行动，这不仅展现了强大的动员能力，还显示了国家在应对突发公共卫生事件中的高效性。教师可以通过详细介绍核酸检测的快速启动、检测范围的覆盖率以及如何通过信息化手段追踪感染源等，帮助学生理解这一政策在疫情防控中的关键作用。这些真实的案例不仅让学生看到国家应对危机的高效反应，还能让他们意识到科技手段在公共卫生领域中的重要性。

中国迅速研发并推广新冠疫苗，为全球抗疫提供了强有力的支持。教师可以介绍中国疫苗研发的过程、技术突破以及疫苗在国内外推广的情况。这种讲解能够让学生了解疫苗接种对群体免疫的形成、疫情的控制发挥了至关重要的作用。同时，通过分析疫苗接种的广泛覆盖，教师还可以引导学生思考全球合作在公共卫生领域中的重要性，增强他们对国家科技实力的认同感。中国在疫情管理中的全方位举措，也是展示国家公共卫生应对能力的重要素材。教师可以讲解疫情初期中国采取的封闭管理、社区联防联控、公共卫生宣传等措施。这些措施不仅有效遏制了疫情的蔓延，还体现了国家制度在危机管理中的优势。通过对这些防控措施的具体介绍，教师能够帮助学生理解国家在应对公共卫生危机中的快速反应、决策科学性以及多方协作的机制。这种教学内容不仅丰富了课堂教学，也能增强学生对国家制度和治理能力的信心。通过展示这些公共卫生成就，教师可以进一步培养学生的社会责任感和使命感。公共卫生不仅是政府的职责，也是每个公民应尽的责任。在课堂上，教师可以通过疫情中的志愿者事迹、医护人员的奉献精神等案例，激发学生对社会服务和公共卫生事业的热情。这种教育不仅能够让学生认识到公共卫生在社会中的重要性，还能促使他们在未来的职业和生活中更加关注公共健康，增强社会责任感。

第二节　运用现代信息技术转化新时代非凡成就丰富素材为高校思政课教学资源

一、建立数字化资源库转化新时代非凡成就丰富素材为高校思政课教学资源

运用现代信息技术，可以建立一个全面的数字化资源库，收集和整理关于中国新时代非凡成就的丰富素材。这个资源库应包括文字、图片、视频、音频等多种形式的资料，涵盖经济成就、科技进步、文化建设、社会发展、环境保护和国际维和等各个方面。教师和学生可以方便快捷地获取所需的教学资源，提高教学效率。传统的教学资源往往局限于教材和课件，而数字化资源库可以整合各种形式的资料，包括文字、图片、视频和音频等，形成多媒体教学资源。这些多媒体资料可以生动形象地展示中国的新时代非凡成就，使学生在学习过程中获得更直观、更深刻体验。经济成就方面的资料可以包括经济特区建设的视频、国家产业政策的文件和数据图表等，让学生通过多种感官渠道了解国家经济发展的历程和成就。

传统教学资源的查找和使用往往需要花费大量时间和精力，而数字化资源库通过信息技术的应用，使教师和学生可以方便快捷地获取所需资料。教师在备课时可以通过资源库快速找到关于科技进步的最新视频和研究报告，学生在课后也可以通过资源库进行自主学习和资料查阅。这种便利性不仅提高了教学效率，也增强了教学的灵活性和自主性。通过网络平台，教师和学生可以在资源库中上传和分享自己的资料，形成一个互动和协作的学习社区。教师可以将自己制作的多媒体课件上传到资源库，供其他教师参考和使用；学生

也可以将自己在学习过程中收集到的资料分享给同学，形成资源的互补和共享。这种协作学习模式不仅可以丰富教学资源，还可以促进师生之间、同学之间的交流和合作。

数字化资源库的建立还可以实现资源的动态更新和持续优化。现代信息技术的快速发展使得信息的更新速度越来越快，数字化资源库可以及时收集和更新最新的资料，保持资源的时效性和前沿性。关于环境保护的资料可以包括最新的生态修复工程的进展、最新的环保政策和国际环境会议的动态，使学生始终处于知识的最前沿，了解最新的环境保护成果和动态。不同的学生有不同的兴趣和学习需求，数字化资源库可以提供多样化的资料，满足学生的个性化需求。学生可以根据自己的兴趣选择不同主题的资料进行学习，教师也可以根据学生的特点和需求，推荐个性化的学习资源和任务。这种个性化的教学和学习模式可以激发学生的学习兴趣，增强他们的学习动力和效果。

数字化资源库还可以实现教学资源的有效管理和评估。通过信息技术手段，可以对资源库中的资料进行分类、标注和管理，形成有序、系统的资源体系。可以对不同主题的资料进行分类管理，对重要资料进行标注和推荐，形成一个结构清晰、易于查找的资源库。同时，可以通过数据分析技术，对资源的使用情况进行评估和反馈，不断优化资源的质量和结构，提高资源的利用率和教学效果。

二、开发多媒体课件转化新时代非凡成就丰富素材为高校思政课教学资源

将新时代非凡成就的素材转化为多媒体课件，可以使高校思政课教学更加生动和直观。利用现代信息技术制作包含图片、视频、动画和音频的课件，能够形象化地展示中国的辉煌成就。在讲述“神舟”系列载人航天任务时，可以播放航天发射的视频，结合图文并茂的课件，增强学生的视觉和听觉体验，提升课堂吸引力和教学效果。

（一）丰富教学内容，提升课堂生动性

开发多媒体课件可以丰富高校思政课的教学内容，通过图片、视频、动画和音频等多种形式的结合，全面展示中国的新时代非凡成就。传统的课堂教学往往依赖于教材和教师的口头讲解，而多媒体课件则能够将抽象的理论和文字转化为生动形象的视听资料。在讲述中国经济成就时，可以展示改革开放前后的对比图片、播放经济特区发展的纪录片，甚至通过动画模拟经济政策的实施效果。这些多媒体元素不仅能够帮助学生更直观地理解抽象的概念，还能够增强课堂的生动性和趣味性，使学生在轻松愉快的氛围中接受知识。

（二）提升学习体验，增强学生兴趣

多媒体课件的应用可以提升学生的学习体验，激发他们的学习兴趣。现代学生普遍接受过较多的数字化信息，他们对视觉和听觉刺激更为敏感和接受。通过播放视频、展示图片和动画，可以吸引学生的注意力，使他们更专注于课堂内容。在讲述“嫦娥”系列探月

工程时，可以播放探月过程的高清视频，展示月球表面的真实景象，结合科学家们的工作场景，使学生仿佛置身于探月现场，感受到中国航天事业的伟大成就。这种沉浸式的学习体验，不仅能够激发学生对科技创新的兴趣，还能够激发他们的民族自豪感和自信心。

（三）增强互动交流，促进深度理解

多媒体课件还可以通过互动功能，增强师生之间的交流和互动，促进学生对知识的深度理解。可以在课件中嵌入互动问答环节，结合教学内容设置一些问题，学生可以通过点击回答，教师可以即时反馈和点评。这样的互动设计，可以激发学生的参与积极性，促进他们对知识点的思考和理解。同时，通过课堂互动，调整教学策略，确保教学效果。在讲述环境保护成就时，可以设计一些关于生态修复工程的视频问答，让学生在观看视频后进行互动答题，加深他们对生态保护政策和成效的理解。

（四）支持课后复习，巩固学习效果

多媒体课件还可以作为学生课后复习的重要资源，帮助他们巩固学习效果。教师可以将课件上传至在线教育平台，供学生随时查阅和学习。在讲述国际维和行动时，可以将相关视频、图片和音频资料整合到课件中，学生在课后可以通过观看这些资料，加深对中国在国际维和行动中所作贡献的理解。同时，多媒体课件还可以结合在线测试和作业，帮助学生检测和巩固学习效果。学生不仅能够在课堂上获得丰富的学习体验，还能够在课后继续深入学习和思考，全面提升学习效果。

三、利用在线教育平台转化新时代非凡成就丰富素材为高校思政课教学资源

借助在线教育平台，如雨课堂、MOOC（慕课）和各种直播平台，可以将新时代非凡成就的素材转化为在线课程，供学生随时随地进行学习。这些平台不仅支持视频课程的播放，还可以进行在线讨论、互动答疑和作业提交，帮助学生更好地理解和掌握教学内容。通过在线平台发布关于精准扶贫的专题讲座和案例分析，学生可以在课后深入学习和讨论，提高学习的深度和广度。

（一）提供灵活便捷的学习方式

在线教育平台使学生能够随时随地进行学习，提供了灵活便捷的学习方式。传统课堂教学受时间和空间的限制，而在线平台则突破了这些限制，让学生可以根据自己的时间安排自主学习。在学习中国科技进步的内容时，学生可以在课余时间通过雨课堂或 MOOC 平台观看“神舟”系列载人航天任务的视频课程，详细了解每一次任务的背景和技术突破。这种灵活性不仅有助于学生合理安排学习时间，还可以提高他们的学习效率和主动性。

（二）实现丰富多样的教学互动

在线教育平台支持多种形式的教学互动，可以增强学生的参与感和学习效果。在在线课程中，教师可以利用平台的互动功能进行实时答疑、讨论和测评。在直播平台上，教师可以在讲解中国文化建设成就的过程中，通过弹幕和评论功能与学生互动，回答学生提出的问题，收集学生的反馈意见。这样不仅可以即时解决学生的疑惑，还能促进师生之间的交流和互动，增强学生的学习积极性和参与感。

（三）提供多层次的学习资源

在线教育平台可以集成多种学习资源，提供多层次的学习支持。除了视频课程，平台还可以提供文本资料、图片、音频、动画等多种形式的学习内容，帮助学生多角度、多层次地理解教学内容。在学习中国扶贫攻坚成就时，平台可以提供扶贫政策文件的原文、扶贫项目的视频纪录片、扶贫干部的采访录音等多种资源，帮助学生全面了解扶贫工作的方方面面。这种资源的多样性和丰富性，可以满足学生不同的学习需求，增强学习的深度和广度。

（四）支持个性化学习和评价

在线教育平台可以根据学生的学习情况和需求，提供个性化的学习和评价服务。平台可以通过大数据分析学生的学习行为和成绩，推荐适合的学习资源和课程，帮助学生弥补知识盲点。在学习环境保护成就时，平台可以根据学生的兴趣和学习进度，推荐相关的专题讲座和案例分析，让学生在个性化的学习路径中深入探索。同时，平台还可以提供多种形式的评价和反馈，如在线测验、作业提交和教师点评，帮助学生及时了解自己的学习效果和不足之处，指导他们改进学习方法，提高学习效果。

第三节　数字智能技术赋能新时代非凡成就融入高校思政课教学

一、利用人工智能个性化教学赋能新时代非凡成就融入高校思政课教学

（一）基于人工智能的学习需求分析提升思政教学效果

人工智能技术通过分析学生的学习行为和兴趣，可以帮助高校思政课教师精准识别学生的学习需求。通过AI系统，教师能够了解学生对新时代非凡成就（如扶贫攻坚、科技创新）的兴趣差异，制定更加个性化的教学策略。这种精准化的教学设计有助于提高学生的学习积极性，并加深对新时代成就的理解。

（二）人工智能推动个性化学习路径的动态调整

在高校思政课教学中，人工智能能够为每个学生设计和调整个性化的学习路径，确保学生在学习新时代非凡成就时获得最佳效果。通过AI系统，教师可以动态调整学习内容和教学节奏，针对学生对不同成就领域的兴趣和理解程度，提供差异化的教学方案，从而促进教学的有效性和针对性。

（三）利用人工智能个性化资源推送激发学习兴趣

高校思政课教学可以通过人工智能技术，向学生个性化推送与新时代非凡成就相关的学习资源。根据学生的学习偏好，AI系统可以推荐合适的视频、文章和案例，帮助学生自主探索感兴趣的领域。这不仅能够丰富学生的学习体验，还能够提高他们的学习主动性和对思政课内容的兴趣。

二、应用大数据分析优化教学内容赋能新时代非凡成就融入高校思政课教学

大数据分析技术可以帮助教师优化思政课的教学内容和方法。通过对学生的学习数据进行全面分析，教师可以了解学生在学习新时代非凡成就内容时的兴趣点、难点和知识盲区。分析学生在学习中国文化建设内容时的讨论热度和参与度，可以发现哪些话题最受学生关注，哪些知识点学生掌握得不够扎实。基于这些分析结果，教师可以有针对性地调整教学内容，增加学生感兴趣的内容，强化难点和重点的讲解。

（一）分析学生学习行为和习惯

大数据分析技术可以全面收集和分析学生的学习行为和习惯。通过学习管理系统（LMS）记录学生的登录时间、视频观看时长、作业提交情况和课堂互动次数，可以了解学生的学习习惯和行为模式。通过分析这些数据，教师可以发现学生的学习高峰期和低谷期，调整教学时间和节奏。如果发现大多数学生在晚上学习效率较高，教师可以安排更多的在线互动和答疑时间在晚上，以提高学生的参与度和学习效果。

（二）识别学生的兴趣点和关注点

通过大数据分析，教师可以识别学生在学习新时代非凡成就内容时的兴趣点和关注点。分析学生在学习中国科技进步内容时的讨论热度、点赞次数和评论内容。教师可以增加学生感兴趣的内容，设计更多相关的讨论和活动，激发学生的学习兴趣和参与热情。如果学生对“神舟”系列任务中的某些技术细节表现出浓厚兴趣，教师可以深入讲解这些内容，组织专题讨论和实践活动。

（三）掌握学生的知识盲区和难点

大数据分析技术可以帮助教师掌握学生的知识盲区和学习难点。通过分析学生的测验成绩、作业完成情况和课堂提问记录，教师可以发现学生在哪些知识点上存在理解困难。教师可以有针对性地加强对这些知识点的讲解和练习，提供更多的补充资料和学习资源，帮助学生克服学习难点。在学习中国文化建设内容时，如果发现学生对某些传统文化的理解存在困难，教师可以增加相关的案例分析和实践活动，帮助学生更好地掌握这些知识。

三、构建智能学习平台提升教学效率赋能新时代非凡成就融入高校思政课教学

智能学习平台可以整合各种数字智能技术，为高校思政课提供全面的教学支持。通过智能学习平台，教师可以发布教学资源、布置作业、进行在线测评和反馈，学生可以随时随地进行学习和互动。智能学习平台可以集成视频课程、在线测验、讨论区、学习报告等多种功能，帮助学生系统地学习中国的新时代非凡成就。平台还可以通过智能推荐算法，根据学生的学习情况，提升学习的效率和效果。师生可以实现高效沟通和互动，增强教学的灵活性和便捷性。

（一）集成多功能教学资源

智能学习平台可以集成多种功能，为高校思政课提供全面的教学资源支持。平台可以集成视频课程、电子教材、音频讲座和图文资料等多种形式的教学内容，帮助学生多角度、多层次地学习中国的新时代非凡成就。教师可以方便地发布和管理这些资源，学生也可以根据需要随时访问和学习。这种资源的集成可以有效丰富教学内容，提升学生的学习体验和效果。

（二）提供在线测评和反馈

智能学习平台可以提供在线测评和反馈功能，帮助学生及时了解自己的学习效果。教师可以在平台上设计和发布各种类型的测验和作业，如选择题、填空题、简答题等，学生可以在线完成并提交。平台可以自动批改并提供即时反馈，帮助学生了解自己的知识掌握情况。通过这些测评和反馈，教师可以发现学生的学习问题，及时进行辅导和支持。

（三）实现个性化学习推荐

平台可以根据学生的测验成绩、作业完成情况和学习行为数据，分析学生的兴趣点和知识盲区，推荐适合的补充资料、练习题和视频课程。这种个性化的学习推荐可以帮助学生有针对性地弥补知识不足，提升学习效率和效果。对于在学习中国科技进步内容时表现较好的学生，平台可以推荐更深入和挑战性的学习资源，帮助他们进一步提升。

第六章　新时代非凡成就融入高校思政课教学的实践进路与评价机制

第一节　新时代非凡成就融入高校思政课教案

一、新时代非凡成就融入高校思政课教案的内容

（一）经济增长与脱贫攻坚的成就

新时代以来，中国在经济增长与脱贫攻坚方面取得了令人瞩目的成就。中国经济的快速发展不仅使GDP总量稳居世界第二，还通过稳定的经济政策和强大的制造业优势，推动了国家经济结构的优化调整。这些成果表明，中国经济的持续增长不仅依赖于数量的扩张，更是质量提升的体现。尤其是高新技术产业和服务业的崛起，为经济的稳健发展提供了新的动能。脱贫攻坚战的全面胜利成为了新时代的突出标志。在党和政府的坚强领导下，通过实施精准扶贫政策，数亿贫困人口摆脱了贫困，这不仅提升了人民的生活质量，还为全球减贫事业提供了“中国方案”。在课堂教学中，可以通过分析具体扶贫项目的案例，如易地搬迁、产业扶贫和教育扶贫，帮助学生更好地理解这一伟大成就的重要意义。

全民共享小康社会的目标也得到了全面实现。中国通过优化资源配置、完善社会保障体系以及推动区域协调发展，进一步缩小了城乡和地区发展差距。通过这些努力，人民群众的幸福感和获得感显著提升。学生在学习时可以通过对比不同阶段的小康建设目标和具体实施措施，理解经济发展与民生改善之间的密切联系。此外，在全球经济形势复杂多变的背景下，中国通过参与全球经济治理，展现了负责任的大国形象。在贸易保护主义抬头、全球供应链面临挑战的情况下，中国积极推动对外开放，加入诸如区域全面经济伙伴关系协定（RCEP）等国际合作，提升了在全球经济中的话语权。结合这些国际经济合作的实例，学生可以更深入地思考中国在新时代全球经济中的角色与定位。

通过数据展示和实例分析，新时代的经济增长与脱贫攻坚成就不仅体现了中国综合国力的提升，更展示了中国特色社会主义制度的优越性和可持续性。教师可以在教学中引导

学生分析这些成就背后的政策支持、制度保障和战略规划，从而帮助学生树立正确的历史观和价值观。

（二）科技创新与自主研发的突破

新时代以来，中国在科技创新与自主研发方面取得了一系列举世瞩目的突破。首先，从“天问一号”成功探火，到“嫦娥”系列探月计划的稳步推进，中国在航天领域展现出了强大的科技自主创新能力。这些成就不仅象征着中国在深空探测领域的崛起，也为全球太空探索贡献了新的智慧与方案。在课堂教学中，通过详细讲解这些重大航天任务的技术难度与突破点，学生可以深刻感受到中国科技发展的前沿水平以及航天科技对于国家综合实力提升的重要性。5G 技术的飞速发展也标志着中国在全球科技竞争中的领先地位。中国的 5G 技术不仅实现了全国产业链的自主研发和制造，还在全球范围内推广应用，推动了全球信息化的进程。5G 技术的普及，不仅加快了智慧城市、智能制造、物联网等新兴产业的蓬勃发展，也推动了整个社会的数字化转型。在课堂教学中，可以通过阐述 5G 技术的实际应用场景，例如自动驾驶、智慧医疗等，让学生认识到科技进步如何改变人们的生活，进而激发他们探索科技前沿的兴趣和动力。

作为全球领先的量子通信与计算领域的探索者，中国成功研制了世界首颗量子科学实验卫星“墨子号”，并在量子保密通信技术方面取得了关键性进展。这些成就展示了中国在尖端科技领域的自主研发能力和全球引领地位。通过将这些创新成果融入高校思政课教学，可以让学生了解量子科技的复杂性与应用潜力，进一步激发他们对前沿科学研究的兴趣。除此之外，中国在自主创新方面的成果不仅体现在具体项目上，还通过政策支持、科研体制改革和人才培养机制的完善得以长足发展。国家通过加强基础研究投入，实施创新驱动发展战略，大力推动科研院所、高校与企业的协同创新，形成了良性循环的创新生态。在课堂上，教师可以结合这些制度层面的支持，向学生展示科技创新背后的体系建设和战略规划，帮助他们认识到科技自主创新不仅仅依赖于个别项目的成功，更需要强大的国家支持和人才储备。

中国的自主创新还体现在多领域的齐头并进。例如，在生物医药、人工智能、新能源等领域，中国的科技企业不断涌现出世界级的创新成果，为全球科技产业链贡献了中国力量。通过分析这些跨领域的科技创新实例，可以帮助学生更全面地理解中国科技创新的广度和深度，增强他们的创新意识和民族自豪感。

（三）生态文明建设与绿色发展理念

新时代以来，中国在生态文明建设与绿色发展理念的引领下，取得了显著的成就。习近平总书记提出的“绿水青山就是金山银山”理念，成为了新时代生态文明建设的核心指导思想。这一理念强调经济发展与环境保护的协同共进，摒弃了传统发展模式中“先污染后治理”的旧观念，推动了全社会树立绿色发展的新思维。通过思政课，教师可以结合这一理念，帮助学生认识到生态环境的不可替代性以及保护自然资源对于经济长远发展的重要意义。近年来，国家大力发展风能、太阳能、水电等可再生能源，并积极推动新能源汽车的普及。这些措施有效减少了传统化石能源的使用，降低了温室气体排放，对抗气候变化作出了重要贡献。在课堂教学中，通过展示清洁能源技术的应用实例，如大型风力发电项目或太阳能电站，学生可以更加直观地理解绿色能源对环境保护和可持续发展的作用。

国家通过实施一系列强有力的环境保护政策和措施，大力整治大气、水、土壤污染，改善了生态环境质量。例如，国家出台了严格的排放标准，实施“蓝天保卫战”，有效减少了工业废气和机动车尾气的排放；在水污染治理方面，许多河流和湖泊经过整治，水质得到显著改善。这些环保成果可以作为课堂中的具体案例，帮助学生认识到国家在生态环境保护方面的努力和成效，并激发他们的环境保护责任感。中国还积极推动绿色经济的转型升级，促进经济高质量发展。在全球经济一体化的背景下，绿色产业逐渐成为新兴产业的重要组成部分。通过大力发展循环经济、倡导低碳生活方式，国家引导企业和个人共同参与生态文明建设。这些政策的实施不仅有助于减少资源浪费、提高能源利用效率，还为学生提供了绿色创新和创业的机会。课堂上，教师可以结合绿色经济发展的实例，如循环利用产业链的构建和绿色科技创新，培养学生的环保意识和创业思维。

通过推进生态文明体制改革，中国逐步完善了环境保护法律法规和监督体系。国家加大了对环境违法行为的处罚力度，确保环保政策的有效落实。同时，生态文明的宣传和教育也在全社会深入展开，倡导绿色消费和环保行为已成为时代潮流。通过引导学生了解这些改革举措，教师可以帮助他们形成正确的生态文明观念，进而为生态环境的持续改善贡献力量。

（四）全面深化改革与国家治理现代化

党的十八大以来，中国在多领域全面深化改革，推动了国家治理体系和治理能力的现代化建设。在经济领域的改革中，国家加大了市场化改革力度，推动资源配置的市场化进程，从而提高了经济运行效率。这一改革不仅提升了市场活力，还确保了国家在宏观调控中的主导作用。通过这种制度上的创新与调整，社会主义市场经济体系逐渐完善，为国家长期稳定发展奠定了基础。将这一过程融入高校思政课堂，可以让学生理解市场与政府在经济运行中的有机结合，进而加深对中国特色社会主义经济制度的认同。新时代，中国在坚持党的领导的前提下，进一步推动了法治建设和民主监督体系的完善，提升了国家治理的法治化水平。通过修改宪法、完善党内法规体系等举措，党和国家的决策过程更加民主化、科学化，增强了国家治理的透明度和公信力。学生通过学习这些改革举措，可以更加深入地理解党的领导与法治建设相辅相成的关系，从而更好地认识中国特色社会主义政治制度的独特性与优越性。

中国通过推动公共服务供给侧结构性改革，努力解决人民群众在教育、医疗、住房等方面的难题。通过建立更加完善的社会保障体系和精准扶贫政策，国家有效减少了城乡发展差距，提升了民生福祉。将这些社会改革成果融入高校思政课，可以引导学生思考国家如何通过制度创新改善人民生活，并激发他们关注社会问题、投身公共服务的热情此外，党的十八大以来，国防和军队改革也是全面深化改革的重要组成部分。中国通过优化军队结构，提升军队现代化水平，增强了国家的国防力量和国际影响力。这不仅加强了国家安全，还促进了军民融合发展战略的实施。通过在思政课中介绍国防改革的成功经验，学生可以更加清晰地认识到国家安全与现代化国防建设之间的紧密联系，从而增强他们的国家安全意识和国防责任感。

国家治理体系和治理能力现代化的推进还体现在生态文明建设、文化体制改革等领域。中国在生态环保方面采取了一系列创新措施，如建立中央环保督察机制和生态补偿制度，推动了绿色发展理念的落实。在文化领域，通过改革文化产业发展模式，国家增强了文化自信，推动了中华优秀传统文化的传承与发展。这些改革措施不仅丰富了国家治理的内涵，也体现了治理能力的现代化水平。通过将这些领域的改革融入课堂教学，可以引导学生更加全面地认识到国家治理体系现代化的广泛意义。

二、新时代非凡成就融入高校思政课教案的方法

（一）案例分析与课堂讨论

在教育过程中，采用案例教学法可以有效引导学生深入分析新时代的非凡成就及其背后的思想和影响。通过具体案例的引入，教师不仅能够将理论知识与实际情况结合起来，还能激发学生的思辨能力和创新意识。案例分析作为一种互动式的教学方法，通过对典型实例的详细探讨，帮助学生更好地理解理论与实践的联系。教师可以选取国家科技创新的成功案例，如中国的“超级计算机”或“量子通信”技术，作为分析对象。

通过深入讨论这些案例中的技术创新、实现过程和对社会的广泛影响，学生能够更清晰地看到科技进步如何促进社会发展，并从中汲取创新的灵感。引导学生进行案例讨论，可以培养他们的批判性思维和问题解决能力。在分析过程中，学生需要识别案例中的关键问题、评价不同的解决方案，并提出自己的见解和建议。这种过程不仅提高了学生的分析能力，还鼓励他们在面对复杂问题时进行深度思考。比如，在讨论某一企业如何通过技术创新成功转型时，学生不仅需要理解企业的战略决策，还需分析市场环境、技术因素以及管理模式等多方面因素，这样的讨论有助于提升学生的综合分析能力和创新意识。通过讨论案例中的成功经验和面临的挑战，学生可以看到在新时代背景下取得成就的复杂性和多样性。这种深刻的理解有助于学生在未来的学习和工作中，更好地应对挑战并提出创新的

解决方案。通过对具体案例的分析，学生不仅可以增强对理论知识的实际应用能力，还能提升在面对现实问题时的解决能力和创新思维。

（二）跨学科融合

跨学科融合为深入探讨新时代非凡成就提供了全新的视角。通过结合文学、艺术、科学等多学科的视角，我们可以更全面地理解这些成就对不同领域的影响及其意义。这种综合性的分析不仅有助于丰富学生的知识结构，还能促进学科之间的交叉学习和思想碰撞。从文学的角度来看，新时代的非凡成就常常成为文学创作的重要素材。科技进步、社会变革等主题在文学作品中得到了广泛表达。科幻小说不仅可以反映当前科技发展的前沿，还能通过虚构的情节对未来社会进行预判。通过分析这些文学作品中的科技与社会关系，学生能够更好地理解科技进步对社会文化的深远影响，同时提升对文学作品的批判性思维。

艺术领域则为理解新时代成就提供了独特的表达方式。艺术创作，如绘画、雕塑、电影等，往往以形象和情感的方式呈现时代变迁中的非凡成就。现代艺术作品可能通过抽象的表现手法来探讨科技进步带来的社会变化。这种艺术视角可以激发学生对新时代成就的感性认知，帮助他们从艺术的角度理解技术和社会的互动。科学领域的视角则直观地展示了新时代成就的技术细节和实际应用。科技创新在解决实际问题、推动社会进步方面发挥了关键作用。通过跨学科的分析，学生可以将科学技术的进步与文学和艺术中的表现结合起来，形成更加全面的认知。通过比较科学的技术报告与文学中的科技描绘，学生可以发现两者对科技进步的不同解读，从而促进对科技成果的多层次理解。

这种跨学科的融合不仅增强了学生的综合思维能力，还促进了学科之间的思想碰撞。通过不同学科的视角，学生可以看到新时代非凡成就对各领域的全方位影响，从而培养他们的创新意识和批判性思维。总之，跨学科融合使学生能够从多角度、多层面理解新时代的非凡成就，提升了他们的整体认知能力和跨学科的学习能力。

（三）互动体验与实地调研

在新时代的思政课教学中，互动体验与实地调研作为重要的教学方法，可以帮助学生更深入地理解国家在全面小康和乡村振兴方面的非凡成就。全面建成小康社会是中国共产党向全国人民作出的庄严承诺，这一目标的实现标志着中国在消除绝对贫困和提高人民生活水平方面取得了历史性的胜利。通过实地调研，学生可以走访城乡各地，亲身体验小康社会建设的具体成果，如基础设施的改善、公共服务的提升等，从而更加直观地感受到国家在民生改善方面的巨大进步。这种体验式学习可以帮助学生将理论知识与实际感受结合起来，进一步增强他们对全面小康建设的认知与认同。乡村振兴战略是新时代中国农村发展的核心方针，旨在通过提升农业现代化水平、改善农村人居环境、促进农村产业多元化发展，推动城乡协调发展。学生可以通过参与乡村振兴的实地调研活动，深入了解农村经济的转型与升级过程，见证农业科技的应用、新型农村合作经济的兴起，以及乡村旅游、文化产业等新兴产业的发展情况。这不仅有助于他们理解乡村振兴战略的实践意义，也能激发他们对服务农村、支持农业的责任感。

在实际调研过程中，学生还可以通过与当地居民、企业家和基层干部的互动，了解到全面小康和乡村振兴背后所付出的努力与克服的困难。与社区的互动交流能使学生认识到这些成就并非一蹴而就，而是依靠国家政策支持、基层治理能力提升和群众的共同参与才得以实现。这种深度的调研与体验，不仅有助于学生对国家治理成就的感性认知，还能培养他们解决实际问题的能力。此外，互动体验式学习通过让学生参与到实际问题的解决中，也提升了思政课的实践性与趣味性。教师可以组织学生团队以“如何进一步巩固全面小康成果”或“乡村振兴中的青年力量”为主题开展调研，通过走访、数据分析和访谈等方式，将他们的调研成果应用到实际社会问题的解决中。通过这种形式的学习，学生能够在实践中深化对党的政策的理解，培养他们的社会责任感和历史使命感。

第二节　新时代非凡成就融入高校思政课理论教学与实践教学

一、新时代非凡成就融入高校思政课理论教学

（一）全面理解党的领导作用

新时代的非凡成就首先离不开中国共产党的坚强领导。在高校思政课教学中，教师应引导学生全面了解党的领导作用，讲解党的治国理政方略，展示党的坚强领导如何推动国家在政治、经济、科技等各方面取得卓越成就。这有助于学生增强对中国特色社会主义道路的认同感与信心。

（二）结合重大国家战略讲解成就背后的理论

新时代的成就与国家的重大战略密不可分，尤其是“一带一路”倡议、乡村振兴战略、京津冀协同发展等。在理论教学中，可以通过讲解这些战略背后的理论基础，如科学发展观、可持续发展理论等，帮助学生更好地理解国家发展的逻辑与路线。

（三）将科技创新作为中国特色社会主义制度优越性的体现

新时代的科技创新成就显著，如5G技术、人工智能、载人航天等。在高校思政课教学中，教师可以通过案例教学，展示我国在科技领域取得的突破，分析这些成就背后中国特色社会主义制度的优越性，突出集中力量办大事的优势。这不仅能激发学生的科技创新热情，还能增强他们对国家制度的自豪感。

（四）通过社会发展和民生改善体现人民至上的理念

新时代非凡成就的一个重要方面体现在民生改善上，例如精准扶贫、全面小康社会的建成。在高校思政课教学中，教师可以通过数据、实例等多维度展示这些成就，结合马克思主义人民观，深入阐述国家始终坚持以人民为中心的发展思想，从而让学生感受到党和国家对人民的关怀和责任。

（五）文化自信与新时代成就的结合

新时代的非凡成就不仅仅体现在经济和科技方面，还体现在文化软实力的提升。在高校思政课教学中，教师可以通过介绍中华文化复兴、国际文化交流等，展示新时代文化自信的提升，并探讨其背后的理论支撑。将新时代的成就与文化自信相结合，有助于学生树立强烈的民族自豪感与文化认同。

（六）理论联系实际，增强实践性教学

在理论教学中，可以通过鼓励学生走出课堂，参与社会实践，将新时代的成就与实际生活结合起来。例如，组织参观科技园区、参与扶贫活动等，使学生能够亲身感受到新时代的非凡成就，这种实践性教学能更有效地帮助学生将理论内化于心，外化于行。

二、新时代非凡成就融入高校思政课实践教学

（一）用好本土资源，打造行走的“思政课”

当地的红色文化、历史遗迹以及革命传统为高校思政课实践教学提供了丰富的教育素材，通过组织学生参观革命旧址、纪念馆等地，可以让他们更加直观地感受历史和时代的变迁。当地的社会经济发展和人民生活变迁，也为学生提供了思考新时代中国特色社会主义伟大成就的实践场景。通过这种体验式的学习，学生不仅能够将理论知识与现实生活相结合，还能更加深刻地理解党的政策在基层的落实与成效。本土资源的利用还能够激发学生的家国情怀，让他们在了解家乡的过程中，增强对国家的认同感和责任感，使思政课实践教学更加贴近生活、更具感染力和实效性。

（二）设立专题讲座与研讨，深化对成就的理解

引入新时代非凡成就作为高校思政课实践教学的内容，可以通过设立专题讲座和研讨会来深化学生对这些成就的理解。邀请专家学者、企业家或社会活动家等进行专题讲座，介绍他们在相关领域的经验和成就，能够让学生直接听到权威的声音，获取前沿的知识。同时，通过组织专题研讨，学生可以对讲座内容进行深入讨论和分析，提出自己的见解和问题。这种形式的实践教学不仅能拓宽学生的视野，还能提升他们的批判性思维能力和对实际问题的分析能力。

（三）开展创新项目，激发学生的实践动手能力

在高校思政课实践教学中融入新时代非凡成就，可以通过开展创新项目来激发学生的实践动手能力。鼓励学生参与新时代成就相关的课题研究、创新实验或社会实践项目，能够帮助他们将理论知识应用于实际操作中。学生可以设计一个以绿色科技为主题的环保项目，或开展一个关于科技创新对社会影响的调研。这样的创新项目不仅能够提升学生的实际操作能力，还能增强他们的社会责任感和团队合作精神，使他们在实践中深入理解新时代成就的意义。

（四）实施成果展示与反馈机制，提升实践教学质量

将新时代非凡成就融入高校思政课实践教学后，应实施成果展示与反馈机制，以提升实践教学的质量。通过组织学生将实践活动的成果进行展示，如举办成果展览、发表调研报告或进行项目汇报，可以让学生将所学的理论知识转化为实际成果，并接受师生及专家的评价和反馈。反馈机制能够帮助学生了解自己在实践中的表现，发现问题并进行改进。同时，这种展示和反馈不仅有助于学生的成长，还能够激发他们的学习动力和自我提升的意识，从而推动实践教学的持续改进。

第三节　创新教学方法手段在新时代非凡成就融入高校思政课教学中的运用

一、数字化教学手段在高校思政课教学中的应用

利用现代化数字教学手段，如虚拟现实（VR）、增强现实（AR）和大数据分析，将新时代的非凡成就形象化展示。例如，通过虚拟参观“天宫空间站”或“北斗”导航系统的模拟展示，让学生直观感受国家科技创新成就。此类方式不仅提高了学生的学习兴趣，还能让理论学习更加具体生动。

（一）虚拟现实（VR）和增强现实（AR）的深度融入高校思政课教学

虚拟现实（VR）和增强现实（AR）技术可以将新时代的非凡成就生动展示在学生面前。例如，通过虚拟参观“天宫空间站”或“嫦娥探月”任务，学生能够身临其境地感受中国航天领域的科技突破。这种沉浸式的学习方式能够极大提高学生的学习兴趣，使他们更直观地理解新时代国家科技成就，深化对中国特色社会主义制度优势的认识。

（二）大数据分析提升高校思政课内容的精准性与互动性

大数据技术的运用使得高校思政课内容的设置和教学模式更加精准化。通过对学生学习行为的数据分析，教师能够更好地了解学生对不同内容的接受程度和兴趣点，从而调整教学策略。此外，大数据可以帮助教师在讲解新时代非凡成就时，提供更为详实、数据化的案例支持，如脱贫攻坚、环境保护等领域的具体数据，使教学内容更加科学有据，增强了课堂的互动性和参与度。

（三）多媒体资源丰富高校思政课教学形式

通过运用多媒体资源，如视频、动画、数据可视化等形式，新时代的非凡成就可以以更具象、更生动的方式呈现在学生面前。比如，教师在讲授"北斗导航系统"时，借助视频展示卫星发射的过程和实际应用场景，能够有效提升学生的注意力，并让复杂的科技成就变得通俗易懂。这种多媒体手段的引入，不仅丰富了教学形式，还能让理论知识变得更加鲜活和易于理解。

二、问题导向教学法在高校思政课中的创新应用

引导学生围绕新时代的社会成就，如脱贫攻坚、乡村振兴等，提出问题进行探讨，形成自主思考的能力。通过设置开放性问题，鼓励学生深入研究和讨论，培养他们分析新时代非凡成就背后的社会、经济和政治原因。此举能有效增强学生的批判性思维和问题解决能力。

（一）以脱贫攻坚为主题引导学生提出关键问题

在高校思政课教学中，教师可以围绕脱贫攻坚这一新时代的非凡成就，设置开放性问题，引导学生深入思考。例如，提出"如何确保脱贫成果的可持续性？"等问题，鼓励学生通过阅读政策文件、分析具体案例，探讨脱贫攻坚背后的社会、经济因素。这种问题导向的教学法不仅能帮助学生理解国家的重大成就，还能促使他们从多个角度思考问题，提升他们的独立思考能力。

（二）通过乡村振兴议题激发学生讨论和研究

教师可以以乡村振兴为议题，鼓励学生探讨其中的政策实施、产业发展、生态建设等关键问题。例如，设置"乡村振兴如何促进城乡协调发展？"这样的问题，引导学生从社会经济结构调整的角度展开讨论，研究背后的政策支持与具体实践。通过这样的开放性讨论，学生能够锻炼自己分析新时代政策成就的能力，提升对国家发展的认知与理解。

（三）培养学生批判性思维和问题解决能力

在问题导向教学法的引导下，学生通过对新时代成就的深入研究，能够逐步培养批判

性思维和问题解决的能力。教师可以鼓励学生质疑政策的实施效果，提出改进意见，并通过小组讨论或课题研究的方式，让学生在解决实际问题中，理解这些社会成就背后的复杂性与挑战。这种方式有效促进了学生的独立思考和多维度分析能力，进一步增强了思政课的教学实效性。

三、案例教学法在高校思政课教学中的实践

结合新时代的实际成就，利用案例教学法分析具体项目，如中国抗击新冠疫情的成功经验、全面小康社会的建设等。学生通过对具体案例的分析和探讨，能够更加深刻理解国家的治理能力和体制优势。这种方法不仅增强了教学的现实性，还培养了学生的实际应用能力。

（一）以抗击新冠疫情为案例展示国家治理能力

在高校思政课教学中，教师可以利用抗击新冠疫情这一典型案例，展示中国在应对全球性公共卫生危机中的治理能力和制度优势。通过分析中国在疫情防控中的快速响应、集中力量攻坚克难的制度机制，学生能够直观理解中国特色社会主义制度的有效性。讨论这个案例还能让学生更加深刻地认识到国家在面对重大挑战时的统筹协调能力及其社会影响。

（二）通过全面小康社会的建设案例引导学生深入思考

全面建成小康社会是新时代的重大成就。教师可以通过具体案例，如脱贫攻坚战的具体实践或各地小康建设的成果，向学生展示国家在改善民生、缩小贫富差距方面的具体举措。通过对这些案例的分析，学生不仅能够加深对国家治理模式的理解，还能认识到全面小康社会背后的政策支持与实践路径，从而提升他们对国家发展战略的认同感。

（三）案例教学法培养学生的实际应用能力

通过案例教学法，学生不仅能够在思政课中了解国家的非凡成就，还能学会将这些理论应用到实际问题的分析中。例如，通过对乡村振兴政策的研究，学生可以思考如何在未来工作中支持这一国家战略，从而提高其实际应用能力。这种教学方式通过真实案例帮助学生将理论与实践结合，增强他们解决实际问题的能力，使高校思政课教学更具实效性和现实意义。

四、实践调研在高校思政课教学中的运用

组织学生开展实地调研和社会实践，了解全面小康和乡村振兴的具体成就。通过参与社会调研活动，学生能够在亲身体验中感受新时代政策带来的实际影响，增强他们对社会现实的认识和理解，培养社会责任感和服务意识。

（一）通过实地调研全面了解全面小康的建设成就

在高校思政课教学中，组织学生开展实地调研，深入了解全面小康社会建设的实际成果，可以帮助他们切实感受国家在民生改善、基础设施建设、公共服务均等化等方面的成就。通过参访农村和城市中的小康示范点，学生能够直观了解新时代政策如何影响人民生活，增强他们对全面小康社会的具体认知，深化对国家政策实施效果的理解。

（二）乡村振兴调研活动激发学生社会责任感

在乡村振兴战略背景下，学生可以通过社会实践和调研活动，深入农村地区，了解农业现代化、生态环境治理、农村产业发展等具体情况。这样的实地调研不仅帮助学生认识到乡村振兴的实际成就，也使他们意识到农村经济发展的重要性和复杂性。通过亲身参与，他们可以感受到国家推动城乡协调发展的努力，进而激发其服务社会、关注农村发展的责任感。

（三）调研活动促进学生理论与实践相结合

在高校思政课教学中，实践调研能够让学生将课堂中学到的理论知识与社会现实相结合。通过参与社会调研，学生可以观察、分析政策实施的实际效果，并将理论应用到实际问题的探讨中。例如，他们可以在调研中提出建议或改进措施，培养解决现实问题的能力。这种方式不仅提升了学生的分析能力，还帮助他们在实践中培养创新思维和社会责任感。

五、互动式教学与小组讨论在高校思政课教学中的推广

采用互动式教学与小组讨论相结合的方式，鼓励学生积极参与课堂讨论。以推进国家治理体系和治理能力现代化为主题，教师可引导学生模拟政策讨论，分组讨论国家政策实施的优缺点。这种方法促进了学生的团队协作能力，同时增强了他们对新时代国家成就的深入理解。

（一）通过互动式教学激发学生的积极参与

在高校思政课教学中，互动式教学能够让学生主动参与课堂讨论，打破传统灌输式教学的单向性。例如，教师可以围绕推进国家治理体系和治理能力现代化的主题提出问题，引导学生从不同角度发表看法，分享见解。通过这种互动形式，学生不仅能提高表达能力，还能在交流中加深对国家政策和社会成就的理解，增强课堂的参与感与趣味性。

（二）小组讨论提升学生的团队协作与批判性思维

小组讨论作为思政课中的重要教学方式，能够有效培养学生的团队协作能力。教师可以将学生分组，围绕某一具体政策的实施效果，进行优缺点的讨论和辩论。学生在讨论过程中，不仅要提出自己的见解，还需要通过倾听与分析他人观点，逐步培养批判性思维能

力。通过小组合作，学生能够更加深入地理解新时代国家治理中的复杂问题。

（三）模拟政策讨论增强学生的实践能力与政策理解

在思政课教学中，教师可以组织学生模拟国家政策讨论，分组扮演决策者、专家或民众，探讨政策的可行性及其社会影响。这种模拟实践的方式使学生在角色扮演中体会政策制定的难度和复杂性，增强他们对国家治理体系的理解。同时，学生通过实际操作和讨论，可以提升政策分析与决策能力，使思政课教学更加贴近现实，增强教育效果。

第四节　优质教师供给在新时代非凡成就融入高校思政课教学中的作用

一、引领课程内容的更新与创新

优质教师凭借丰富的教学经验和前瞻性的学术视角，能够及时将新时代的非凡成就纳入课程内容，使教学内容始终保持与时俱进。随着科技的迅猛发展，新兴的技术和社会变革不断涌现，这些新知识和信息需要迅速被整合进课堂教学中，以确保学生接触到最新的理论和实践动态。优秀教师不仅关注传统的思政理论，还能够敏锐地捕捉社会热点话题，如人工智能、绿色科技、社会政策等，并将其融入教学中，从而提升课程的相关性和实际应用价值。在新时代背景下，科技创新已成为推动社会进步的重要力量。教师可以通过引入最新的科技成果，如中国在航天领域取得的突破，或是人工智能技术的应用实例，将这些前沿科技融入思政课程中。这种做法不仅丰富了课程内容，还能够激发学生对新时代科技成就的兴趣。教师通过将这些成果与理论知识相结合，帮助学生理解科技创新对社会的影响，以及如何在新时代背景下理解和践行思想政治理论。

优质教师能够通过创新的教学方法和工具，进一步推动课程内容的更新。利用多媒体技术展示实际案例或进行虚拟现实体验，能够让学生更加直观地感受到科技创新和社会变革的实际效果。这种生动的教学方式能够加深学生对课程内容的理解，提高其参与感和学习效果。教师还可以通过设立专题讲座、组织学术讨论等方式，为学生提供更为深入的学习机会，进一步拓宽他们的视野。教师的引领作用也体现在对课程内容的不断调整和优化上。优秀教师能够根据学生的反馈和学习需求，及时调整教学计划和内容，确保课程内容始终符合学生的学习目标和时代的发展趋势。教师可以根据学生对某一科技领域的兴趣，增加相关的讨论和案例分析，使课程内容更加贴近学生的实际需求。

二、提升教学方法的多样化与效果

具备丰富经验的教师能够灵活运用多种教学方法，将新时代非凡成就的教学变得更加生动和有效。他们不仅能够将理论知识与实际应用相结合，还能够通过创新的教学手段提高学生的参与度和理解深度。优质教师善于运用案例分析这一教学方法，通过引入具有现实意义的案例来阐述新时代的非凡成就。通过详细分析中国航天事业的成就，如探月工程的进展和挑战，教师能够帮助学生了解科技创新的实际应用和对社会的影响。案例分析不仅能够将理论知识与实际情况相结合，还能引发学生的兴趣和讨论，使他们能够在具体情景中理解和应用所学知识。教师通过引导学生讨论案例中的问题和解决方案，能够激发他们的思考和创新意识。

情景模拟作为另一种有效的教学方法，能够让学生在接近真实的环境中体验和解决问题。教师可以设计与新时代非凡成就相关的情景模拟活动，如模拟科技项目的实施过程或社会政策的影响评估。这种方法能够让学生实际参与到情景中，体验到实际操作的复杂性和挑战，从而加深对理论知识的理解和应用。这种沉浸式的学习体验能够帮助学生更好地掌握课程内容，提高他们的实践操作能力和创新思维

优质教师通过组织课堂讨论和小组活动，鼓励学生积极参与，分享观点和见解。在讨论新时代的社会变革时，教师可以引导学生就改革开放的影响进行深入探讨。通过讨论，学生能够在交流中加深对课程内容的理解，同时培养批判性思维和团队合作能力。这种互动性的教学方式不仅提高了课堂的参与感，还增强了学生对知识的掌握和应用能力。教师可以利用在线讨论平台、虚拟现实等技术手段，丰富教学形式，增强课堂的互动性。通过虚拟现实技术，教师可以让学生身临其境地体验科技创新的过程，从而更加直观地理解新时代的非凡成就。这种技术手段不仅提升了教学的趣味性，也增强了学生对教学内容的理解和记忆。

三、促进学生综合素质的提升

优质教师不仅专注于学生的学术成绩，更致力于培养学生的思想道德素养、批判性思维和社会责任感，从而推动学生的全面发展。优秀教师通过引导学生深入分析新时代非凡成就的社会影响，有效促进学生的思想道德素养。教师能够设计与新时代科技创新、社会进步相关的课程内容，帮助学生理解这些成就对社会的积极影响。在讨论中国在科技领域的突破时，教师不仅介绍技术细节，还探讨这些技术如何推动社会进步、改善人们的生活质量。通过这样的教学，学生能够理解并接受积极向上的价值观念，增强道德责任感，并在学习过程中内化这些价值观，使之成为日常行为的指导原则。

教师通过引导学生分析和讨论复杂的社会问题和科技成果，鼓励他们从多角度思考问题。在讨论某项科技创新的社会影响时，教师可以设置不同的观点和情景，促使学生深入

探讨其利弊。这种教学方法不仅锻炼了学生的思维能力，还培养了他们的分析和评价能力，使他们能够在面对未来的复杂问题时做出明智的决策。优质教师不仅通过自身的专业知识和教学能力影响学生，还通过个人的言行举止、职业道德等方面树立良好的榜样。教师在课堂上以身作则，展现对知识的热爱和对工作的负责态度，能够激励学生追求进步和卓越。教师还可以根据学生的个性化需求提供指导，帮助他们制定个人发展目标和学习计划，进一步提升他们的实践能力和综合素质。

四、优化教师与学生的互动与沟通

优质教师能够显著优化教师与学生之间的互动与沟通，从而提升教学的针对性和有效性。在新时代非凡成就融入思政课教学的过程中，这种优化互动的作用尤为关键，因为它能够帮助学生更好地理解和消化教学内容。教师通过定期组织课堂讨论和小组交流，能够促进学生之间以及师生之间的深入沟通。这种互动方式不仅让学生有机会表达自己的观点和疑虑，还能够通过集体讨论和思维碰撞深化对新时代非凡成就的理解。在讨论中国科技创新的案例时，教师可以引导学生分组讨论不同的技术成果对社会的影响，并分享各自的见解。这种互动不仅增加了课堂的活跃度，还鼓励学生积极参与和思考，提高了他们对教学内容的理解和认同。

教师可以通过及时反馈和个性化指导，帮助学生解决学习中的具体问题。优质教师在课堂上会关注每位学生的表现，识别他们在学习过程中遇到的困难，并提供有针对性反馈和建议。在分析某一社会事件时，教师可以通过布置课后作业或进行一对一谈话，了解学生的掌握情况，并针对性地解答他们的疑问。这种及时的反馈和指导不仅帮助学生纠正错误，还能增强他们的学习信心和动力，从而提升整体教学效果。优质教师通常能够营造一个开放和包容的课堂氛围，鼓励学生提出问题和表达个人观点。通过建立良好的师生关系，教师能够更容易了解学生的真实想法和需求，从而调整教学策略和内容。教师可以设置“开放问答”环节，让学生在课堂上随时提问，并根据学生的兴趣和需求调整教学内容。这样的开放性和互动性能够增强学生的课堂参与感和学习积极性。

利用现代教育技术工具也能进一步提升教师与学生的互动效果。通过在线讨论平台和即时反馈系统，教师能够在课外与学生保持联系，进行有效互动和沟通。教师可以通过这些平台发布讨论题目、收集学生的意见和问题，并根据实时反馈调整教学内容和策略。这种技术手段不仅扩大了师生互动的空间，还能提升教学的灵活性和响应速度，使得教学更具针对性和有效性。

五、推动教学资源和平台的建设与利用

优质教师在推动教学资源和平台的建设与利用方面发挥着关键作用，为新时代非凡成就的融入提供了丰富的支持和保障。通过前瞻性和创新意识的驱动，教师能够积极推进并

利用各种教学资源和平台，使教学活动更为多样和有效，优质教师能够积极推动教学资源的开发和优化，包括数字化教材、在线课程和虚拟实验平台等。教师不仅能将新时代科技创新和社会进步的内容融入这些资源中，还能够通过不断更新和完善，确保教学内容的前沿性和实用性。教师可以与教育技术团队合作开发一套关于现代科技成就的数字化教材，涵盖最新的科学研究成果和技术应用。这些数字资源能够帮助学生随时随地获取最新信息，并提高他们的学习兴趣和自主学习能力。

教师的创新思维和实践能力能够促进教学平台的有效利用。通过建立线上讨论平台，教师能够创建一个开放的学习社区，让学生在课外也能进行深入讨论和交流。这样的平台不仅拓宽了教学的时间和空间，还提供了更多的学习资源和互动机会。在平台上，教师可以发布相关的学习资料、视频讲座和讨论题目，鼓励学生分享他们的观点和发现，从而促进对新时代非凡成就的深刻理解和反思。学生可以进行模拟实验，探索科技创新的实际应用。这种虚拟环境能够再现真实实验中的复杂情况，让学生在无风险的环境中进行实践操作。学生可以在虚拟实验室中模拟开发新的环保技术或测试智能设备的功能。这种实践不仅能增强他们的动手能力和问题解决能力，还能够让他们更直观地理解科技成就的实际应用和影响。

第五节　新时代非凡成就融入高校思政课教学的实效检验

一、学生学习效果的评估

（一）课程测验与考试

通过设置相关的考试题目，可以客观地衡量学生对课程知识的掌握情况，他们是否能够准确解释新时代的科技创新、社会变革等内容。在考试中可以设置选择题、简答题和论述题等，以全面评估学生对理论知识的理解深度和应用能力。定期的测验不仅有助于检测学生的学习进度，也能为教师提供反馈，以便及时调整教学策略和内容。

（二）课堂讨论与互动

通过组织小组讨论、辩论赛或案例分析，教师可以观察学生在讨论中对相关知识的掌握情况以及他们的思维方式。互动环节不仅能帮助学生巩固知识，还能激发他们的批判性思维和创新意识。教师可以通过观察学生在讨论中的表现，了解他们对课程内容的兴趣和理解程度，从而评估教学的实际效果。这种方式能够提供实时反馈，有助于调整和改进教学方法。

（三）作业与项目报告

通过布置与新时代非凡成就相关的作业或项目，教师能够考查学生如何将理论知识应用于实际问题解决中。要求学生撰写关于科技创新的论文或完成社会调研项目，可以检验他们对课程内容的理解和实际操作能力。教师应关注学生在作业中的表现，评估他们在分析、综合和创新方面的能力。这不仅有助于了解学生的学习效果，也能为教学内容的改进提供依据。

二、教学方法的有效性分析

（一）课堂互动情况的观察

教师需要观察不同教学方法如案例分析、情景模拟、互动讨论等在课堂上的实际应用效果。有效的教学方法应能够激发学生的参与兴趣和互动热情，案例分析，学生能主动参与讨论、提出观点，并对案例进行深入剖析。教师可以通过记录学生的参与情况、讨论频率和互动质量等，评估教学方法对学生学习的影响。如果学生在互动中表现出高度的参与度和积极性，说明所采用的教学方法能够有效提高学生的学习体验和知识掌握程度。

（二）学生参与度的评估

教师可以通过观察学生在课堂上的参与情况，如提出问题的频率、参与讨论的积极性以及完成教学活动的态度等，评估各种教学方法的效果。有效的教学方法应能够激发学生的兴趣，使他们积极投入到学习过程中。情景模拟和互动讨论能让学生主动探索和解决问题，从而提高他们的学习动力和参与度。教师还可以通过收集学生的反馈和调查问卷，了解他们对教学方法的看法和建议，以便进一步优化教学策略。

（三）教学活动的反馈分析

教师可以通过学生的作业、项目报告和课堂反馈，评估不同教学方法在实际应用中的效果。通过分析学生在案例分析中的表现，教师可以了解他们对新时代非凡成就的理解程度和应用能力。教师还可以根据学生在情景模拟中的表现，评估他们对理论知识的掌握情况和实际操作能力。教学活动的反馈不仅提供了对教学方法有效性的直接证据，还能帮助教师发现教学中存在的问题和改进的方向。

三、学生综合素质的提升

（一）思想道德素养的提升

教师可以通过观察和评估学生在课堂讨论、社会实践和志愿服务中的表现，了解他们的道德观念和价值观的变化。教师可以设计相关的课题，让学生在社会实践活动中应用课堂上学到的道德规范和价值观，并通过撰写反思报告或参与小组讨论来评估他们的道德成长。优质的教学能够促进学生形成更加成熟的思想道德观念，使他们在面对复杂社会问题时能作出符合道德标准的判断和决策。

（二）社会责任感的增强

通过组织社会调研、社区服务等实践活动，可以观察学生对社会问题的关注度和参与程度。有效的教学应能激发学生对社会责任的认知和实际行动能力。学生在参与社区服务项目时，应表现出较高的责任感和主动性，通过服务他人和解决实际问题，进一步增强对社会责任的理解和认同。此外，教师可以通过调查问卷、项目总结等方式，了解学生在这些活动中的收获和感受，从而评估教学对社会责任感的影响。

（三）批判性思维的培养

教师可以通过设计开放性问题、辩论赛和案例分析等活动，考查学生的批判性思维能力。在讨论新时代非凡成就的社会影响时，教师可以要求学生从不同角度分析和评价，提出建设性的意见和解决方案。有效的教学应能够促使学生质疑现有理论，探讨不同观点，并形成自己独立的见解。此外，教师还可以通过定期的思维训练和批判性写作任务，评估学生在分析问题、解决问题过程中的批判性思维水平，从而了解教学对思维能力的培养效果。

四、教师教学反馈与自我反思

（一）自我评估与反思的必要性

教师的自我评估与反思是检验新时代非凡成就融入高校思政课教学实效的重要环节。教师需要定期回顾自己的教学实践，反思教学内容的适用性和教学方法的有效性。这包括对教学活动的设计、课堂管理、学生互动等方面的全面分析。自我反思可以帮助教师识别教学中的不足之处，如教学目标是否明确，教学材料是否及时更新，以及学生是否真正掌握了知识点。通过这种自我评估，教师可以针对问题调整教学策略，以提高教学质量和学生的学习效果。

（二）利用反馈机制优化教学

通过建立有效的反馈机制，教师可以获取学生、同事以及教学管理部门的意见和建议。学生反馈可以通过问卷调查、课堂讨论、学习成果评估等方式获得，帮助教师了解学生对课程内容和教学方法的真实看法。这些反馈可以揭示课程内容的吸引力和教学方法的适用性，从而为教师提供改进的依据。此外，同事之间的教学研讨和经验交流也能提供宝贵的外部反馈，帮助教师学习和借鉴他人的成功经验和有效策略。这种反馈机制能够促进教师不断优化教学方法和调整教学内容，提高教学实效。

（三）持续改进与教学策略调整

教师的自我反思和外部反馈机制相结合，有助于持续改进教学质量。通过定期的反思和反馈分析，教师可以识别教学中的问题，并根据实际情况进行策略调整。如果发现某一教学方法对学生的理解效果不佳，教师可以探索并尝试其他更有效的方法，如改进课堂互动模式或更新教学材料。教师还可以根据学生的学习进度和反馈，调整课程内容的深度和广度，确保学生在学习过程中能够获得全面的知识和能力提升。这种持续的改进过程能够确保思政课教学与新时代非凡成就的有效融入，从而实现教学目标和提升学生的学习效果。

五、课程与社会需求的匹配度

（一）了解社会需求与热点问题

评估课程与社会需求的匹配度的首要步骤是了解当前社会的实际需求和热点问题。教师应通过多种渠道，如行业报告、社会调查、媒体新闻和专家咨询，及时掌握社会发展趋势和行业需求。将这些信息融入课程内容，可以确保教学内容不仅具有时代性，还能满足学生对实际问题的关注。若社会对环保科技的需求日益增加，教师可以将相关的环保技术和政策内容引入课程中，让学生了解科技创新对社会发展的影响，并具备应对未来社会挑战的能力。

（二）课程内容与学生职业发展的结合

课程内容的匹配度还需要考虑学生的职业发展需求。教师应关注所教授的思政课程是否能够帮助学生在职业发展中获得必要的知识和技能。教师可以与企业和社会组织合作，了解行业对人才的素质要求，并将这些要求融入课程中。通过设置与职业发展相关的案例分析、实习项目或职业规划讲座，教师能够帮助学生将理论知识应用于实际工作中，从而提高他们的就业能力和职场适应性。这种课程设计不仅增强了课程的实用性，还提高了学生对课程内容的兴趣和投入度。

（三）评估课程内容的现实性和前瞻性

在评估课程与社会需求的匹配度时，还需关注课程内容的现实性和前瞻性。教师应定期审视课程内容是否能够反映社会的实际需求，并预测未来的发展趋势。通过分析当前和未来的社会问题，如数字化转型、人工智能的伦理问题等，教师可以将这些内容融入课程，确保教学的前瞻性。这种前瞻性的课程设计可以帮助学生在面对未来社会和职业挑战时，具备前瞻性思维和解决问题的能力，从而提高课程的实际效用和社会影响力。

六、学生满意度与学习动机

（一）收集学生满意度数据

教师可以通过问卷调查、课堂反馈、面谈等多种方式，系统地收集学生对课程的满意度数据。这些调查可以涵盖课程内容、教学方法、课堂氛围、教师表现等方面。具体来说，可以设计问卷询问学生对课程内容的相关性和实际应用价值的评价，了解他们对教学方法的喜好，如案例分析、情景模拟等，并收集对教师授课风格和互动方式的反馈。通过数据分析，教师能够识别出学生对课程的满意程度，从而确定哪些方面的教学做得好。

（二）分析学生学习动机

教师应分析学生对思政课的兴趣和参与度，以评估课程内容和教学方法对学生学习动机的影响。通过观察学生在课堂讨论、项目作业和课外活动中的参与情况，教师可以了解学生的积极性和动机水平。此外，可以通过面谈或小组讨论的方式，深入探讨学生对课程的兴趣来源、学习目标以及参与课程活动的态度。这种分析可以帮助教师了解学生的学习需求和期望，调整教学策略，增强课程的吸引力和相关性。

（三）结合反馈优化教学策略

通过对学生满意度和学习动机的综合分析，教师可以获得有价值的反馈，进而优化教学策略。学生对课程的满意度和动机水平可以反映出教学的实际效果和存在的问题。教师可以在课程设计中引入更多符合学生兴趣的内容和互动形式，如引入最新的社会热点问题、增加学生主导的讨论环节等，以提高学生的参与感和学习积极性。通过这些优化措施，教师能够提升课程的整体效果，确保教学目标的实现。

第六节　新时代非凡成就融入高校思政课教学的协同机制

一、跨学科协同机制

建立跨学科协同机制是新时代非凡成就融入高校思政课教学的关键步骤。通过与其他学科的协作，如科技、社会学、历史等，可以丰富课程内容，增强教学的全面性和深度。与科技、历史等学科的教师合作，设计整合性课程，结合科技进步的案例、历史事件的背景等，使学生能够从多角度理解新时代成就的内涵。结合科技创新课程与历史学科的进展，讲解科技如何推动社会变革。定期举办跨学科的讲座和研讨会，邀请不同领域的专家分享对新时代成就的看法和研究成果。这种形式不仅能够提供多元视角，还能激发学生的跨学科思维。推动跨学科的科研项目和社会实践活动，学生可以在实际项目中应用思政理论，与不同学科的知识结合。

二、校内外资源协同机制

建立校内外资源协同机制有助于将新时代非凡成就的教学内容与实际环境对接。通过与外部机构的合作，拓宽教学资源，增强课程的实际应用性。与企业、科研机构合作，设计实习和实践项目，让学生直接参与到与新时代成就相关的实际工作中。组织学生参与企业的科技创新项目或社会调研，了解行业动态和实际需求。与社区和社会组织合作，开展与新时代成就相关的社会服务和公益活动。这种合作可以将课程内容应用到实际社会问题中，增强学生的社会责任。建设校内外的资源共享平台，提供最新的科技成果、政策信息和社会发展动态。教师和学生可以利用这些资源进行深入学习和研究，增强课堂教学的实效性。

三、教学评价协同机制

建立教学评价协同机制可以系统地评估新时代非凡成就融入高校思政课教学的效果。通过多方位的评价，优化教学内容和方法。构建涵盖学生学习效果、教学方法有效性、课程与社会需求匹配度等方面的评价体系。定期收集数据，分析教学的全面效果。建立学生、教师和外部专家的反馈机制，通过问卷调查、教学研讨会等形式，获取对教学内容和方法的多方面意见，及时调整教学策略。定期进行教学评估，结合反馈结果，调整和优化课程内容和教学方法。确保教学与新时代非凡成就的对接更加精准和有效。

四、教师专业发展协同机制

建立教师专业发展协同机制能够提升教师在新时代非凡成就融入高校思政课教学中的能力和水平。组织教师参加关于新时代成就和教学方法的专业培训和研修，提升教师的专业知识和教学技能。邀请专家进行专题讲座和培训课程。建立教师间的经验分享平台，定期组织教学研讨会和经验交流活动，分享教学实践中的成功经验和挑战。建立教师评价机制，评估教师在教学中的表现，提供相应的支持和改进建议。通过专业发展计划，鼓励教师不断提升教学水平和研究能力。

五、技术支持协同机制

建立技术支持协同机制能够提升新时代非凡成就融入高校思政课教学的技术应用水平。通过先进技术的支持，增强教学的互动性和效果。建设和维护适用于思政课教学的技术平台，如在线课程管理系统、虚拟实验室等，为教师和学生提供便利的技术支持。为教师提供技术使用培训，帮助他们熟练掌握多媒体教学工具、在线讨论平台等，提高技术在教学中的应用效果。定期收集技术使用反馈，分析技术应用中的问题和需求，及时进行技术改进和升级，确保技术支持的有效性和实用性。

第七节　新时代非凡成就融入高校思政课教学的长效评价机制

一、多元评价指标

为了全面评估新时代非凡成就融入高校思政课教学的效果，需要建立多元化的评价指标体系。这些指标应涵盖不同方面的教学效果，以确保评价的全面性和准确性。

（一）知识掌握程度

通过这些考试形式，可以系统性地检验学生对课堂上所学内容的理解和记忆。科技创新、社会变革等新时代非凡成就中的核心概念和事实，是学生必须掌握的重点。这些考试不仅考察他们对理论的理解，还要求他们能够准确回忆并运用这些知识来解答具体问题。尤其是在课后练习中，教师可以通过设计不同类型的题目，例如选择题、填空题、简答题和论述题，综合考察学生对新时代伟大成就的全面把握。通过每个阶段的测试，教师能够迅速了解学生在特定领域的学习效果，特别是他们对科技创新如“北斗导航系统”、新冠疫情防控以及乡村振兴等重大成就的掌握情况。这样的评估不仅能够帮助教师调整后续的教学内容和策略，还可以引导学生及时发现自身知识盲点，进行针对性的复习和补充。这种方式有助于加强学生对所学内容的长久记忆，提高他们的综合学习能力。

期末考试作为综合评估手段，不仅要求学生对零散知识点的掌握，还考察他们的整体思维能力。例如，在科技创新领域，学生不仅需要记住技术突破的具体细节，还要能够分析这些创新成就背后的制度支持和社会影响。这样的考试设计能够促使学生在回答问题时，运用逻辑思维将知识点串联起来，展现他们对整个时代背景的理解。通过这样的考察，学生可以全面展示自己对新时代非凡成就的掌握程度，也可以进一步强化其知识体系。通过撰写简短论述，学生可以阐述他们对社会变革、经济发展等问题的个人看法，并结合实际案例进行分析。这种形式的评估能够培养学生的批判性思维和表达能力，进一步提升他们对知识的灵活运用能力。因此，通过这种多维度的考试形式，教师能够全面评估学生对新时代成就相关知识的掌握情况，同时为后续的教学提供数据支持，以便更好地引导学生在思政课教学中的深入学习。

（二）理论应用能力

在评估学生的理论应用能力时，考查他们如何将思政理论运用于实际问题的分析显得尤为重要。教师可以选择新时代成就中的典型案例，如脱贫攻坚、乡村振兴或科技创新等，要求学生运用所学的理论知识进行全面分析。在这样的案例分析中，学生不仅要展示对基础理论的理解，还要结合实际情况，分析这些成就对社会、经济、文化等方面产生的影响。这种方式能够帮助学生将抽象的理论与现实问题结合，提升他们的逻辑思维和实际运用能力。通过组织学生进行团队合作，完成以新时代成就为主题的实践性项目，教师可以观察他们如何将思政课中的理论融入具体的分析中。例如，教师可以布置与新时代科技创新相关的课题，要求学生通过调研、分析数据、撰写报告等方式，探讨科技创新对社会发展的推动作用。这样的作业不仅检验了学生的理论运用能力，还培养了他们的研究能力和团队协作精神。除此之外，论文写作也是提升理论应用能力的一种有效方式。通过撰写论文，学生能够深入思考新时代成就背后的理论支持和现实意义。教师可以要求学生结合当前国家政策和社会问题，运用马克思主义理论、社会主义核心价值观等分析新时代的社会发展成就。这种深度分析能够进一步培养学生的批判性思维，提升他们在解决复杂社会问题时的理论应用能力。

（三）思想道德素养

在评估学生的思想道德素养时，调查问卷和访谈是两种有效的方式。这些方法不仅可以收集学生对自身思想道德素养变化的反馈，还能深入了解他们在社会责任感、批判性思维等方面的提升。通过这些评估手段，教师可以更清晰地掌握学生在思政课学习中的成长轨迹和思想变化。调查问卷可以提供一个广泛的视角，了解学生对社会责任感的认知和实践。通过设计具体问题，教师可以探讨学生在参与社会服务、环境保护等活动中的态度和表现，评估他们是否能够将课堂上学到的理论知识运用于实际行动中。问卷中的开放性问题也能鼓励学生反思自身思想道德的变化，帮助他们认识到思政课学习对个人责任意识的培养作用。这种方式能够为教师提供系统化的反馈，便于进一步调整教学内容和方法。

通过一对一或小组访谈，教师可以直接与学生交流，了解他们在学习过程中的思想变化和道德认知。访谈可以探讨学生对批判性思维的看法，了解他们在面对社会问题时的思维方式和态度变化。教师可以通过引导性问题，评估学生是否在思政课的影响下，逐渐形成独立思考的能力，是否能够在复杂的社会现象中做出理性判断。这种面对面的沟通方式能够提供更加个性化的反馈，帮助教师深入了解学生的思想动态。此外，评估学生的思想道德素养还需要考虑他们的日常行为表现。通过观察学生在课堂讨论、校园活动等日常互动中的表现，教师可以判断他们在社会责任感和道德素养方面的具体体现。例如，学生是否积极参与公益活动，是否能够尊重和包容不同意见，是否具备合作与团队精神等，都是衡量思想道德素养的重要指标。通过这些具体表现，教师能够更加直观地了解学生的思想道德成长。

（四）实践能力与创新思维

在评估学生的实践能力与创新思维时，社会调研和志愿服务等实践活动成为了重要的衡量依据。这些项目能够有效展示学生在实际操作中的表现，以及他们如何运用所学知识解决现实问题。通过这些实践经历，教师可以深入观察学生的动手能力、团队合作精神以及面对问题时的创新思维。通过参与社会调研，学生不仅能够锻炼分析问题的能力，还可以学会如何将理论与现实相结合。在调研过程中，学生需要收集和整理大量的社会数据，这不仅考验他们的信息处理能力，还要求他们在数据分析的基础上提出合理的建议或解决方案。教师可以通过评估学生的调研报告，判断他们在实际操作中的表现，并了解他们在调研过程中是否展现出创新的思维方式。例如，学生是否能够发现调研中的新问题并提出创新的解决思路，是衡量其创新能力的重要指标。

在志愿服务中，学生需要面对各种现实问题，如何运用自己的知识和能力去解决这些问题，是实践能力的体现。通过评估学生在志愿服务项目中的表现，教师可以观察到他们的实际操作能力以及在紧急情况下的应对能力。同时，志愿服务项目也能够激发学生的创新思维，特别是在面对资源有限或条件不足的情况下，学生能否提出创造性解决方案，展现了他们应对复杂环境的能力。通过设计并参与创新项目，学生能够展示他们如何将所学理论知识应用于创新性问题解决的过程中。教师可以通过评估这些项目的创意、可行性和成果，来判断学生的创新能力。例如，学生在设计一项环保项目时，是否能够提出独特的环保理念并将其付诸实施，能够反映出其创新思维的深度与广度。

二、多方评价主体

为了确保评价机制的全面性和客观性，需要多方评价主体的参与。这些主体包括教师、学生、同行评审等，可以从不同角度对教学效果进行评价。

（一）教师自评与互评

通过自评，教师可以对自己的教学方法、课堂管理、教学效果进行全面反思，找到改进的空间。例如，教师可以记录课堂中的教学细节，包括学生的反应、课堂讨论的深度等，从而了解自己是否有效传递了教学内容。这种自我反思不仅能够帮助教师更好地把握教学节奏，还能让他们意识到教学中存在的不足之处，以便在后续课程中进行调整。通过同行之间的互评，教师能够从不同的角度获得宝贵的反馈。同行评审不仅能够发现教师自己可能忽视的教学盲点，还能提供针对性的改进建议。比如，其他教师可以从教学目标的设定、课堂互动的有效性等方面，给出建设性的意见。这种形式的反馈机制能够促使教师进行更深层次的思考，帮助他们发现教学中的潜在问题，进而提升教学效果。

通过互相观摩和评审，教师可以从同行的教学经验中学习先进的教学方法和技巧。例如，在评审中，某位教师可能发现另一位教师在处理复杂问题时采用了更有效的教学策略，这种互相借鉴的过程不仅有助于提高自身的教学水平，还能够在教学团队中形成良好的教学氛围，推动集体教学质量的提升。反馈机制的建立为教师的持续改进提供了良好的基础。通过定期的自评和互评，教师能够及时获得教学效果的反馈，从而在教学过程中不断调整和优化自己的教学方法。这样的反馈不仅来源于同行，还可以来自学生的意见，通过多方反馈的结合，教师可以更全面地了解自己的教学效果。例如，学生可以通过问卷或课堂讨论的形式，表达对教师教学方式的看法，教师则可以结合这些反馈，更有针对性地进行教学改进。

（二）学生反馈

通过问卷调查的方式，教师可以全面了解学生对课程内容的满意度以及他们对教学方法的看法。问卷可以设计为包含开放式和封闭式问题，既可以收集具体的数据，也能让学生自由表达他们的想法。这种反馈形式能够让教师发现教学中未曾察觉的问题，例如某些课程内容是否过于难懂或教学节奏是否合适，从而有针对性地进行调整，提高教学效果。在座谈会上，学生可以直接与教师进行面对面的交流，分享他们在课堂上的真实感受和需求。通过这种互动方式，教师能够更深入地了解学生的学习困惑与期望。这种方式不仅可以帮助教师更好地理解学生的学习状态，还能建立起良好的师生关系，增强课堂的互动性与参与感。

学生反馈能够为教师提供教学效果的即时反馈，帮助教师评估他们的教学方法是否达到预期效果。学生往往是最直接的受众，他们的反馈能够反映出课堂是否有效地传递了知识，是否引发了学生的思考。通过收集这些反馈，教师可以调整自己的教学策略，例如增减教学内容的难度、优化教学节奏或增加课堂互动环节，进一步提升学生的学习体验和学习效果。学生反馈不仅可以为课程内容和教学方法的改进提供数据支持，还能够反映出学生的个性化需求。例如，不同学生在学习风格、知识基础和兴趣点上有所差异，教师可以通过学生反馈了解这些差异，并在教学中进行个性化调整。这种灵活性能够更好地满足学生的学习需求，提升他们的学习兴趣和主动性，进而提高整体教学质量。

（三）专家评审

专家评审能够从更高的视角，对课程内容的合理性、科学性和前沿性进行系统的评价。通过他们的专业意见，教师可以发现课程设计中的不足之处，例如内容是否过于理论化、与实际应用脱节，或者教学目标是否清晰明确。这些反馈不仅有助于教师完善课程结构，还能帮助他们紧跟学科发展的前沿，确保教学内容的时效性和准确性。专家们往往拥有丰富的教学经验，他们可以从课堂互动、教学工具使用、教学节奏等多个维度提供专业的建议。教师在授课过程中可能忽略的细节，专家能够敏锐地捕捉并提出改进意见。通过专家的反馈，教师可以更好地优化课堂教学的形式和内容，提升教学的效率和学生的参与度，从而打造更加生动有效的课堂环境。

学生的反馈虽然能够反映课堂的一部分问题，但专家评审则能够提供更为客观和专业的评价，尤其是在知识传授的系统性、学生能力的培养等方面。专家可以通过对教学成果的评估，提出如何更好地培养学生的批判性思维、创新能力和实际应用能力的建议。这种针对性的反馈能够帮助教师从整体上提高教学效果，确保课程目标的有效实现。专家评审不仅仅局限于对当前课程的评价，还能为未来的课程优化提供建设性的指导。通过长期与专家保持互动，教师可以不断获得关于学科发展趋势和教学创新的最新信息，进而将这些前沿知识融入到自己的课程中。同时，专家的意见也可以促使教师在教学上进行更具创造性的尝试，勇于打破传统教学模式的束缚，探索新的教学方式与方法，提升教学的创新性和多样性。

（四）家长与社会反馈

通过获取家长对学生学习效果的反馈，教师可以从学生家庭环境和日常行为的角度，了解学生在课堂之外的成长与进步。家长的反馈不仅有助于教师评估学生在思政课中的思想道德发展，还能反映学生是否能够将课堂知识应用到生活中，进一步验证教学内容的实效性。例如，家长可以分享学生在家庭中的责任感、社会意识等方面的变化，从而为教师调整课程内容提供依据。此外，社会各界的反馈，尤其是学生在社会实践活动中的表现，能够为教学评价提供更广泛的视角。学生在参与志愿服务、社区活动等社会实践时，其行为和态度直接反映了课堂教学的影响。通过与实践机构、社区领导等社会人士的沟通，教师可以获得学生在真实社会情境中的表现情况。这种反馈不仅能够验证学生是否具备了课堂上所传授的知识与技能，还能够了解学生的社会责任感和创新能力在实际环境中的应用与表现。

社会反馈还能帮助教师了解教学内容是否符合社会需求。高校思政课教学的目标之一是培养具有高度社会责任感和实践能力的学生，社会各界的意见可以为这一目标的实现提供宝贵的参考。通过与社会各界的交流，教师可以了解社会对高校思政课教学的期望，并根据这些反馈调整教学重点和方法。例如，社会各界可以提出学生在实际工作中应具备的素质与能力，教师则可以据此优化课程设计，使其更贴近现实需求。通过与家长保持沟通，教师可以持续了解学生在不同成长阶段的思想变化与行为表现，确保教学内容与学生的实际需求同步。同时，社会实践活动中的反馈也可以帮助教师了解学生毕业后的表现和社会影响力，从而为未来的教学提供方向性指导。这种长期的反馈机制有助于教师不断改进教学内容，保持课程的时代性与实效性。

三、多层级评价制度

建立多层级的评价制度，有助于从不同层面和维度评估新时代非凡成就融入思政课教学的效果。

（一）课程级评价

课程级评价是评估具体课程教学效果的关键环节，通过对课程内容的设置、教学方法的实施以及学生学习成果的考察，可以全面了解课程是否达到了预期的教学目标。首先，在课程内容的评估方面，教师需要确定课程的设计是否合理，内容是否涵盖了该学科的核心知识点，并且与学生的实际需求相符。评估应包括对教学大纲的分析，确保课程内容既能体现学科的系统性和完整性，又能关注新时代的发展与变化，使学生在学习过程中保持与现实社会的紧密联系。不同的教学方法对学生学习效果的影响各不相同，教师在实施课程时，是否能够灵活运用多种教学手段来提升课堂的互动性和参与度，是教学效果的关键。例如，教师是否采用了互动式教学、小组讨论、案例分析等方法来激发学生的学习兴趣，并且通过这些方法有效提升了学生的自主学习能力和批判性思维。教学方法的多样性和创新性，往往能够直接影响学生对课程内容的理解和接受程度。

通过对学生的学习成绩、项目作业、实践活动等方面的考察，教师可以直观了解课程对学生知识掌握和能力提升的实际效果。例如，学生是否能够通过考试、作业等方式，全面展示对课程知识的掌握程度；是否能够在项目中运用所学理论解决实际问题；是否在社会实践中展现了课程所培养的能力和素质。这些成果能够反映课程的教学目标是否达成，也为未来课程的优化提供了数据支持。同时，课程级评价还应包括对学生反馈的收集和分析。学生是教学的直接受益者，他们的反馈可以提供对课程内容和教学方法最真实的感受。通过问卷调查或座谈会，教师可以了解学生对课程难度、内容覆盖、教学方法的意见和建议。学生的反馈不仅有助于教师调整课堂内容和教学策略，还能让教师及时发现教学中的不足，从而进行有效的改进，以进一步提升课程的教学效果。

（二）学院级评价

学院需要确保思政课能够与专业课程有机结合，形成完整的教育体系。通过对思政课与各专业课程的内容衔接、教学目标统一性的评估，学院能够更好地推动课程之间的相互渗透，使学生不仅在思政课上学到理论知识，还能在专业学习中体会到思想政治教育的影响。这种课程整合有助于培养学生的综合素质，提升思政教育的实际效果。思政课的教学效果在很大程度上依赖于资源的合理配置。学院需要评估思政课所需的教材、教学设备、信息化资源等是否能够满足教学需求。尤其是在现代化教学手段广泛应用的背景下，思政课的多媒体资源、在线学习平台等资源的配置显得尤为重要。通过合理配置这些资源，学院能够为教师创造更好的教学环境，从而提升学生的学习体验和教学效果。

学院需要定期对思政课教师的教学能力、专业素养和教学创新进行考察。通过组织教师培训、教学研讨会等活动，学院可以不断提升思政课教师的教学水平，并鼓励他们在课堂上进行教学方法的创新。同时，学院还应评估教师的教学负担和工作环境，确保教师能够在一个良好的工作氛围中发挥其教学潜力。这种对教师队伍的关注，不仅有助于提高课堂教学的质量，还能为学生提供更优质的学习体验。通过对学生在思政课上的学业表现、社会实践活动中的表现等多个维度进行考察，学院可以全面了解思政课的教学效果。学生的反馈也是评估教学成效的重要依据，学院应通过问卷调查、座谈会等方式，收集学生对课程内容、教学方法等方面的意见，并根据这些反馈对教学进行改进。这种双向反馈机制能够促进学院不断优化课程设置和教学方法，使思政课教学更加贴近学生的实际需求。

（三）学校级评价

学校级评价是对整个学校思政课教学的全面审视，涉及课程设置的整体规划、教学成果的总结与反思等多个方面。在课程设置方面，学校需要确保思政课的设计符合国家教育政策的要求，且能够满足学生的思想政治教育需求。课程的整体规划应体现出系统性和连贯性，覆盖从基础到高阶的不同学习阶段。同时，学校还需要根据学生的实际情况和社会发展的变化，定期更新和调整课程内容，确保其与时俱进，能够反映新时代的思政教育重点。学校不仅要通过学生的学习成绩来衡量思政课的成效，还应关注学生在思想道德素养、社会责任感等方面的成长与进步。学校可以通过期末考试、阶段测验等方式量化学生对思政课知识的掌握程度，同时也可以通过学生的社会实践表现、志愿服务活动等非学术指标，评估思政课对学生综合素质的影响。这种多维度的评估方式能够全面反映教学成果，有助于学校总结经验并进一步优化教学策略。

在对思政课教学成果进行总结的同时，学校需要开展深度反思，分析教学中的不足和挑战。例如，思政课是否能够有效调动学生的参与积极性，教学方法是否能够适应不同学生的学习需求，课程内容是否能够与社会现实紧密结合。这种反思不仅可以帮助学校发现问题，还可以为未来的教学改进提供明确的方向和依据。学校可以通过定期组织教师培训、教学比赛等方式，提升思政课教师的教学水平和创新能力。此外，学校还可以通过教师的自评与互评、专家评审等途径，全面了解教师在教学过程中面临的困难与不足，并为他们提供针对性的支持与资源。这种对教师队伍的持续关注，能够确保思政课教学质量的长期提升。

（四）长期跟踪评价

通过定期对学生的知识应用和思想道德素养进行评估，学校可以全面观察教学效果的长期变化。首先，长期评价能够帮助教师了解学生在毕业后如何将课堂知识应用于实际工作和生活中。通过对学生的职业发展、社会参与情况的跟踪，教师可以评估学生是否能够有效运用所学知识解决现实问题。这种知识的延续性评估不仅有助于了解课程设计的合理性，还能为未来课程的改进提供实践依据。学生的思想政治素质和社会责任感往往在离开校园后更加凸显，学校可以通过定期的校友访谈或问卷调查，了解学生在实际生活中的道德行为和社会责任意识。这种对思想道德素养的长期观察，有助于检验思政课教学是否能够在长时间内影响学生的行为和价值观，确保教学不仅仅停留在短期的课堂效果上，还能够为学生的长远发展提供指导。

通过持续的观察，学校能够发现哪些教学策略对学生的长期发展具有积极影响，哪些教学内容可能需要重新调整。例如，某些教学方法可能在短期内效果显著，但随着时间推移，学生的实际应用效果逐渐减弱，这就要求教师进行反思并适时调整课程内容或方法。这样的长期反馈机制有助于保持教学的灵活性和适应性，确保课程内容与时代的发展和学生的需求始终保持一致。通过定期追踪学生在社会中的表现，学校可以更好地了解社会对人才的需求，进而调整课程目标，使其更符合社会发展的趋势。与此同时，社会各界的反馈也可以通过长期跟踪评价机制传达给学校，为思政课的教学改进提供新的视角和思路。这样的双向反馈不仅能推动教学质量的提升，还能增强学校与社会之间的互动与合作。

四、多形式评价举措

采用多种形式的评价举措，有助于全面了解新时代非凡成就融入思政课教学的实际效果。

（一）定量评价

考试成绩作为定量评价的核心，能够提供关于学生对理论知识理解深度的直接反馈。通过分析学生在期中或期末考试中的表现，教师可以判断他们是否掌握了课程中的关键概念和理论框架。这种量化数据为教师提供了教学效果的基础信息，帮助他们了解课程设计的合理性以及学生的接受程度。通过定期的小测验或阶段性评估，教师可以跟踪学生的学习进度，及时发现他们在理解和应用知识方面的薄弱环节。测验分数不仅可以反映学生对具体知识点的掌握情况，还可以帮助教师调整教学内容和节奏，以便更好地满足学生的学习需求。定量评价的这种实时反馈机制，使教师能够在教学过程中进行灵活调整，提升教学效果。

定量评价不仅能够评估学生的知识掌握情况，还可以衡量学生在学习过程中所表现出的进步程度。通过比较学生不同阶段的成绩变化，教师可以分析出学生的学习效果是否稳定、是否有持续提高。这种对学习进展的量化分析，有助于教师发现个体差异并采取相应的教学策略，为学习成绩相对较低的学生提供更有针对性的辅导和支持，确保每个学生都能够在学习过程中取得进步。学校可以通过收集和分析大量学生的考试和测验成绩，来评估某门课程或整个学科的教学效果。这种大规模的数据分析有助于学校发现课程设计或教学方法中存在的共性问题，并为课程改革提供科学依据。此外，定量数据还可以用于对教师教学水平的评估，通过学生成绩的整体表现，学校可以了解不同教师的教学效果，为教学质量的提升提供方向。

（二）定性评价

定性评价是通过获取学生的主观反馈，深入了解课程内容和教学方法的有效性。开放性问卷是一种常见的定性评价工具，通过设计开放式问题，教师可以让学生自由表达对课程内容的看法和建议。学生可以根据自身的学习体验，具体指出课程中的亮点和不足之处，例如某些内容是否过于抽象或某些环节是否与实际应用脱节。这种方式能够提供更加个性化的反馈，有助于教师从学生的角度理解教学过程中的问题，并进行有针对性的改进。通过与学生一对一或小组访谈，教师可以更全面地了解学生的学习感受和需求。在访谈过程中，学生不仅可以详细描述他们在课程中的体验，还可以分享对教学方法的意见。例如，他们可能会指出课堂互动是否足够，案例分析是否有效等。访谈的灵活性使教师能够根据学生的回答进一步追问，深入挖掘学生的真实想法，这种面对面的沟通方式能够提供比问卷更为细致的反馈。

定性评价不仅关注学生对课程内容的反馈，还包括对实践活动的主观评价。通过收集学生对社会实践、实验课程等方面的意见，教师可以了解这些活动是否达到了预期的教学效果。例如，学生可能会在反馈中提到实践活动是否与课堂知识紧密结合，是否有效提升了他们的动手能力和解决问题的能力。定性评价的这种多维度反馈方式，能够帮助教师全面审视实践教学的设计与实施，确保学生在实践中获得更多的收获。定性评价还能够反映学生在学习过程中的情感变化和态度转变。通过对开放性问题的分析，教师可以了解学生在学习中的兴趣点、动机变化和情感体验。例如，学生可能会通过反馈表达他们对某些教学内容的强烈兴趣，或者指出某些环节让他们感到困惑和挫败。这种情感层面的反馈对于教师改进课堂氛围和教学方式，增强学生的学习积极性具有重要意义。

（三）案例分析

通过对学生在实际项目中的表现进行评估，教师可以了解他们如何将课堂上学到的理论知识转化为解决现实问题的能力。在项目中，学生需要面对复杂的实际问题，要求他们运用所学的理论框架进行分析并提出解决方案。这样的分析不仅检验了学生对理论知识的理解深度，还测试了他们在面对现实挑战时的适应能力和创新意识。同时，社会调研为学生提供了一个将理论知识应用于社会现实的机会。在调研过程中，学生不仅要收集数据、整理信息，还需要对调研结果进行分析并形成报告。通过这一过程，教师可以评估学生是否能够从理论角度出发，对社会现象进行深入剖析。例如，在调研中，学生可能会运用社会学、经济学等学科知识对调研对象进行分析，并根据实际数据提出具有现实意义的建议。这样的调研活动有助于培养学生的批判性思维和问题解决能力，同时也展示了他们将理论融入实践的能力。

许多项目需要学生在既定的框架内寻找新的方法和思路，而不仅仅是按部就班地完成任务。在这个过程中，学生是否能够突破常规思维，提出具有创造性和前瞻性的解决方案，是评估其创新能力的重要指标。通过观察学生如何面对项目中的挑战和不确定性，教师可以了解他们是否具备在复杂环境中进行创新的潜力。案例分析不仅仅停留在结果的评估，还包括对学生整个思维过程的观察。教师可以通过学生在项目中的讨论记录、方案设计过程以及调研报告中的思路演变，评估他们如何一步步将理论知识转化为实际应用。通过分析学生的思维轨迹，教师能够更好地了解学生在解决问题中的逻辑性、创造力以及团队协作能力。这种对思维过程的关注，有助于教师发现学生在思维方式上的优点与不足，从而进行更有针对性的指导。

（四）课堂观察

课堂观察是评估教学效果的重要方法，通过记录学生在课堂中的参与度、互动情况和学习态度，教师和教学管理者能够获得真实的教学效果数据。学生的参与度是课堂观察中的一个关键指标。通过观察学生是否积极回答问题、主动参与课堂讨论，教师可以判断他们对课程内容的理解和兴趣程度。如果学生在课堂中表现得积极主动，说明教学内容对他们具有吸引力，教师的教学方法也能有效激发他们的学习热情。教师可以通过观察学生与同学之间、与教师之间的互动频率和质量，评估教学的互动性和协作性。例如，在小组讨论或课堂辩论中，学生是否能够相互启发，提出有价值的观点，并对他人的意见进行分析和回应，这些互动反映了学生的批判性思维能力和团队合作意识。教学管理者也可以通过这些观察数据，判断教师的课堂设计是否能够有效促进学生之间的思维碰撞和知识分享。

通过观察学生在课堂中的专注度、笔记记录情况以及他们在遇到问题时的反应，教师能够了解学生对学习的投入程度。例如，学生是否能够在课堂上保持专注，积极思考课程内容，还是容易分心、走神，这些都能够反映教学方法是否适合学生的学习需求。通过这些细节的观察，教师可以更好地调整教学策略，确保课堂能够充分调动学生的学习积极性。课堂观察不仅有助于评估学生的表现，还可以为教师自身的教学改进提供反馈。通过观察学生在课堂上的反应，教师能够了解自己教学方法的效果。例如，某些教学环节是否能够引发学生的兴趣，某些解释是否足够清晰，课堂节奏是否适合不同学习水平的学生等。通过这些观察，教师可以不断优化教学方式，以更好地满足学生的学习需求，同时提升课堂的整体教学效果。

第七章　思想政治教育与高校德育协同育人模式构建

第一节　思想政治教育的内涵与重要性

一、思想政治教育的内涵

思想政治教育是对个体进行价值观、人生观、世界观的培养和引导，以提升其思想道德水平和社会责任感。它不仅关注理论知识的传授，还强调道德行为的塑造和社会实践的参与。思想政治教育旨在帮助学生形成正确的价值判断、增强集体主义精神，并培养他们对社会的责任感与使命感，从而促进其全面发展和社会适应能力。

二、思想政治教育的重要性

（一）塑造正确的价值观和人生观

思想政治教育作为一种系统性的教育形式，通过深入的理论学习和道德教育，引导学生形成正确的价值观和人生观。思想政治教育通过对马克思主义理论、社会主义核心价值观等内容的学习，使学生掌握科学的世界观和方法论。这些理论的学习不仅提供了认识社会和世界的工具，还帮助学生在分析社会问题时，能够以一种理性和全面的视角看待问题。学习马克思主义关于社会发展和历史进程的理论，能够使学生在面对社会变革和历史事件时，具备深刻的理解能力和判断能力。在实践中，思想政治教育通过道德教育和社会实践活动，将理论与现实相结合。教师通过设计各种课堂活动和实践项目，让学生在真实的社会环境中体验和践行理论知识。这种结合不仅使学生能够将所学理论运用于实践中，还能够通过实际体验加深对理论的理解。通过参与社区服务和社会调研，学生可以在解决实际问题的过程中，体会到社会责任感和集体主义精神的实际意义。这种实践经历能够使学生在面对复杂社会问题时，做出符合社会道德规范的选择。

思想政治教育还通过培养学生的批判性思维能力和解决问题的能力，促进其价值观和人生观的形成。在课堂上，教师鼓励学生对社会热点问题进行讨论和分析，引导他们从多个角度审视问题。这种讨论不仅激发了学生的思考，也帮助他们形成独立的判断力和科学的思维方式。通过讨论社会不公现象和道德困境，学生能够在思考过程中明晰自己的价值观，并学会在复杂的社会环境中做出明智的决策。

（二）增强社会责任感与集体主义精神

思想政治教育通过多维度的教学和实践活动，能够有效地培养学生的社会责任感和集体主义精神。这一教育过程不仅关注学生个人的道德成长，还强调其对社会和集体的贡献，从而推动学生积极参与社会公益和集体事务。思想政治教育通过理论学习帮助学生建立社会责任感。在课堂上，教师讲解社会主义核心价值观和社会公德，引导学生认识到个人行为对社会的影响。通过学习，学生了解社会责任的重要性，例如在环境保护、公益事业等方面的责任。这种理论教育使学生深刻理解到，作为社会的一员，他们的行为不仅影响自身，还会对社会和他人产生深远的影响。在实践环节中，思想政治教育通过组织各种社会公益活动，直接增强学生的社会责任感。学校可以安排学生参与社区服务、志愿者活动和慈善项目，让他们在实际行动中体验到对社会的贡献。这些活动不仅让学生直观地看到自己行为的社会效果，还能够培养他们的同情心和责任感。在参与这些活动的过程中，学生能够感受到集体合作的重要性，体验到集体主义精神的实际价值。在组织社区清理活动中，学生需要与他人合作，才能达到预期的效果，这种经历帮助他们认识到集体合作的重要性，并激励他们在未来的社会生活中更加积极地参与集体事务。

思想政治教育还通过案例分析和情景模拟，培养学生的集体主义精神和团队合作能力。在课堂上，教师可以通过分析成功的集体行动案例，如抗击自然灾害的集体努力，或者在讨论社会问题时强调团队合作的成功案例，引导学生思考集体合作的重要性。这种方法帮助学生认识到，集体的力量在社会发展和解决问题中发挥着至关重要的作用。同时，教师还可以通过组织模拟活动，让学生在模拟的社会情景中体验集体合作的过程，从而加深他们对集体主义精神的理解和认同。

（三）提高道德素养与法治意识

思想政治教育通过系统的道德规范和法律法规学习，显著提高学生的道德素养和法律意识。这一过程不仅为学生提供了道德和法律的基本知识，还帮助他们在实际生活中将这些理论转化为行为规范，从而维护社会的公平正义。在课堂上，教师讲授社会主义核心价值观和基本伦理道德，引导学生认识到个人行为对社会道德的影响。这种教育不仅涵盖了诚实守信、尊重他人等基本道德要求，还涉及如何在复杂社会环境中做出正确的道德判断。通过分析经典道德故事或历史事件，学生能够理解在面对道德困境时应该如何做出合乎伦理的选择。这种理论学习为学生提供了行为的准则，使他们在日常生活中能够更好地遵循道德规范。教育不仅包括对国家法律法规的讲解，还涉及对法律实施细节的理解。教师通过讲解法律条款、分析法律案例以及讨论法律在社会中的实际应用，使学生明确法律对个人行为的规范作用。通过学习宪法、刑法、民法等基本法律知识，学生能够了解权利与义务的关系，从而在个人生活中自觉遵守法律。这种法律教育帮助学生认识到，法律不仅是社会秩序的保障，也是个人权益的保护伞。学生在学习过程中逐步形成遵法守法的习惯，并将法律意识内化为行为规范。

思想政治教育还通过道德与法律结合的案例分析，提升学生的综合素质。在课堂上，教师可以利用真实案例，展示道德和法律问题的交织，例如在商业活动中的诚信问题或在社会行为中的法律责任。通过分析这些案例，学生能够认识到道德与法律的密切关系，并学会在面对实际问题时如何综合运用道德和法律知识。这种教学方法不仅增强了学生的道德素养和法律意识，也帮助他们在实际生活中更好地履行社会责任和法律义务。思想政治教育还通过各种实践活动，如模拟法庭、道德讲堂等，进一步提升学生的道德素养和法律意识。在模拟法庭活动中，学生可以扮演法官、律师或当事人，通过模拟真实的法律诉讼过程，深入理解法律的应用和道德的判断。这种实践活动不仅增强了学生对法律知识的掌握，还提升了他们对法律程序的熟悉度。同时，道德讲堂通过邀请专家或社会名人分享道德实践经验，为学生提供了道德学习的实际指导。这种实践活动帮助学生将理论知识应用于实际，进一步提高了他们的道德素养和法律意识。

（四）促进全面素质的提升

思想政治教育在学生的全面素质提升方面发挥了重要作用。它不仅注重学生的思想道德建设，还关注其综合能力的培养，包括社会适应能力、沟通协调能力和创新能力等。思想政治教育通过系统的理论学习和实践活动，提升学生的思想道德素养。课堂上，教师通过讲授社会主义核心价值观和道德规范，引导学生树立正确的世界观、人生观和价值观。这种理论基础不仅有助于学生在思想上形成正确的判断，还能在实际行为中表现出较高的道德水准。通过参与道德讲座、社会实践等活动，学生能够将理论知识转化为实际行动，从而在思想上和行动上都得到提升。这种全面的思想道德教育为学生的成长奠定了坚实的基础。通过组织各种课外活动和社会实践，学生可以在实践中提高组织协调能力和解决实际问题的能力。教师可以安排学生参与志愿服务、社会调研等活动，让他们在实践中锻炼自己的沟通协调和团队合作能力。这些活动不仅让学生体验到社会工作的复杂性，还能够培养他们的实际操作能力和社会责任感。通过这些实践，学生能够将课堂上学到的理论知识应用到实际问题中，从而在实践中提升自己的综合素质。

通过对新时代发展成就和社会变革的探讨，教师鼓励学生思考和解决实际问题。在讨论科技创新和社会改革时，学生需要运用批判性思维，提出自己的见解和解决方案。这种教育方法不仅培养了学生的创新思维，还提高了他们的实际问题解决能力。教师通过引导学生进行问题分析、案例研究和项目设计，激发他们的创造力和探索精神，从而使学生在思想上更具前瞻性和创新性。在现代社会中，学生面临着快速的社会变迁和复杂的社会问题。思想政治教育通过关注社会热点、政治经济问题等内容，增强了学生对社会环境的适应能力。教师通过引导学生关注社会时事、分析社会现象，使他们能够更好地理解社会发展的方向和趋势。这种对社会环境的认识帮助学生更好地融入社会，提高了他们在未来学习和工作中的适应能力和竞争力。

（五）促进社会稳定与和谐

可以有效增强社会的凝聚力，形成积极向上的社会风气，从而推动社会的整体稳定与和谐。思想政治教育通过培育学生的爱国主义情怀，激发他们对国家和社会的责任感。教育内容中强调国家的历史、文化以及发展成就，使学生认识到国家的进步与发展需要每个人的共同努力。通过对国家的认同与自豪感，学生能够在日常生活中更好地履行公民职责，关注社会的共同利益，从而减少社会矛盾的发生。思想政治教育通过加强社会责任感的培养，使学生在社会中发挥积极作用。教师通过课程内容和实践活动，引导学生理解社会责任的重要性，激励他们参与到社会公益和志愿服务中。这种教育不仅使学生在个人行为上体现社会责任，也促进了社会各界对公益事业的关注与支持。学生在参与社会服务、环境保护等活动时，能够实际体验到对社会的贡献，进而在个人价值观中形成对社会和谐的追求。这种责任感的培育有助于促进社会各阶层的积极互动，减少因社会不公或不满引发的冲突。

教师通过讲解法律知识和案例分析，使学生认识到法律对于维护社会秩序和公平正义的作用。这种教育不仅提升了学生的法律意识，还增强了他们对法律的尊重和遵守。在社会中，法律的有效实施能够减少不法行为和社会矛盾，从而促进社会的稳定和谐。学生在受到法律教育后，能够更加自觉地遵守法律，维护社会的正常秩序，减少社会冲突和不稳定因素。

第二节　思想政治教育与高校德育协同育人的实施路径

一、明确育人目标与方向

思想政治教育与高校德育协同育人的首要任务是明确育人目标与方向。高校应明确将思想政治教育作为德育的核心，通过整合教育资源，制定清晰的育人目标。这些目标包括培养学生的社会主义核心价值观、道德素养、社会责任感等，确保思想政治教育与德育在培养学生综合素质方面的方向一致。学校可以制定包含思想政治理论、道德规范、社会责任等内容的教育目标，并通过系统的课程设置和活动安排来实现这些目标。明确的目标和方向能够为思想政治教育与德育的协同育人提供清晰的指导框架，确保教育活动的有效性和针对性。

二、整合课程内容与教学资源

为实现思想政治教育与德育的有效协同，高校需要整合课程内容与教学资源。思想政治教育课程应与德育课程相互配合，避免课程内容重复和教学资源浪费。高校可以通过编制跨学科的课程体系，将思想政治教育的核心内容融入德育课程中，使两者形成有机结合。在思想政治课程中，教师可以结合德育案例进行教学，而在德育课程中，则引入思想政治教育的理论基础。学生能够在不同课程中接触到一致的价值观和道德观，从而增强教育的连贯性和实效性。

三、加强实践教学与社会服务

实践教学是思想政治教育与德育协同育人的重要组成部分。高校应通过组织各类社会服务和实践活动，将思想政治理论应用于实际生活中。学生可以参与志愿服务、社会调研、社区活动等，通过这些实践活动，深化对思想政治理论的理解，并将德育理念付诸实践。实践教学不仅能够增强学生的社会责任感和实际操作能力，还能够帮助他们在真实的社会情景中体会和践行思想政治教育的核心内容。

四、构建协同育人机制与平台

构建有效的协同育人机制与平台是思想政治教育与德育协同育人的关键环节。高校应建立由思想政治教育部门和德育工作部门共同参与的协同机制，推动两者之间的沟通与合作。可以通过设立跨部门的工作小组，制定协同育人的具体方案和实施步骤。此外，建立线上线下的协同育人平台，如在线讨论区、社会实践平台等，能够为教师和学生提供更多的互动机会和资源支持。这种机制和平台的建设能够促进思想政治教育与德育工作的深度融合，提高育人的整体效果。

五、强化教师队伍的培训与发展

教师队伍的培训与发展对于思想政治教育与德育协同育人至关重要。高校应加强对思想政治教师和德育教师的培训，提升他们在协同育人中的专业能力和综合素质。培训内容可以包括思想政治理论的最新发展、德育工作的方法与技巧、跨学科教学的策略等。此外，定期组织教学研讨和经验交流活动，能够帮助教师分享教学经验和教学方法，不断改进教学策略。通过强化教师队伍的培训与发展，能够确保思想政治教育与德育协同育人工作有高质量的师资支持。

第三节　思想政治教育与高校德育协同育人的创新实践

一、建立德育与思想政治教育综合实践平台

（一）整合课程资源与实践活动

建立综合实践平台的首要任务是将德育与思想政治教育的课程资源与实践活动进行整合。该平台应整合包括理论课程、实践活动、案例分析等多种资源，为学生提供一个全面的学习和实践环境。通过提供系统的课程内容和实践指导，学生可以在一个统一的平台上进行学习和实践。平台可以提供与德育相关的社会服务项目，与思想政治教育相关的政策分析案例，以及结合两者的实践活动，如社会调研和志愿服务等。这种整合有助于学生在多元化的教育环境中，系统地掌握思想政治理论和德育实践的核心内容。

（二）促进学生的互动与合作

综合实践平台能够促进学生之间的互动与合作，为思想政治教育与德育的协同育人提供支持。平台可以设置讨论区、项目小组、合作任务等功能，鼓励学生在平台上进行交流与合作。在讨论区中，学生可以就思想政治课程中的热点问题展开讨论，分享各自的见解；在项目小组中，学生可以分组合作完成与德育相关的实践任务，如社区服务项目等。通过这些互动与合作，学生能够在实际操作中深化对思想政治理论和德育内容的理解，培养团队合作精神和实际问题解决能力。

（三）提供数据分析与反馈机制

建立综合实践平台还需配备数据分析与反馈机制，以便及时评估学生的学习效果和实践成果。平台可以收集学生的学习数据、活动参与情况、任务完成质量等信息，通过数据分析提供详细的反馈报告。平台可以自动生成学生的学习进度和参与度报告，帮助教师了解每位学生在德育与思想政治教育方面的表现。这些数据可以作为教师调整教学策略和改进实践活动的依据，同时也能帮助学生识别自己的优劣势，促进其自主学习和进一步提升。这种数据驱动的反馈机制有助于不断优化教学效果，确保德育与思想政治教育的目标能够更好地实现。

二、开展跨学科合作与项目融合

（一）设计综合性课程与项目

跨学科合作能够促成思想政治教育与德育内容的深入融合。高校可以组织不同学科的教师共同设计综合性课程和项目，将思想政治教育与社会学、心理学、文化学等领域的知识有机结合。可以设计一个项目，将社会学的理论与思想政治教育结合，探讨社会变革中的伦理和道德问题。这种课程和项目的设计不仅能够拓展教育内容的深度，还能使学生在多学科的视角下，更全面地理解思想政治教育与德育的关联和应用。

（二）丰富教学方法与实践活动

跨学科合作可以丰富教学方法和实践活动，提高教育的实际效果。结合心理学课程开展道德教育与心理辅导的融合项目，通过心理测评和辅导帮助学生更好地理解和应用道德规范。教师可以组织学生参与角色扮演、情景模拟等活动，模拟实际情景中的伦理决策，从而提高他们的道德判断能力和解决实际问题的能力。这样的方法不仅能够提升学生的学习兴趣，还能够增强他们的实际操作能力和综合素质。

（三）促进教师专业发展与交流

跨学科合作不仅能提升教学质量，还能促进教师的专业发展和学科间的交流。通过与其他学科的教师合作，思想政治教育教师可以获得新的教学视角和方法，提升自己的教学能力。思想政治教师可以参与社会学、心理学的研究和教学交流，学习如何将心理学理论应用于德育教学，提升自身的跨学科知识和教学技巧。此外，定期举办跨学科的研讨会和培训活动，能够促进教师之间的经验分享和学术交流，为教育创新提供支持。

三、创新教学方法与手段

（一）实施翻转课堂

翻转课堂作为一种创新的教学方法，将传统的课堂讲授转移到课前，自主学习理论知识，课堂时间则用于讨论、分析和应用。这种方法可以有效地将思想政治理论与德育内容结合起来。教师可以在课前提供思想政治理论的学习资料，让学生自主学习相关知识。在课堂上，教师可以组织学生讨论德育案例、分析社会问题、进行角色扮演等活动，进一步探讨理论与实践的结合。这种方式不仅增强了学生的自主学习能力，还提升了课堂互动和实际应用能力，使学生能够更深入地理解德育内容。

（二）运用情景模拟

情景模拟是一种能够生动呈现理论知识的教学方法，通过模拟实际情景，帮助学生更好地理解和应用思想政治理论及德育内容。教师可以设计与现实生活相关的情景，如模拟社会政策的实施或道德困境的解决。在这些模拟活动中，学生需要根据理论知识进行决策和操作，从而体验到实际问题的复杂性和挑战。这种方法能够帮助学生将理论知识应用于实践，提高他们的分析能力和解决问题的能力，同时也增强了对德育内容的理解和掌握。

（三）案例教学

案例教学法通过具体案例的分析，使学生能够更好地理解思想政治理论和德育内容的实际应用。教师可以选择具有代表性的社会事件、历史人物或现代成功案例，组织学生进行深入讨论和分析。可以通过分析社会热点问题或道德困境，探讨其中涉及的思想政治理论和德育价值。这种方法能够使学生从实际案例中获得经验和启示，增强他们的思辨能力和理论联系实际的能力。同时，案例教学还能够激发学生的学习兴趣和主动性，使教学更加生动和有效。

四、结合现代科技开展虚拟实践与体验

（一）利用虚拟现实技术创建模拟环境

虚拟现实（VR）技术可以创建身临其境的模拟环境，使学生在虚拟世界中进行思想政治教育和德育实践。高校可以利用VR技术设计模拟社会服务或公益活动的虚拟场景。学生可以在虚拟环境中体验社会问题的处理过程，如灾难救援、社区服务等。这种技术不仅让学生能够直观地感受到实际操作的复杂性，还能够在没有实际风险的情况下进行实践，从而更好地理解思想政治理论和德育内容的实际应用。

（二）采用增强现实技术进行互动体验

增强现实（AR）技术通过将虚拟信息叠加在现实世界中，为学生提供互动体验。教师可以设计AR应用程序，将思想政治理论和德育内容以互动的方式呈现。在课堂上使用AR技术展示历史事件的重现或社会政策的实施效果，学生可以通过手机或AR眼镜与虚拟信息进行互动，获取实时反馈。这种互动体验不仅增加了学习的趣味性，也提高了学生对复杂概念的理解和记忆。

（三）开展虚拟实践项目

虚拟实践项目是将思想政治教育与德育内容融入实际操作的有效方式。高校可以通过虚拟实践平台，设计与社会服务、道德实践相关的项目。学生可以参与虚拟社区建设项目，在虚拟平台上策划和实施社区活动。通过这种虚拟实践，学生不仅能够锻炼实践能力，还能够在模拟环境中应用思想政治理论和德育知识。这种高科技手段不仅提高了学习的效果，还能够增强学生的实践经验和社会责任感。

五、强化校外合作与社会资源利用

（一）建立与社会组织的合作关系

高校可以通过与社会组织的合作来扩展思想政治教育与德育的实践领域。合作与非营利组织、公益机构，共同开展社会服务项目，如社区帮扶、环境保护活动等。这些社会组织通常拥有丰富的实践经验和资源，可以为学生提供真实的社会服务环境，让他们在实践中应用和深化思想政治理论与德育内容。学生不仅能够提高社会责任感和服务意识，还能够在真实环境中体验德育实践的实际效果。

（二）与企业合作开发职业伦理课程

高校还可以与企业合作，开发职业伦理课程或实习项目，结合思想政治教育与德育内容。通过企业实习，学生可以学习到职业道德、企业社会责任等实际问题，这些内容可以与课堂上学到的思想政治理论相结合。在企业的实践环境中，学生能够更直接地理解职业伦理和社会责任的实际应用，并将这些知识转化为自身的职业素养和道德标准。这种合作不仅增强了课程的实用性，也为学生提供了宝贵的职业发展机会。

（三）结合社区资源开展社会实践

与社区的合作为思想政治教育与德育提供了重要的实践平台。高校可以通过组织学生参与社区建设、志愿服务等活动，直接将课堂上学到的理论应用于社会实践中。学生可以在社区参与组织健康宣传、文化活动等，通过与社区居民的互动，深入了解社会问题和居民需求。这种社区实践不仅有助于学生理解社会结构和问题，还能提升他们的实践能力和社会适应性，从而实现思想政治教育与德育的有效融合。

第四节　思想政治教育与高校德育协同育人的评估与反馈机制

一、思想政治教育与高校德育协同育人的评估机制

（一）学生学习成效的评估

评估思想政治教育与高校德育协同育人的效果，需要从学生的学习成效入手。这一评估包括学生对思想政治理论知识的掌握情况、价值观念的形成以及道德行为的变化。期中和期末考试是评估学生知识掌握的基本方式，它们能够系统地考查学生对课程内容的理解程度。在期末考试中，设置关于新时代思想政治理论和德育目标的综合题目，可以直观地了解学生对核心知识的掌握情况。此外，阶段性测验也有助于跟踪学生的学习进度，及时

发现和解决学习中的问题。通过这些测验，教师可以了解到学生在特定阶段的学习状态，从而进行必要的调整和补充。

通过要求学生完成与思想政治教育和德育相关的专题作业，可以检验他们对所学知识的实际应用能力。可以设置涉及社会热点问题的专题研究任务，让学生运用所学理论分析问题、提出解决方案。这不仅可以考查学生对理论的理解深度，还能评估他们将理论应用于实践的能力。这种作业形式还鼓励学生主动探索和思考，提升他们的综合素质。通过设计针对性的问卷，教师可以收集学生对课程内容、教学方法以及德育活动的反馈意见。问卷可以询问学生对思想政治理论的理解程度、对德育活动的参与感受以及他们在实际生活中如何应用所学知识。访谈则可以提供更深入反馈，了解学生对教育内容的具体看法和体验。这些反馈不仅能够反映学生的学习成效，还能揭示教学中的不足之处。

（二）教学方法与活动效果的评估

教师在课堂上使用的各种教学方法，如案例分析、情景模拟和互动讨论，都需要通过系统评估来检验其有效性。教师通过案例分析将理论与实际结合，可以帮助学生更好地理解抽象的思想政治理论。然而，这一方法的效果需要通过课堂观察和学生反馈来评估。教师可以观察学生在案例讨论中的参与度、思考深度以及对理论的理解情况。结合学生的反馈意见，评估这些方法是否真正提高了他们的学习效果和参与积极性。情景模拟是另一种有效的教学方法，通过模拟实际社会情景，让学生在仿真的环境中进行学习和实践。教师可以设计模拟活动，例如模拟社会服务或虚拟社区管理，来测试学生在面对真实情景时的反应和应用能力。评估这种方法的效果，可以通过学生在模拟活动中的表现和反思来进行。学生是否能够运用思想政治理论解决模拟情景中的问题，以及他们对活动的整体感受和收获。通过分析这些反馈，教师可以了解情景模拟的实际效果，并对教学设计进行必要的调整。

在互动讨论中，学生通过交流观点、分享经验和提出问题来深化对课程内容的理解。教师可以通过观察讨论的参与情况、讨论的深度以及学生的发言质量来评估这种方法的有效性。讨论中是否能够引发学生对思想政治理论的深入思考，是否能够促进学生对德育目标的理解和认同。根据讨论结果，教师可以调整讨论形式和内容，提升课堂的互动性和效果。社会实践、志愿服务等活动旨在将理论与实践结合，帮助学生在真实环境中体验和应用德育理念。评估这些活动的效果，可以通过活动参与的频率、学生的反馈和活动结果来进行。学生在社会实践中的表现如何，他们是否能够积极参与并从中获得成长。这种评估不仅可以检验活动是否达到了德育目标，还可以为未来的活动设计提供改进建议。

（三）学生综合素质的提升

评估思想政治教育与高校德育协同育人效果关键在于考查学生综合素质的提升。这包括学生的思想道德素养、社会责任感和批判性思维等方面的成长。这些活动包括志愿服务、社区调研、社会服务项目等，通过实际操作，学生能够将课堂上学到的思想政治理论和道德规范应用到现实中。这种方式不仅检验了学生在实践中的综合素质，还能观察他们如何应对实际问题，如何将理论与实践结合起来。在社会实践中，学生的表现可以作为衡量综合素质提升的重要指标。学生在社区服务中是否能够展现出高度的责任感和合作精神？他们在处理问题时是否能够运用批判性思维进行分析和解决？通过对这些实际表现的观察，教师能够了解学生的综合素质提升情况，并据此调整教育策略和活动设计，以更好地满足教育目标。

设立综合素质评价指标也是评估学生综合素质提升的有效方法。可以从道德表现、社会参与度、团队合作能力等方面进行系统评估。通过定期的评估和反馈，了解学生在道德判断和行为规范方面的进步，分析他们参与社会活动的积极性和贡献程度。这种评价不仅关注学生的学术成绩，更加重视他们的综合素质和实际能力，能够全面反映教育的实际效果。通过记录学生在思想道德、社会实践、课外活动等方面的表现，教师可以系统地追踪学生的成长轨迹。这些档案可以包括学生的活动参与记录、领导力体现、社会服务成果等。通过综合分析这些档案，能够清晰地了解学生在德育和思想政治教育中的成长情况，并为进一步的教育改进提供参考。定期的自我评价和同伴评价也对综合素质的提升提供了重要的反馈。学生可以通过自我评价反思自己的思想道德进步和社会责任感，而同伴评价则提供了来自同学的客观意见。这种多元化的评价方式有助于全面了解学生的综合素质提升情况，促进他们在个人发展中的不断进步。

（四）教师教学反馈与自我反思

定期进行自我评估和反思，有助于教师识别教学中的问题和挑战，从而优化教学策略和方法。教师应在每个教学周期后进行全面的自我评估。自我评估可以包括对课堂教学效果、学生反馈、教学方法的适用性等方面的分析。教师可以回顾课堂活动，评估教学内容是否能够有效传达，学生对讨论和互动的参与度是否满足预期。这种自我反思不仅能够帮助教师发现教学中的不足之处，还能为改进教学方法提供依据。教师应关注课程内容的更新情况，并根据教学反馈及时调整。时代的发展和社会的变化要求课程内容不断更新，以保持教学的时效性和相关性。教师可以通过分析学生的反馈，了解他们对课程内容的接受程度和需求，从而调整课程安排，加入新的理论和实践内容。这种持续的内容更新能够确保思想政治教育与德育的教学始终贴近时代和社会的实际需求。

教师还应积极参与同行评议和教学研讨，获取外部反馈。这些反馈可以来自同事、专家和教育管理人员，通过他们的评价和建议，教师可以获得关于教学方法和内容的客观视角。同行评议和教学研讨为教师提供了改进教学的机会，能够帮助教师在教学过程中不断提升自己的专业水平。参与这些活动还能够促进教师之间的经验分享和合作，从而形成教学创新的良性循环。通过将识别的问题和提出的建议转化为具体的教学改进措施，教师可以不断优化教学质量。实施改进措施后，教师需要再次进行评估，以验证改进效果。这种反馈与反思的闭环过程能够确保教学质量的持续提升，并最终实现思想政治教育与德育的协同育人目标。教师不仅能够不断提高自身的教学能力，还能更好地实现教育目标，培养学生的全面素质和能力。

二、思想政治教育与高校德育协同育人的反馈机制

（一）学生反馈机制

学生的反馈不仅能够提供关于教学内容和方法的直接信息，还能够揭示教育活动的实际效果和存在的问题。通过定期开展问卷调查，教师可以系统地收集大量学生的意见和建议。这些问卷可以设计涵盖教学内容、课堂氛围、教学方法以及德育活动的多个方面。问卷调查可以提供量化的数据，帮助教师了解学生对课程的总体满意度，以及具体哪些方面需要改进。通过组织学生代表参与的座谈会，教师可以直接与学生面对面交流，了解他们对思想政治课程和德育活动的真实看法。这种形式的反馈可以深入探讨学生的需求和困惑，并收集具体的改进建议。座谈会还可以促进师生之间的沟通，建立良好的互动关系，增强学生的参与感和归属感。

通过与学生进行一对一的访谈，教师可以获得更加详细和具体反馈。个人访谈能够深入了解学生在思想政治教育和德育活动中的个人体验，包括他们在课程学习中的挑战和收获。这种深入的了解有助于教师准确把握学生的学习状况和心理需求，从而做出更具针对性的教学调整。学生的反馈还可以通过参与度和兴趣度来进行评估。教师可以观察学生在课堂上的参与情况，记录他们在讨论和活动中的活跃程度。这些观察结果能够反映学生对思想政治教育和德育活动的兴趣和投入程度。高参与度和积极态度通常意味着教学内容和方法较为符合学生的需求，而较低的参与度则可能表明需要进行改进。

将收集到的反馈信息进行整理和分析，为教学改进提供数据支持。教师可以根据反馈的结果，调整教学内容、改进教学方法，并优化德育活动的设计。这种反馈机制的持续运作，不仅能够提升思想政治教育与德育协同育人的实效性，还能增强学生的学习体验和教育满意度。通过不断反馈与改进，教师能够确保教学活动与学生的实际需求相契合，实现教育目标的有效达成。

（二）教师反馈机制

教师应定期对自己在思想政治课程和德育活动中的教学实践进行系统反思。这包括对教学内容的适用性、教学方法的有效性以及学生的反馈情况进行全面分析。通过自我反思，教师可以识别出教学中的不足之处，并进行针对性改进。这种过程不仅促进了教师的专业

成长，也有助于提升教学质量。通过组织定期的教学研讨会，教师可以与同事们交流教学经验和策略。这样的会议通常涉及对教学实践的讨论、挑战的分析以及解决方案的探索。教师不仅可以获得来自同事的反馈，还能了解其他教师在类似教学情景中的处理方法和成功经验。研讨会还可以促进教师之间的协作与互动，形成教学上的共同进步。

通过邀请其他教师对自己的教学进行评议，教师能够获得外部的、客观评价。这种评议可以涉及教学内容的适切性、教学方法的创新性以及学生反馈的处理等方面。同行评议能够揭示教学中可能存在的盲点或不足，帮助教师在教学过程中进行改进。此外，同行评议也能够促进教师之间的学习与交流，提升整体教学水平。教育管理人员或教学督导可以定期对教师的课堂教学进行观察，记录教学过程中的互动情况和教学效果。观察者可以提供关于课堂管理、学生参与度以及教学方法的评价。这种反馈可以帮助教师了解自己的课堂表现，从而进行必要的调整和优化。观察和反馈的结合，有助于教师更全面地认识到自己教学中的优点和改进空间。

建立一个系统化的反馈机制，对于持续改进教学实践至关重要。教师应根据反馈结果，调整教学策略和方法，以提升教学效果。这种反馈机制的定期实施，可以确保教学内容和方法的不断优化，满足学生的学习需求，促进思想政治教育和德育的有效融合。

（三）家长与社会反馈机制

定期举行家长会议，学校可以向家长汇报学生在思想政治教育和德育活动中的表现，并征求家长的意见和建议。学校能够了解家长对教育内容的满意度和期望，从而在课程设计和实施过程中做出调整。家长可能会提供关于家庭教育和学校教育的衔接意见，这可以帮助学校在制定教育策略时更好地满足家庭的期望。通过组织社区座谈会，学校能够直接获取社区成员对学生思想政治教育和德育活动的评价和建议。社区成员作为社会的观察者，能够提供有关学生在社会环境中的实际表现的信息。社区反馈可以揭示学生在社会实践中的真实表现，帮助学校了解学生在不同社会情景中的适应情况。这种反馈不仅能够丰富学校的评估信息，还能促进学校与社区的合作，共同推动学生的全面发展。

通过开展针对社会各界的调查问卷，学校可以收集到关于思想政治教育和德育活动的广泛意见。这些调查可以涵盖社会对学生道德水平、社会责任感等方面的看法。社会调查的数据能够为学校提供关于教育效果的宏观视角，帮助学校了解社会对教育工作的评价和期待。这种反馈有助于学校调整和优化教育策略，使之更符合社会的实际需求。学校可以通过定期的反馈渠道，保持与家长和社会的持续沟通。这不仅可以及时掌握家长和社会对教育工作的评价，还能够在教育过程中形成良好的沟通与合作关系。常态化的反馈机制使得家长和社会的意见能够实时反映到学校的教育实践中，从而使思想政治教育与德育的实施更具针对性和有效性。通过综合运用家长会议、社区座谈会、社会调查等多种形式的反馈机制，学校能够获得全面、客观的评价信息。这些信息不仅有助于完善学校的教育策略，还能够促进家校社三方的合作，共同推动学生的全面成长。

（四）评估结果的改进机制

对收到的反馈信息进行系统分析，学校可以发现当前教育实践中的优点与不足。这种分析应该涵盖所有反馈来源，包括学生、教师、家长和社会的意见。通过对反馈的分类和总结，学校可以识别出需要改进的具体领域，制定针对性改进计划。若学生对课程内容的反馈表明其难度过大，学校可以调整课程的难度设置和教学方式，以更好地适应学生的需求。在接收到反馈后，学校应制定详细的改进计划，包括明确的目标、具体的措施和实施步骤。改进计划应涵盖教学内容、教学方法、教育资源等方面，以确保能够全面提升教学效果。教师反馈指出教学方法的不足，学校可以组织教师培训和教学研讨，以改进教学技巧和策略。这种制定改进计划的过程应以反馈为基础，确保改进措施的针对性和有效性。

学校应进行定期的跟踪与评估。这一环节至关重要，它能够验证改进措施的实际效果。通过设置评估指标，学校可以监测改进措施的实施情况，并根据评估结果调整策略。实施新的教学方法后，学校可以通过学生的学习成绩和反馈来评估这些方法的效果。如果改进措施未能达到预期效果，学校应及时进行调整，确保措施的有效性和可持续性。学校应定期审查和更新改进措施，根据新的反馈信息不断优化教育实践。这种反馈循环机制不仅有助于解决现有问题，还能够为未来的教育改革提供依据。通过不断改进和优化，学校可以提升教育质量，更好地实现思想政治教育与德育的协同育人目标，最终促进学生的全面发展。

第八章 法治教育与高校德育协同育人模式构建

第一节 法治教育在高校德育协同育人模式中的地位与作用

一、增强法律意识与法治观念

法治教育在高校德育协同育人模式中发挥着重要作用，它能够显著增强学生的法律意识和法治观念。通过系统的法治教育，学生不仅能了解国家法律法规的基本内容，还能认识到法律在维护社会秩序和个人权益方面的核心作用。课程中涉及的法律知识包括宪法、民法、刑法等，能够帮助学生形成对法律权利和义务的清晰认识。法治教育使学生明白，法治不仅是治理国家的根本手段，也是个人行为的规范和保障。通过了解法律制度和法律实践，学生能够在日常生活中自觉遵守法律，提高法律素养，从而有效促进社会的和谐与稳定。

二、促进道德教育与法治教育的融合

通过将道德价值观与法律知识相结合，学生不仅能理解道德规范，还能认识到法律的约束力。道德教育能够提升学生的价值判断能力，而法治教育则强化了法律意识和责任感。两者的融合为学生提供了更为全面的行为准则，引导他们在遵守法律的基础上，树立正确的道德观念，做到知法、守法并践行道德。这种教育模式的互补性，有助于提升学生的社会责任感和法治观念。

三、提升社会责任感与公民意识

法治教育有助于提升学生的社会责任感和公民意识。通过对法律知识的学习，学生能够认识到作为公民的权利与责任，理解法律对社会公正的维护作用。法治教育可以通过案例分析、社会调查等方式，让学生了解法律在实际社会问题中的应用，激发他们的社会责任感。学生能够深刻认识到自己的行为对社会的影响，从而更主动地参与社会公益活动和法律宣传。提升社会责任感和公民意识，有助于培养学生成为负责任的社会公民，为社会发展做出积极贡献。

四、促进校园文化与法治环境建设

法治教育在校园文化建设和法治环境的营造中扮演着重要角色。通过开展法治教育活动，可以营造一个尊重法律、崇尚法治的校园环境。组织法律知识竞赛、法治讲座、模拟法庭等活动，不仅能够提升学生的法律素养，还能增强校园内法治氛围。学生能够更好地理解和实践法律知识，增强对法治的尊重和信仰。这种法治文化的建设不仅提高了校园内的法治水平，还为学生的全面发展提供了良好的环境，进一步促进了德育的实施。

五、为学生提供法律保障与支持

通过法律知识的学习，学生能够更好地了解自身的合法权益和在遇到法律问题时的应对措施。学校可以设立法律咨询服务和法律援助机构，为学生提供法律咨询和帮助。这种支持不仅能够帮助学生在遇到法律问题时得到及时帮助，还能够提高他们的法律素养，使其在日常生活中更好地维护自己的权益。法治教育通过这种方式，为学生提供了实质性的法律保障，促进了他们的身心健康和全面发展。

六、推动社会实践与法律应用

法治教育通过与社会实践的结合，推动学生将所学的法律知识应用于实际问题。可以组织学生参与社会实践活动，如法律援助、社区法治宣传等，让学生在实践中检验和应用法律知识。这种实践活动不仅能够加深学生对法律理论的理解，还能够提升他们的实际操作能力。学生在参与法律援助工作时，可以直接面对法律问题和案件，锻炼自己的法律分析和解决问题的能力。这种将法律教育与社会实践相结合的方式，能够有效提升学生的综合素质和社会适应能力，促进法治教育的实际效果。

第二节　法治与高校德育协同育人模式探讨

一、构建法治与德育课程的融合体系

高校应设计综合性课程，将法治与德育内容有机结合，从而实现二者的互补与共融。这一融合体系不仅能帮助学生掌握法律知识，还能在道德教育中融入法律思维，使学生在德育过程中自然接受法治。学生能够在日常生活和社会实践中将法律知识与道德规范结合起来，从而培养全面的法律素养和道德观念。课程设计方面，高校应在思想政治课程中增设法治模块。在讲授道德规范时，结合法律条文和案例，使学生能够理解法律与道德的相互关系。这种结合可以帮助学生认识到法律不仅仅是约束行为的工具，更是道德规范的体现，从而在处理道德问题时具备法律思维。在讨论诚信问题时，既讲解相关的道德标准，

也引入相关的法律规定，使学生理解诚信的法律后果和道德重要性。

在教学实施中，教师应采用案例分析的方式，将法律与道德的内容结合起来。通过分析法律案例中的伦理问题，教师可以引导学生思考法律与道德之间的复杂关系。这种方法不仅提高了学生的参与度和兴趣，也使他们能够在实际情景中应用所学的法律和道德知识，从而加深对两者关系的理解。此外，高校可以通过设立专题讲座、法律沙龙等活动，进一步深化法治与德育的融合。邀请法律专家和德育工作者开展讲座和讨论，帮助学生从不同的角度理解法治和道德的关系。

二、利用法律实践活动深化德育效果

法治通过法律实践活动能有效地深化德育效果，这是提升高校德育协同育人模式的重要路径。开展各类法律实践活动，如模拟法庭、法律援助和法律知识竞赛，可以让学生在真实或仿真的法律环境中感受法律的实际运作，并将所学的法律知识与德育理念结合起来，从而促进学生的道德成长和社会责任感。模拟法庭活动为学生提供了一个直观体验法律过程的平台。学生扮演不同的角色，如法官、检察官、辩护律师等，参与审理案件。这一过程不仅让学生了解法律程序和判决过程，还促使他们在角色扮演中进行道德判断。面对案件中的伦理冲突，学生需要根据法律和道德规范作出合理的判断和决定。通过这种实践，学生能够更深入地理解法律与道德的关系，同时提升道德判断能力和责任意识。

高校可以组织学生参与法律援助项目，为有需要的群体提供法律咨询和帮助。在实际的法律援助过程中，学生不仅运用所学的法律知识解决实际问题，还能在服务他人的过程中培养社会责任感和同情心。这种实践活动让学生在服务中体会到法律的社会功能和道德价值，从而增强对法律职业的认同感和道德使命感。通过竞赛，学生可以检验自己对法律知识的掌握情况，并在竞争中学习法律的应用。在竞赛过程中，学生不仅要展示法律知识，还需要进行道德思考和团队合作，这有助于培养学生的综合素质和团队意识。竞赛后的总结与讨论环节，学生可以深入探讨法律问题中的道德冲突和伦理选择，从而加深对法律与道德关系的理解。通过这些法律实践活动，学生能够将理论知识应用于实际情景中，同时在实践中培养道德观念和社会责任感。法律实践活动不仅丰富了德育的实施形式，也为学生提供了更广阔的实践平台，使他们在真实或模拟的法律环境中体验法律的运作和道德的实现。

三、整合校内外资源促进法治与德育协同

通过与法律事务所、社会组织、社区等合作，高校可以形成教育合力，拓展法治与道德教育的广度和深度。这种整合不仅丰富了学生的学习体验，还能够在实际社会环境中践行法治与道德规范，从而全面实现教育目标。与法律事务所合作举办法律讲座和工作坊是整合校内外资源的一种有效方式。法律事务所通常拥有丰富的法律实践经验和资源，通过

合作，高校可以邀请法律专家为学生进行专题讲座或案例分析。这不仅能帮助学生深入了解法律实务，还能够将法律理论与实际操作相结合，增强学生的法律实用能力和职业素养。通过专家的讲解和实践经验分享，学生能够在更广泛的视野中认识法律，提升法律素养和道德意识。

这些组织通常在社会服务、公益活动等方面有丰富的实践经验。高校可以与社会组织合作，开展联合教育项目，如社会服务、公益活动和法律宣传等。这些活动让学生在实际社会环境中体验法律和道德的结合，从而加深对法治和德育的理解和应用。学生可以参与法律援助服务，为弱势群体提供法律帮助，同时在服务中学习如何将法律知识和道德标准应用于实际问题。高校可以组织社区讲座、法律咨询和社区服务活动，让学生在社区环境中实际体验法治和道德的应用。社区中的多样化问题和复杂情况为学生提供了真实的学习场景，使他们能够将法治与道德实践相结合，提高综合素质和社会责任感。通过社区服务活动，学生不仅能将法律知识用于解决实际问题，还能够在帮助他人中培养道德情怀和社会责任感。

整合校内外资源还能够促进高校与社会的互动和合作，为学生提供更多的实习和就业机会。通过与法律事务所和社会组织的合作，高校能够为学生提供实践平台和职业发展机会，帮助他们更好地进入职场。这种整合资源的方式，不仅能够提升学生的实践能力，还能够增强他们的职业素养和社会适应能力，从而实现法治与德育的全面融合。高校能够将法治与德育协同育人模式有效地扩展到校园之外，利用外部资源和实际环境丰富学生的学习体验，使学生在真实的社会情景中践行法治和道德规范，从而全面提升教育效果。这种整合资源的策略，不仅实现了法治与德育的有效结合，还为学生的全面发展奠定了坚实的基础。

四、创新教学方法提升法治与德育融合效果

高校在开展法治与德育课程时，通过引入多样化的教学手段，能够使课程内容更加生动、实际，并增强学生对相关知识的理解和应用能力。案例分析作为一种教学方法，可以有效地融合法治与德育内容。通过分析真实或模拟的法律案例，教师能够展示法律问题的复杂性，并引导学生思考相关的道德问题。教师可以选择涉及伦理冲突的法律案件，让学生探讨案件中的法律和道德问题。这种方法不仅帮助学生掌握法律知识，还促使他们在处理法律问题时考虑道德因素。学生能够看到法律规定如何与道德标准相交织，进而在实际生活中更好地应用法律和道德准则。

情景模拟是一种创新的教学方法，它通过创建模拟的法律或道德情景，让学生在模拟的环境中体验法律决策和道德判断。学生不仅能够理解法律程序和法规应用，还能感受到道德决策的重要性。学生既需要运用法律知识，又需要在角色扮演中进行道德判断，这种

方法能够使学生在实践中学会综合运用法律和道德知识。互动讨论能够激发学生对法治和德育内容的兴趣和思考。学生可以分享个人观点，辩论不同的看法，从而在互动中加深对法治与德育内容的理解。通过这种互动形式，学生不仅能够从他人的角度学习，还能够通过辩论和讨论提升自己的批判性思维和道德判断能力。教师可以利用视频、在线模拟、互动软件等现代技术手段，创建更加生动的教学环境。通过法律和道德教育的虚拟现实（VR）技术，学生可以身临其境地体验法律情景和道德挑战，从而增强学习的趣味性和实际感。技术工具能够丰富教学手段，使学生在更具沉浸感的环境中学习法治与德育内容，从而提升学习效果和应用能力。

五、建立评估与反馈机制优化教育效果

通过系统的评估和反馈，高校能够及时了解教育活动的实际效果，并根据反馈信息进行相应的调整和改进。高校可以定期进行综合评估，包括对学生法律知识的掌握情况和道德素养的提升情况。可以通过定期的考试、测验、作业以及课外活动的成绩来评估学生的法律知识掌握程度。同时，可以设置专门的道德素养评估指标，如通过问卷调查和评价量表来测量学生在伦理判断和社会责任感方面的进步。这种全面的评估能够帮助学校了解教育活动的实施效果，并为后续的教学改进提供数据支持。

高校可以通过问卷调查、课堂观察、学生反馈等方式收集数据。问卷调查可以用来了解学生对法治和德育课程的满意度和接受程度；课堂观察可以帮助教师了解学生在课堂上的参与情况和学习状态；学生反馈则可以提供有关教学内容、方法和活动的具体意见和建议。通过这些多元化的数据收集方式，学校能够获得更加全面的评估信息，从而为教学改进提供有力依据。教师应根据评估结果和学生反馈，及时调整和改进教学内容和方法。如果评估结果显示某一法律知识模块的掌握程度较低，教师可以考虑重新设计该模块的教学内容，或引入更为有效的教学方法。同样，如果学生反馈中指出某些德育活动缺乏吸引力，教师可以调整活动形式或增加互动环节，以提高学生的参与度和兴趣。

建立定期的反馈和改进机制能够确保教学质量的持续提升。高校应设立定期的评估和反馈周期，例如每学期或每学年进行一次全面评估，并根据评估结果制定具体的改进计划。通过这种持续的反馈和改进机制，高校能够不断优化法治与德育的协同育人模式，提升教育效果，并实现教育目标。

六、培养教师的法治与德育教育能力

教师在法治与德育教育中的能力培养对于实现协同育人模式的目标至关重要。有效的教师培训不仅能够提升教师的专业能力，还能够确保法治与德育教学的高质量实施。高校应定期组织专题培训和研讨会，以提升教师在法治和德育教学方面的专业能力。这些培训可以覆盖法律知识、德育理论、教学方法等多个方面。邀请法律专家和德育专家开展讲座

和培训，帮助教师深入了解最新的法律法规和德育理论。通过这些专题培训，教师能够不断更新知识体系，并掌握最新的教育理念和实践方法，从而提高其在课堂教学中的表现和效果。

教师的法治与德育教育能力的培养还应包括教学方法的创新与实践。教师应具备将法律知识与德育内容有效融合的能力，通过案例分析、情景模拟、互动讨论等教学方法，将法律与道德教育结合起来。高校可以提供实践机会，如组织教师参加模拟法庭、法律援助活动等，使其在实际操作中提升法治与德育教学能力。这种实践经验的积累能够帮助教师更好地将法律和道德教育融入日常教学中，提高教学的生动性和有效性。教师应具备综合运用多种教学方法的能力，以确保学生能够全面理解和应用法治与道德教育内容。高校可以鼓励教师进行教学创新，开发适合本校学生特点的教学资源和活动。通过设计跨学科的课程，将法律知识与德育案例结合，创建丰富的教学情景和实践活动。这种教学方法的多样性能够增强学生对法治与德育内容的兴趣和理解，提高教育效果。高校应为教师提供持续学习和发展的机会，如定期的学术交流、进修课程、教学研讨等。这些机制不仅能够帮助教师不断提升自身的法治与德育教育能力，还能够促进教师之间的经验分享和知识交流。通过持续的职业发展，教师能够不断改进教学方法，优化教学策略，从而更好地服务于学生的法治与德育教育需求。

第三节　法治与高校德育协同育人的实施路径

一、法治与德育的融合理念

（一）教育目标一致性

法治与德育两者的核心目标都在于提升学生的道德素养和社会责任感。明确这两者的共同目标，可以为制定和实施教育策略提供明确的方向和依据。法治和德育都以培养学生的道德观念和行为规范为根本任务。法治强调法律意识的培养，旨在让学生了解法律规范的基本内容及其重要性。通过学习法律知识，学生能够认识到法律对于维护社会秩序和保护个人权益的作用。与此同时，德育则侧重于道德品质的培养，包括诚信、责任感、尊重他人等。尽管法治和德育侧重点不同，但二者在培养学生的社会责任感和道德判断力方面具有高度的一致性。这种一致性为教育实践中的协同推进奠定了基础。

通过明确两者目标的一致性，教育者可以设计出综合性的教学方案，将法律知识与道德教育有机融合。可以在德育课程中融入法治元素，通过法律案例分析和法律角色扮演等方式，使学生在实际情景中感受法律与道德的结合。这种教学方式不仅增强了学生的法治意识，还提升了他们的道德判断能力，从而实现了法治和德育的有机结合。学生在接受法治的过程中，能够了解社会运行的基本规则，增强自我保护意识和法律意识。而在德育教育中，学生则通过培养良好的道德品质，增强对他人的理解和关怀。两者的结合能够形成对学生全面素质的培养，既让学生具备必要的法律知识，又培养了他们的道德情操。这种双重培养不仅有助于学生的个体成长，也促进了社会的和谐发展。明确法治和德育的目标一致性，有助于提升教育质量和效果。通过系统性地将两者目标对接，可以在实际教学中避免资源浪费和目标重复。教育者可以根据学生的实际需求和社会发展的要求，制定出更加科学和合理的教学计划。这样，不仅能够提高教育的针对性和实效性，还能够在长远中促进学生的全面发展和社会的进步。

（二）社会主义核心价值观整合

社会主义核心价值观的融入为法治教育和德育的结合提供了坚实的基础，使得两者在教育内容和形式上能够更好地相辅相成。社会主义核心价值观不仅是国家的理念体现，也为教育实践提供了明确的指导方针。将这一价值观纳入法治教育和德育的体系中，有助于提升教育效果，实现教育目标的一致性和互补性。将社会主义核心价值观融入法治教育，可以增强法律学习的现实意义。社会主义核心价值观包括富强、民主、文明、和谐等方面，这些价值观不仅体现了国家的整体目标，也为法治教育的内容提供了具体的方向。在法治教育中，教师可以通过介绍社会主义核心价值观来引导学生理解法律制度的背景和意义。在讲解法律的基本原则和实施效果时，可以结合社会主义核心价值观中的“公正、法治”进行分析，使学生能够理解法律的社会功能及其与社会主义核心价值观的关联。这种整合不仅提升了法治教育的深度，也使学生能够在法律学习中认识到社会主义核心价值观的重要性。

德育教育的实施也可以通过社会主义核心价值观来实现更高的目标。社会主义核心价值观中所强调的诚信、友善、爱国等道德规范，为德育课程提供了清晰的指导方向。教师在进行德育教学时，可以通过具体案例来展示这些社会主义核心价值观的实际应用，从而帮助学生将理论与实践结合起来。可以通过组织与社会主义核心价值观相关的活动，如社区服务和志愿者工作，让学生在实践中体验和理解这些价值观。这种方法不仅增强了德育的实际效果，也使学生在实践中感受到社会主义核心价值观的实际影响。将社会主义核心价值观作为法治教育和德育的共同基础，有助于提升教育的整体协调性。通过在法治教育和德育中均强调社会主义核心价值观，教育者可以确保两者在内容和形式上的一致性。可以在学校的整体教育规划中，明确将社会主义核心价值观作为所有教育活动的中心，从而使法治教育和德育相互支持。这种整合的方式不仅避免了教育内容的重复和分散，还增强了教育实践的系统性和连贯性。

二、课程体系的整合与优化

（一）课程设计

通过专门设置法治课程和德育课程，并结合具体案例进行教学，可以确保两者的内容和方法相互融合，从而达到提高学生综合素养的目标。设立独立的法治课程和德育课程，为两者的教学提供明确的结构和内容。法治课程可以专注于法律知识的传授，涵盖基本法律概念、法律制度、法律实践等方面的内容。课程中应包含对宪法、刑法、民法等法律条文的讲解，以及法律的应用实例和案例分析。与此同时，德育课程则侧重于道德价值观的培养，包括诚信、责任感、尊重等。通过专题讨论、道德故事和案例分析等方式，帮助学生理解和内化这些价值观。通过这样的课程设置，可以保证法治教育和德育教育各自的重点得到充分覆盖，同时又不失去整体性和系统性。

在课程设计中，通过结合具体案例进行教学，有助于将理论与实践相结合，使学生能够更好地理解和运用所学知识。在法治课程中，可以选取具有教育意义的法律案例进行深入分析，例如著名的司法判例或社会热点事件。通过对这些案例的研究，学生不仅能够了解法律条文的实际应用，还能够学会如何运用法律知识解决实际问题。同样，教师可以通过真实的道德困境案例，引导学生讨论和解决实际生活中的道德问题。

学生能够在具体情景中体会道德价值的应用，从而提升道德判断和决策能力。此外，将法治教育和德育内容整合到跨学科的综合课程中，也是提升教育效果的一种有效方法。可以设计一个“社会与法律”综合课程，既涵盖法治教育的内容，又融入德育的要素。在这样的课程中，教师可以通过探讨社会问题和法律制度，帮助学生理解法治与道德的关系。结合社会实际问题进行课堂讨论和模拟法庭等活动，能够让学生在实践中感受到法治和道德的相互作用，从而增强学习的趣味性和实际意义。教师可以了解学生对法治和德育内容的掌握情况，并根据反馈调整教学策略。可以通过问卷调查、课堂讨论和案例分析等方式，了解学生对课程内容的理解和应用情况。教师可以有针对性地调整课程内容和教学方法，以确保法治教育和德育课程的有效性和针对性。

（二）跨学科课程开发

通过结合法治与伦理学、社会学等领域的知识，学生能够从多个角度理解法律与道德，从而获得更为全面和深入认识。这种跨学科的整合不仅能够提升课程的深度和广度，还能增强学生的综合思维能力和实践能力。结合法治与伦理学的课程设计可以帮助学生更好地理解法律规范背后的道德基础。伦理学关注的是人类行为的道德标准和规范，通过研究伦理学，学生能够了解不同伦理理论如何影响法律制度的形成与实施。在跨学科课程中，教师可以设计讨论和案例分析环节，探讨法律规范与伦理原则之间的关系。可以通过分析法律对某些伦理问题的回应，来揭示法律的道德基础和伦理考量。这种课程设置不仅能够使学生认识到法律的道德维度，还能培养他们的伦理思维能力，帮助他们在面对道德困境时做出更加理性的决策。

社会学研究社会结构、社会行为及其变化规律，为理解法律和道德提供了社会背景。可以将社会学的理论和方法应用于法律和道德问题的分析。教师可以通过社会学的视角探讨法律制度如何反映社会的价值观和规范，或者研究社会变迁对道德观念的影响。这种整合能够帮助学生理解法律和道德在社会实践中的具体表现，使他们能够在实际问题中更好地运用所学知识。跨学科课程的开发还可以通过实践活动和项目驱动的方式，增强学生对法律和道德问题的实际理解和解决能力。通过设计与法律和道德相关的研究项目，学生可以在实践中应用跨学科的知识，例如组织模拟法庭、开展社会调查等。这些活动不仅能够提升学生的实践能力，还能促进他们对法律与道德关系的深入理解。学生能够将理论知识与实际操作相结合，更好地应对未来的法律和道德挑战。

三、校园文化建设

（一）法律文化活动

组织法律文化活动，如法治讲座和法律知识竞赛，是提升学生法律意识和道德判断能力的重要途径。这些活动不仅能增强学生对法律知识的掌握，还能激发他们对法律和道德问题的深刻思考，从而促进综合素养的提升。法治讲座作为一种有效的法律文化活动形式，能够直接向学生传达最新的法律知识和社会热点问题。通过邀请法律专家、学者或实践者来校讲授，学生可以获得前沿的法律知识和真实的实践经验。这些讲座不仅涵盖法律条文的解读，还包括法律应用的实际案例。通过讲座，学生能够了解法律制度的基本框架和运行机制，并深入理解法律在社会治理中的作用。讲座中可以介绍关于反腐败、环境保护等领域的法律内容，使学生能够掌握法律对社会问题的回应及其对道德规范的影响。这种知识的传递能够显著提升学生的法律意识，使他们在日常生活中更加注重法律规范的遵守。

法律知识竞赛也是一种有效的法律文化活动，能够通过互动和竞争的形式增强学生的学习兴趣和参与感。通过组织法律知识竞赛，学生不仅能够测试自己对法律知识的掌握情况，还能够在与他人的竞争中进一步加深对法律内容的理解。竞赛过程中，学生需要迅速而准确地回答关于法律条文、案例分析等问题，这种高强度的学习方式能够有效提高他们的法律知识水平和反应能力。同时，竞赛还能够培养学生的团队合作精神和解决问题的能力，帮助他们在团队合作中更加深入地讨论和理解法律问题。这些法律文化活动也能够促进学生的道德判断能力的提升。法治讲座和法律知识竞赛不仅关注法律知识的传授，还涉及法律与道德的关系。在讲座中，专家可能会讨论法律如何反映社会的道德标准，或者在法律实践中如何平衡法律与道德的关系。通过这些讨论，学生能够更加清晰地认识到法律和道德的交织关系，从而在面对道德困境时，能够结合法律知识做出更加合理的判断。学生在解答法律问题时，也需要考虑到法律条文背后的伦理和社会影响，从而培养其道德判断能力。

（二）德育实践活动

德育实践活动，如社会实践和志愿服务，是增强学生社会责任感和道德意识的重要手段。这些活动提供了学生在实际环境中应用道德知识的机会，使他们能够通过参与社会服务和解决实际问题，深化对道德价值的理解。社会实践活动为学生提供了与社会接触的机会，使他们能够在真实的社会环境中体会道德价值的实际应用。通过组织学生到社区、企业或其他社会机构进行实践，他们可以直接参与到社会服务和工作中，从而更好地理解社会运行的实际情况。学生可以参与到社区的环境保护项目中，通过实际行动提升环保意识，同时认识到每个人在社会发展中应承担的责任。社会实践活动不仅让学生亲身体验社会问题的复杂性，还促使他们在实际问题中运用道德原则来指导行为，从而增强其社会责任感。

志愿服务涵盖了广泛的社会需求，包括帮助弱势群体、参与公益活动等。通过志愿服务，学生不仅能够为社会做出实际贡献，还能够在服务过程中培养同情心和奉献精神。参与支教活动的学生可以直接感受到教育对儿童成长的影响，从而更深刻地认识到教育公平的重要性。这种亲身经历使学生能够在服务中体会到道德行为的意义，同时也培养了他们对社会问题的敏感性和解决问题的能力。德育实践活动通过实际操作和体验，使学生的道德意识得以具体化和系统化。在活动中，学生需要面对真实的道德困境和挑战，这些都能促使他们在实践中不断反思和调整自己的道德观念。在组织慈善募捐活动时，学生不仅需要策划和执行活动，还需要处理募捐过程中遇到的各种问题，这种经历能够帮助他们理解道德决策的复杂性及其对社会的影响。通过这样的实践，学生能够将道德理论应用于实际问题中，提升道德判断能力和解决实际问题的能力。

四、师资队伍的建设与培训

（一）教师培训

定期开展法治教育和德育教师培训是提升教育质量的关键措施。这些培训不仅有助于提高教师在法治和德育领域的专业素养，还能增强他们的教学能力，从而有效地促进学生的全面发展。教师作为教育实施的主要执行者，其专业知识和技能直接影响到教学的效果。通过定期的教师培训，可以帮助教师掌握最新的法律知识和道德教育理念。培训内容可以包括法律法规的更新、道德教育的新理论和实践方法等。法治教育培训可以涵盖最新的法律条文解读、司法案例分析等内容，而德育培训则可以介绍当前社会的道德热点问题和解决方案。通过这样的培训，教师能够及时了解和掌握领域内的新发展，从而更好地应对教学中的挑战和问题。

有效的法治教育和德育不仅依赖于教师的专业知识，还需要教师具备一定的教学技巧和方法。培训可以针对教师的教学策略和技巧进行指导，如如何将法律知识和道德观念融入课堂教学、如何通过互动式教学提高学生的参与度等。培训中可以教授教师如何设计和实施法治教育的案例讨论、角色扮演等活动，以及如何在德育课程中使用道德困境讨论、情景模拟等方法。通过这些培训，教师能够不断优化自己的教学方法，提高课堂教学的效果。教育领域不断发展，新技术和新方法层出不穷。通过培训，教师能够了解和应用这些新兴的教育工具和技术，如多媒体教学、网络课程等。在法治教育培训中，教师可以学习如何利用在线法律教育资源和虚拟模拟法庭进行教学，在德育培训中，则可以了解如何通过社交媒体和在线讨论平台促进道德教育。这些创新手段不仅可以增强教学的互动性和趣味性，还能提升学生对法治和道德教育的兴趣和投入。

（二）团队合作

通过组建团队，教师可以在合作与交流中共享经验、共同研究和推进教育工作，从而实现教学质量的整体提升。法治教育和德育团队的建立能够促进教师之间的有效合作。通过团队的协作，教师可以共同探讨教育中的问题和挑战，分享各自的教学经验和方法。法治教育团队的成员可以共同研究如何将复杂的法律知识转化为易于理解的教学内容，并分享在课堂中成功应用的案例。德育团队的教师则可以交流在培养学生道德品质方面的创新做法。专门的法治教育和德育团队可以定期组织研讨会、工作坊和培训活动，帮助教师不断更新知识和教学技巧。团队可以邀请法律专家或道德教育专家开展讲座，或者组织教学观摩活动，让教师了解其他团队成员的教学实践。这种持续的交流和学习机制，不仅能够保持教师对新知识的敏感性，还能帮助他们及时调整和优化教学方法，从而更好地应对教育中的新挑战。

建立法治教育和德育团队还能够推动教育工作中的研究与创新。团队成员可以共同开展教育研究项目，探索新的教学模式和方法。团队可以研究如何将现代科技应用于法治教育和德育课程中，或者开发新的评估工具来测量学生的法律意识和道德发展。通过团队的共同努力，可以推动教育理论和实践的创新，从而提升教育工作的整体效果。通过参与团队合作，教师能够感受到集体的支持和鼓励，这种支持不仅能够增强他们的工作信心，还能提升他们的工作热情。团队成员在共同完成一个教育项目时，能够体验到合作的成就感，这种成就感能够激发他们在教育工作中的积极性。

第四节　法治教育与高校德育协同育人的成效评估与改进

一、法治教育与高校德育协同育人的成效评估

（一）学生法律意识与道德素养的提升

通过法治教育与高校德育的协同实施，学生的法律意识和道德素养得到了显著提升。法治教育通过系统的法律知识培训，使学生对法律规范、法律权利和义务有了清晰认识，增强了他们的法律意识。与此同时，德育教育强调道德价值观的培养，如诚信、责任感、尊重他人等，使学生在道德判断和行为规范上有了更高的标准。综合这两方面的教育，学生在日常生活中不仅能够遵守法律，还能自觉践行道德准则，从而形成较为完善的法律和道德观念。

（二）法治与道德行为的实际应用

法治教育与德育的协同还促进了学生在实际行为中的法律与道德标准的应用。学生在参与各种社会实践活动、志愿服务项目等过程中，能够将所学的法律知识和道德原则应用于实际问题的解决中。在参与社区服务时，学生能够利用法律知识来帮助解决社区的法律问题，同时在服务过程中体现出良好的道德品质。这样的应用不仅增强了学生的实际操作能力，也使他们能够在实际生活中更好地运用法治与道德规范。

（三）学生社会责任感与公民意识的增强

法治教育与德育的协同有助于增强学生的社会责任感和公民意识。通过法治教育，学生对法律的作用和意义有了更深刻理解，从而更加自觉地履行公民责任。而德育教育则通过培养学生的道德责任感，使他们更加关心社会问题和他人福祉。这种双重教育的影响，使学生在参与社会活动时，能够主动担当社会责任，积极参与公共事务，展现出较高的公民素质。

（四）教学模式与教育资源的优化

法治教育与德育的协同也促进了教学模式和教育资源的优化。高校通过整合法治与德育课程，设计出更具综合性的教学方案，使教学内容更加丰富和多样化。同时，教师之间的协作与交流，也推动了教学方法的创新和教育资源的共享。教师可以通过跨学科合作，共同开发新的课程模块，利用多媒体和互动式教学工具，提高教学的效果和学生的参与度。

这种教学模式的优化，不仅提升了教育质量，也增强了学生的学习兴趣和积极性。

（五）教育评估与反馈机制的完善

法治教育与德育的协同也推动了教育评估与反馈机制的完善。高校通过定期评估学生的法律知识掌握情况和道德素养的提升情况，能够及时调整和优化教育内容和方法。可以通过问卷调查、学生评估报告等形式，收集学生在法治教育和德育课程中的反馈，了解他们的学习效果和需求。通过不断评估与反馈，教育部门能够持续改进教学策略，确保教育目标的有效实现。

二、法治教育与高校德育协同育人的成效改进

（一）强化法治与德育课程的整合

为了进一步提升法治教育与德育的协同效应，高校可以加强两者课程的整合。具体来说，可以设计跨学科的课程模块。在课程中引入关于法律伦理的讨论，结合案例分析，探讨法律与道德的交集。这种整合不仅能够增强学生对法律和道德的综合理解，还能提高他们在实际问题中的综合应用能力。此外，开展专题研讨和互动活动，使学生在实际讨论中体验法律与道德的相互作用，从而深化对两者的认识和理解。

（二）提升教师的协同教学能力

改进法治教育与德育协同育人的成效，还需要提升教师的协同教学能力。高校可以通过定期的教师培训，增强教师在法治教育和德育领域的专业知识和教学技巧。培训内容应包括如何将法律知识与道德教育相结合、如何设计和实施综合性的教学活动等。通过这些措施，可以确保教师在教学过程中能够有效地将法治与德育结合，提升学生的学习体验和教育效果。

（三）增强实践活动的针对性与实效性

为了提高法治教育与德育的协同育人成效，高校应增强实践活动的针对性与实效性。通过设计与课程内容相关的实践活动，如法律援助、道德实践项目等，学生能够在实践中更好地应用所学知识。实践活动应与学生的实际需求和兴趣相结合，确保其具有实际的教育价值。组织法律与道德主题的社会实践项目，让学生在解决实际问题的过程中，将法律与道德相结合，从而提升他们的实际操作能力和综合素质。

（四）加强效果评估与反馈机制

持续改进法治教育与德育的协同育人成效，需要建立有效的评估与反馈机制。高校应定期开展对法治与德育课程效果的评估，收集学生、教师和社会的反馈意见。这些评估应

涵盖学生的知识掌握情况、道德行为的变化、社会责任感的增强等方面。通过分析评估结果，及时调整和优化课程内容和教学方法，以提高教育的针对性和实效性。此外，设立专门的反馈渠道，使学生和教师能够提出改进建议，有助于不断改进教育策略和实践。

（五）借鉴成功案例与经验

高校在改进法治教育与德育协同育人成效时，可以借鉴其他高校或机构的成功案例与经验。通过调研和分析已有的成功实践，了解其在课程设计、教师培训、实践活动等方面的有效做法，结合自身实际情况进行调整和应用。学习其他高校在法治与德育课程整合、教师协作、实践活动实施等方面的经验，可以为自身的改进提供参考，进一步提升教育效果。

第九章　心理健康教育与高校德育协同育人模式构建

第一节　心理健康教育的重要性及其在高校德育中的作用

一、心理健康教育的重要性

（一）预防和干预心理问题

随着社会竞争的加剧和生活节奏的加快，学生面临的心理压力逐渐增大，容易出现焦虑、抑郁等心理问题。通过系统化的心理健康教育，学校能够提供早期的干预和支持，从而帮助学生及时识别和解决心理困扰，降低心理问题的发生和发展。通过定期开展心理健康讲座和专题活动，学校能够提高学生对心理健康的认识，帮助他们了解常见的心理问题及其预防方法。学校可以邀请心理专家讲解如何应对学业压力、如何处理人际关系中的冲突等。这样的讲座不仅提供了宝贵的知识，还能帮助学生掌握早期预防的策略，使他们在感到心理困扰时能够采取及时的措施，从而避免问题的进一步恶化。

心理健康教育能够提供有效的干预措施，帮助学生在心理问题初期获得专业支持。通过设置校园心理咨询中心或心理辅导室，学校可以为学生提供专业的心理咨询和辅导服务。设立心理咨询热线或定期的心理测评，可以帮助学生发现潜在的心理问题，并获得个性化的干预建议。心理咨询师可以与学生进行面对面的咨询，了解他们的困扰和需求，并提供针对性帮助，如情绪管理技巧、应对策略等。这种专业的干预能够帮助学生在问题初期得到有效支持，避免问题的进一步发展。心理健康教育还可以通过建立心理支持网络，增强学生的心理韧性和应对能力。学校可以组织心理健康支持小组，定期开展心理健康活动和支持小组讨论，让学生在交流和分享中获得支持和帮助。学生可以参与情绪支持小组，与同龄人分享彼此的经历和感受，互相鼓励和支持。这种支持网络不仅帮助学生获得情感支持，还能提高他们的心理韧性，使他们在面对生活中的挑战时更加自信和从容。

学校还应加强对教师和家长的心理健康培训，提升他们对学生心理问题的识别和干预能力。教师和家长在学生的日常生活中扮演着重要角色，他们的观察和支持对学生的心理健康至关重要。通过对教师和家长进行心理健康知识的培训，学校能够帮助他们更好地了解和应对学生的心理问题，从而形成全员支持的心理健康教育体系，共同促进学生的心理健康。

（二）提升社会适应能力

学生在成长过程中面临着不断变化的社会角色和环境，包括家庭、学校和社会等。心理健康教育通过增强学生的自信心、沟通能力和解决问题的能力，帮助他们更好地适应这些社会环境，从而提高社会适应能力。心理健康教育能够增强学生的自信心，这是他们适应社会环境的基础。自信心是学生在面对新环境和挑战时的重要心理素质。心理健康教育通过开展自我认识和自我提升的活动，帮助学生了解自身的优点和长处，从而增强他们的自信心。通过心理健康课程和个体辅导，学生能够学习如何设定现实的目标和积极自我评价，掌握应对失败和挫折的策略。这种自信心的培养，使学生在面对学业、工作以及人际关系中的挑战时，能够更为从容和积极地应对。

心理健康教育通过提升学生的沟通能力，帮助他们更好地融入社会。有效沟通是建立良好人际关系和适应社会环境的关键技能。学生可以通过角色扮演、模拟对话等活动，学习和练习如何与他人进行有效交流和互动。心理健康课程可以设计以小组讨论的形式，让学生在交流中学习如何表达观点、倾听他人、解决冲突。这些活动不仅提高了学生的沟通能力，还帮助他们在实际社交中更自信地表达自己，与他人建立良好的关系。心理健康教育还通过培养解决问题的能力，增强学生的社会适应能力。在复杂的社会环境中，学生经常需要面对各种问题和挑战，能够有效地解决问题是他们适应社会的重要能力。心理健康教育提供的各种培训和活动，如团队合作项目、问题解决练习等，帮助学生学习如何分析问题、制定解决方案，并在团队合作中发挥作用。学生可以参与解决实际案例中的问题，学习如何从不同角度分析问题，并与他人协作找到最佳解决方案。这种能力的培养，不仅帮助学生在学业和工作中取得成功，还提高了他们在社会中应对挑战的能力。

（四）促进学业成绩和职业发展

一个健康的心理环境可以增强学生的专注力和学习动力，使他们在面对学术挑战时更加自信和积极。通过有效的心理健康教育，学生能够学会如何应对学术压力，从而减少因焦虑或抑郁导致的学习效率下降。这不仅有助于学生更好地理解和掌握学术知识，还能提高他们在考试中的表现。此外，心理健康教育还能帮助学生培养良好的学习习惯，如时间管理、任务优先级设定等，这些都是提升学业成绩的关键因素。心理健康教育可以帮助学生在职业规划中树立清晰的目标，并为实现这些目标制定切实可行的计划。通过心理辅导和职业规划课程，学生能够更好地了解自己的兴趣和优势，这不仅有助于他们选择适合自己的职业方向，还能在求职过程中表现得更加从容和自信。职业规划指导可以帮助学生识别市场需求，调整自身的技能和知识储备，以便更好地适应就业市场的变化。在此过程中，心理健康教育可以提升学生的抗压能力和应对挫折的韧性，这些都是职业成功的重要因素。

随着社会和科技的快速发展，职场环境也在不断变化，面对这些变化，具备良好的心理素质显得尤为重要。心理健康教育可以帮助学生培养应对变革的能力，使他们在面对职业生涯中的不确定性时，能够保持积极的心态，并迅速调整自己的职业发展策略。此外，通过心理健康教育，学生能够更好地处理职场中的人际关系，这对他们的职业发展至关重要。良好的人际关系不仅能够帮助学生更好地融入职场，还能为他们的职业发展创造更多的机会。

二、心理健康教育在高校德育中的作用

（一）提升学生的思想道德素质

心理健康教育帮助学生更深入地认识自我，了解自己的情感和心理状态，从而培养出积极的心理品质。这种自我认知不仅有助于学生在面对各种道德困境时作出正确的选择，还能帮助他们在日常生活中保持良好的心理状态。学生可以学会如何应对压力、调节情绪，从而在道德决策中不受外界影响，保持理性和客观的态度。正是这种积极的心理状态，使学生能够在面对复杂的社会问题时，展现出强烈的责任感和使命感。心理健康教育不仅关注学生的个体成长，还强调社会责任感的培养。学生通过心理健康教育逐渐认识到自身在社会中的角色和责任，从而增强他们对社会道德规范的认同感和遵从度。这种社会责任感体现在学生的日常行为中，他们会更加自觉地遵守学校和社会的行为准则，为社会的和谐与稳定贡献力量。学生能够理解集体荣誉的重要性，增强对他人的关怀和尊重，从而在集体生活中表现出更高的道德素质和团队精神。

一个拥有健康心理的学生，通常具有较强的自尊心和自信心，他们不仅对自己的能力充满信心，还能够积极面对生活中的挑战和挫折。这种自尊和自信的培养，使得学生在处理道德问题时，更加坚定地遵循自己的价值观，不易被外界的负面影响所动摇。学生能够树立正确的自我评价体系，学会如何在纷繁复杂的社会环境中保持自我，从而在道德选择中表现出更高的独立性和判断力。责任感是思想道德素质的重要组成部分，它不仅关系到学生个人的行为规范，还关系到他们对社会和他人的态度。学生逐渐意识到，自己的行为不仅影响到自身的发展，还可能对他人和社会产生深远的影响。这种责任感的培养，使得学生在做出每一个道德决策时，都会慎重考虑其可能带来的后果，从而更加负责任地对待自己的行为。此外，心理健康教育还可以通过实际案例的分析和讨论，帮助学生更好地理解和内化社会道德规范，从而在实际生活中自觉地践行这些规范，成为一个有道德、有担当的社会成员。

（二）促进学生的心理与情感发展

心理健康教育在这一过程中扮演着重要角色，为学生提供了有效的工具和方法，帮助他们更好地理解和管理自己的情绪。通过心理健康课程，学生能够学习如何识别和表达自己的情感，这种能力不仅有助于减轻他们在面对压力时的负面情绪，还能提升他们的情感自我调节能力。这种情绪管理的能力使得学生在遇到挫折或困难时，能够以更积极的态度去面对和解决问题，从而保持心理的健康与平衡。心理健康教育还帮助学生理解他人的情感需求，培养他们的同理心。同理心的培养使学生能够更好地理解和尊重他人的感受，从而在人际交往中表现出更高的情感智商。这种能力不仅在个人关系中表现得尤为重要，还能够在集体生活中发挥关键作用。当学生能够理解他人的情感时，他们在团队合作中就会表现得更加宽容和体谅，从而促进团队成员之间的合作与沟通。这种良好的团队氛围不仅有助于提高集体的工作效率，还能增强学生对团队的归属感和认同感，使他们更好地融入校园生活。

通过心理辅导和相关的教育活动，学生能够学会如何在冲突中保持冷静，并以建设性的方式解决问题。这种解决冲突的能力有助于减少人际关系中的紧张和误解，从而维持和谐的人际关系环境。良好的人际关系不仅能够增强学生的幸福感，还能为他们的心理健康提供坚实的支持基础。此外，心理健康教育还可以帮助学生建立积极的社交网络，这对于他们在未来职场中的发展也是十分有益的。心理健康教育通过情感发展的促进，帮助学生更好地适应和融入校园生活。在大学生活中，学生面临着来自学业、社交和个人生活的多重压力，如何在这些压力下保持心理和情感的平衡，成为他们能否顺利适应大学生活的重要因素。学生能够学会如何在高压环境中调节自己的情绪，从而以更积极的心态面对各种挑战。这种适应能力不仅有助于他们在大学生活中取得成功，还能为他们未来的人生发展奠定坚实的基础。

（三）预防和应对心理危机

当今社会的发展和竞争压力使得大学生面临着前所未有的挑战。学业压力、人际关系的复杂性以及对未来职业发展的不确定性，都可能导致学生产生不同程度的心理问题。这些心理问题如果得不到及时关注和处理，可能会逐步演变为严重的心理危机，进而影响学生的学习和生活。因此，系统的心理健康教育对于及早识别和干预这些问题至关重要。学校能够建立起一套有效的预警机制，帮助教师和辅导员及早发现学生的异常行为和心理状态，从而采取适当的措施进行干预，防止心理问题的恶化。心理健康教育还通过提供心理应对策略，帮助学生更好地管理和应对压力。大学生活中的各种挑战，如学业负担、考试焦虑、社交压力等，都会对学生的心理健康造成影响。心理健康教育课程可以教会学生如何识别压力源，并通过科学的方法进行压力管理，如时间管理技巧、放松训练以及积极的思维方式等。这些策略不仅可以帮助学生缓解当前的心理困扰，还能提高他们的心理弹性，使他们在未来面对类似挑战时，能够更加从容和自信。通过引导学生进行自我反思和情绪调节，心理健康教育能够帮助他们找到内在的心理平衡，从而增强他们应对困难的能力。

心理危机的发生往往与学生缺乏有效的社会支持有关，尤其是当他们感到孤立无援时，问题可能会变得更加严重。心理健康教育通过鼓励学生建立良好的人际关系，积极参与校园活动和社团，从而增强他们的社会支持网络。这种支持不仅可以提供情感上的安慰和帮助，还能在危机发生时提供实际的援助。通过这些社会支持系统，学生在面对困难时可以寻求到有效的帮助，从而降低心理危机的发生率。此外，学校还可以通过心理健康教育平台，提供心理咨询和辅导服务，帮助学生更好地理解和应对他们的心理困扰。许多学生在面对心理问题时，往往因为缺乏相关知识或担心被社会标签化，而选择独自承受或隐瞒问题。这种情况极易导致心理问题的加重，最终演变为难以控制的心理危机。学生可以了解到寻求帮助的重要性，并学会如何有效地表达自己的需求。学校可以通过宣传和教育活动，改变学生对心理问题的看法，消除他们的心理障碍，使他们能够在需要时主动寻求专业的心理帮助。这种教育不仅有助于学生在危机发生时及时得到支持，还可以预防更多潜在的心理问题的出现。

（四）促进学生的全面发展

心理健康教育通过建立健康的心理机制，为学生在学业和生活中的成功奠定了基础。一个具备良好心理素质的学生，能够更有效地应对学术压力、管理时间和保持学习动力，从而在学业上取得更好的成绩。心理健康教育可以教导学生如何应对考试焦虑、如何在面对繁重的学术任务时保持专注，这些技能对于他们的学术成就至关重要。此外，心理健康教育帮助学生培养自信心和自我效能感，使他们在面对学术挑战时能够保持积极的心态，从而提高学习效果和学术表现。学生能够更清楚地认识自己的兴趣、能力和价值观，从而为自己的未来做出更为理性的职业选择。心理健康课程可以帮助学生进行职业兴趣测试和职业生涯规划，提供个性化的职业建议，使学生能够在未来的职业道路上走得更加稳健。同时，心理健康教育也注重培养学生的情感管理和人际交往能力，这些软技能在职业生涯中尤为重要。通过提高学生的情商和沟通能力，心理健康教育为他们未来的职场成功打下了坚实的基础。

大学阶段是学生从校园生活向社会生活过渡的关键时期，他们需要面对新的社会环境和人际关系挑战。心理健康教育通过教授应对变化和处理冲突的技巧，帮助学生更好地适应社会的复杂性。心理健康教育可以教导学生如何在陌生的环境中建立新的社交网络，如何在面对文化差异时保持开放的心态，这些技能对于他们未来融入社会至关重要。通过这些心理支持，学生不仅能够更好地适应校园生活，还能为未来的社会生活做好充分准备，从而在社会中发挥积极作用。德育不仅仅是关于道德和思想的教育，还应涵盖学生的身心健康和社会责任感。心理健康教育通过帮助学生建立积极的生活方式和健康的生活习惯，增强他们的身体素质和心理韧性，从而实现德智体美劳的全面发展。心理健康教育可以通过体育活动和团队建设活动，增强学生的身体健康和团队合作精神，同时还可以通过艺术疗法和创造性活动，丰富他们的审美体验和创新能力。通过这种全方位的教育，心理健康教育不仅关注学生的学术和职业发展，还关注他们的身心健康和社会适应能力，从而全面促进学生的成长和发展。

第二节　心理健康教育与高校德育协同育人的实施路径

一、建立系统化的心理健康教育课程体系

要实现心理健康教育与高校德育的协同育人，建立系统化的心理健康教育课程体系是至关重要的第一步。这一课程体系应当针对学生在不同成长阶段的心理需求进行设计和实施。大学生在不同年级会面临不同的心理挑战，例如新生在适应大学生活时可能会经历较大的心理压力，而高年级学生则可能更关注未来的职业规划。因此，心理健康教育课程应当根据学生的成长阶段进行内容的分层设计，从基础的心理健康知识入手，逐步深入到情感管理技巧以及职业规划中的心理支持等内容。通过这种系统化的课程安排，能够确保学生在每一个阶段都能得到适时、有效的心理健康教育。心理健康教育课程的内容应当丰富且具有针对性。基础的心理健康知识是整个课程体系的基石，这些内容应当包括心理健康的基本概念、常见心理问题的识别和应对方法等。此外，情感管理技巧也是心理健康教育的重要组成部分，课程应当教导学生如何有效地管理和表达情绪，如如何处理压力、焦虑以及如何应对挫折等。这些技能对于学生的日常生活和学习至关重要，不仅能够帮助他们更好地适应大学生活，还能提高他们在面对挑战时的心理弹性。职业规划中的心理支持也是不容忽视的一个方面，课程应当帮助学生在职业选择过程中进行自我认知，学会处理职业选择中的不确定性和焦虑感，从而为未来的职业发展奠定心理基础。

将心理健康教育纳入学校的必修课程或选修课程，是确保这一体系得以顺利实施的关键措施。心理健康教育作为必修课程可以确保所有学生都能系统地接受这一教育，从而在德育过程中发挥更大的协同作用。对于那些已经具有一定心理健康知识的学生，可以通过选修课程的形式进行更深入学习，提升他们在心理健康方面的自我管理能力。无论是必修课程还是选修课程，学校都应当确保课程的质量和教学效果，通过定期的评估和反馈机制不断优化课程内容和教学方法，确保心理健康教育能够真正帮助学生。心理健康教育不仅

仅是关于个人心理状态的教育，更应当与德育教育中的道德教育、价值观引导等内容相互融合。在教授情感管理技巧时，可以结合德育课程中的人际关系处理和团队合作精神的培养，使学生在学习情感管理的同时，增强其社会责任感和道德意识。这种融合不仅有助于学生的全面发展，还能提升心理健康教育的实效性，使其在学生的日常生活和学习中发挥更大的作用。

建立一个系统化的心理健康教育课程体系，还需要考虑课程的可持续性和长期效应。心理健康教育不应仅仅局限于短期的课程学习，而应当通过持续的课程设计和实施，逐步内化为学生的心理素质和行为习惯。为此，学校可以在每学期的教学计划中安排定期的心理健康教育课程，或者通过心理健康主题的活动和讲座，持续强化学生的心理健康意识和技能。这种长期的教育和引导，能够帮助学生在毕业后依然保持良好的心理状态，为他们的职业生涯和生活质量提供有力保障。

二、加强心理健康教育与德育的教师队伍建设

高校应当为德育教师和心理健康教育教师提供专业的培训机会。这些培训应当涵盖心理健康教育的核心理论、实践方法以及最新的研究进展，以确保教师们能够在教学中应用科学的方法指导学生的心理健康发展。这不仅有助于提高教师们的专业素养，还能增强他们在实际教学中的应对能力。教师在面对学生心理问题时，能够运用所学的技巧进行有效干预，帮助学生渡过难关。这种专业培训，不仅是提升教师个人能力的途径，也是保障心理健康教育质量的基础。心理健康教育和德育本质上是两个相互关联的领域，通过跨学科团队的合作，可以促进两者之间的有效整合。高校可以组建由心理学、教育学、社会学等不同学科背景的教师组成的团队，共同设计和实施教育方案。这种跨学科合作，不仅可以丰富课程内容，还能为学生提供更全面的心理支持和德育指导。跨学科团队的建立，有助于教师们分享各自领域的专业知识和经验，从而在教学过程中形成一个有机的整体，使心理健康教育与德育能够相互补充，协同发展。

高校还应当建立机制，促进心理健康教育与德育教师之间的日常交流与合作。通过定期的教学研讨会、工作坊或教师交流会，教师们可以分享在教学过程中遇到的挑战与成功经验，从而共同提高教育质量。这种机制不仅有助于解决教师在实施心理健康教育和德育时遇到的问题，还能为教师提供一个相互学习和支持的平台。德育教师可以从心理健康教育教师那里学习到如何识别学生的心理需求，进而在德育课程中更加关注学生的心理发展。反之，心理健康教育教师也可以通过与德育教师的合作，更好地理解学生的道德和价值观，从而在心理辅导中提供更有针对性指导。教师在承担心理健康教育和德育工作时，常常会面临巨大的压力和挑战，尤其是在处理学生的复杂心理问题时。因此，高校应当为教师提供必要的心理支持和资源，例如设立教师心理辅导中心，提供心理健康讲座或减压活动，

帮助教师保持良好的心理状态。一个心理健康的教师队伍，不仅能够更有效地进行教学，还能够以自身为榜样，影响学生的心理健康发展。这种对教师的支持，不仅仅是关心教师的个人福祉，更是保障心理健康教育与德育工作顺利开展的重要措施。

高校应当定期对心理健康教育与德育教师的培训效果进行评估，收集教师的反馈意见，并根据评估结果调整培训内容和方式。通过这种持续的改进，确保教师们始终处于教育发展的前沿，能够为学生提供最优质的教育服务。这种评估机制，不仅能够帮助高校发现教师队伍建设中的问题，还能为未来的教育改革提供参考数据和实践经验。

三、构建多元化的心理支持服务体系

为了有效实施心理健康教育与高校德育的协同育人，构建多元化的心理支持服务体系是一个必不可少的环节。设立心理咨询中心是构建这一体系的基础设施。心理咨询中心应当配备专业的心理咨询师，能够为学生提供一对一的心理辅导和支持。学生在面对学业压力、人际关系问题或其他心理困扰时，可以通过心理咨询中心获得及时和专业的帮助。心理咨询师不仅能够帮助学生分析和解决当前的心理问题，还能为他们提供长远的心理健康建议，帮助他们在未来的学习和生活中保持良好的心理状态。此外，心理咨询中心还可以定期开展心理健康测评，帮助学生了解自己的心理状况，从而在早期发现和预防可能出现的心理问题。心理辅导课程可以涵盖广泛的内容，如情绪管理、压力应对、时间管理、人际关系技巧等。这些课程不仅提供了理论知识，还通过实践活动帮助学生将所学内容应用于日常生活中。课程可以通过角色扮演、案例分析等方式，模拟现实生活中的心理挑战，使学生在课堂上获得实际的应对经验。这种课程设置不仅能够提升学生的心理素质，还能够增强他们在德育教育中对道德和价值观的理解和实践能力。通过这些课程，学生不仅能够更好地应对个人生活中的心理挑战，还能够在集体生活中展现出更高的合作精神和责任感。

讲座和活动可以邀请心理学专家、职业顾问或成功的校友，分享他们在心理健康、职业发展和个人成长方面的经验与建议。这些讲座和活动不仅为学生提供了获取心理健康知识的机会，还通过互动环节鼓励学生提出自己的问题，寻求具体的建议和帮助。此外，学校还可以通过开展心理健康主题的工作坊和社团活动，进一步强化学生对心理健康的重视与实践。通过组织团体心理辅导活动，学生可以在集体中分享各自的心理体验，学会在支持他人和获得支持的过程中，增强自己的心理韧性和社交技能。多元化的心理支持服务体系还应当注重线上与线下资源的结合。现代技术的发展为心理健康教育提供了更多的途径和工具。学校可以通过建立心理健康教育网站或应用程序，向学生提供在线心理测试、心理健康知识库以及虚拟心理辅导等服务。这些线上资源不仅方便学生随时随地获取支持，还能在紧急情况下为学生提供及时的心理援助。结合线下的心理咨询和辅导课程，这种线上与线下资源的整合，可以为学生提供全方位的心理支持，确保他们在任何时候都能够获得所需的帮助。

构建多元化的心理支持服务体系还需要学校的管理层和教师团队的密切合作。学校管理层应当为心理支持服务提供必要的资源和政策支持，如设立专项资金、制定心理健康服务规范等。同时，教师团队应当积极参与到心理支持服务体系的构建和实施中，通过与心理咨询师的合作，共同为学生提供全面的心理支持。教师可以在日常教学中关注学生的心理动态，及时将有需要的学生推荐到心理咨询中心，或者在心理辅导课程中担任辅导员角色，为学生提供更多的心理支持。

四、加强学生心理健康教育的实践与体验

理论学习固然为学生提供了必要的心理健康知识，但仅凭这些知识并不足以应对现实生活中的复杂挑战。因此，高校应当通过丰富多样的实践活动，帮助学生将所学的理论应用到实际中去，从而巩固和深化他们的心理素质。组织心理健康相关的课外活动是一个有效的途径。这些活动可以包括心理剧、情感工作坊、压力管理训练营等，通过模拟和演练，学生能够在安全的环境中探索和解决自己的心理问题。这不仅能增强他们的心理韧性，还能使他们在面对真实的挑战时更加从容和自信。心理素质拓展训练也是提高学生心理素质的重要方式。这类训练通常通过团队合作、挑战自我等形式，帮助学生在实际操作中体验和掌握心理健康的核心技能。通过高空挑战、密室逃脱等活动，学生能够在一定的压力和挑战下，学会如何控制自己的情绪、如何在紧张环境中保持冷静，以及如何与他人有效合作。这种体验式学习，不仅能提升学生的心理素质，还能强化他们的团队合作精神和社会责任感，使他们在今后的生活和职业发展中能够更加自信地面对各种挑战。

通过参与社会服务、志愿者活动或社区项目，学生可以在真实的社会环境中应用和检验他们的心理健康知识和技能。通过参与老年人服务、儿童关爱等项目，学生可以学会如何与不同背景的人群沟通，如何在复杂的社会环境中保持积极的心理状态。这种社会实践不仅能提升学生的心理素质，还能增强他们的社会责任感，使他们在德育教育中更好地理解和践行社会道德和价值观念。心理健康教育的实践与体验不仅限于课外活动和社会实践，还可以融入日常的学习生活中。高校可以通过在课程设置中引入体验式学习元素，如案例分析、情景模拟等，使学生在学习过程中就能够直接应用心理健康知识。这种教学方法不仅能使理论学习变得更加生动有趣，还能帮助学生在课堂上就获得实际的心理应对技巧。此外，学校还可以通过定期组织心理健康主题的竞赛或挑战，如“心理健康知识竞赛”或“校园心理素质挑战赛”，激励学生主动参与到心理健康教育中来。这种结合学习与实践的方式，能够使心理健康教育更加深入人心，帮助学生在潜移默化中提升自己的心理素质。

加强学生心理健康教育的实践与体验，还需要学校和教师的积极支持与引导。学校应

当为这些活动提供充足的资源和政策保障，如设立专项资金、提供专业指导等。教师则可以在活动中担任指导者或辅导员，帮助学生更好地理解和应用所学知识。同时，学校应当鼓励学生自主组织和参与各种心理健康实践活动，通过赋予学生更多的自主权和参与感，进一步增强他们的积极性和责任感。这种全校范围内的支持与引导，不仅能确保心理健康教育实践活动的顺利开展，还能为学生提供一个安全、开放的学习和体验环境，使他们能够在其中自由探索和成长。

五、建立心理健康教育与德育的评价与反馈机制

定期评估心理健康教育和德育的实施情况是评价机制的核心部分。这一过程可以通过问卷调查、访谈、课堂观察等多种方式进行，以全面了解学生在接受教育后的心理状态、学习效果以及他们对教育内容的理解和应用能力。这种定期评估不仅有助于学校掌握心理健康教育和德育的实际效果，还可以为教育内容的优化提供数据支持。通过对评估结果的深入分析，学校能够发现当前教育内容和方法中存在的不足之处，从而及时进行调整和改进，确保教育目标的实现。学生作为教育的直接受众，其反馈意见对优化心理健康教育和德育内容具有重要参考价值。学校可以通过设立意见箱、定期组织座谈会或开展匿名调查等方式，鼓励学生提出他们在学习过程中的真实感受和建议。通过收集这些反馈，学校可以了解学生的需求和期待，从而更好地调整教育内容和教学方法。如果多数学生反馈某一课程内容难以理解或不符合他们的实际需求，学校就可以据此进行课程的改编或增加相关的辅导环节，以提高教育的有效性和针对性。反馈机制不仅增强了学生的参与感和积极性，还使学校能够在教育过程中更加灵活和及时地做出调整。

评价与反馈机制的有效性还依赖于学校对评估结果的实际应用。仅仅进行评估和收集反馈是不够的，关键在于如何利用这些信息进行教育的持续改进。学校应当建立一个有效的反馈循环机制，将评估和反馈结果与教育实践紧密结合起来。具体而言，学校可以根据评估结果制定改进计划，明确需要改进的方面，并在下一阶段的教育实施中重点关注这些方面的优化。同时，学校管理层应当对教育改进过程进行监督和指导，确保每一个改进措施都能够得到落实，并定期检查其效果。除了学生的反馈，高校还应邀请教师、家长以及教育专家参与到评价过程中，以获得更全面的视角和意见。教师可以通过教学反思和经验交流，提供他们对教育效果的观察和建议；家长则可以从家庭教育的角度，反馈他们对子女心理健康和道德发展的看法；而教育专家则可以通过专业评估，提供更加科学和系统的改进建议。这种多方参与的评价方式，能够确保教育评价的全面性和客观性，从而为心理健康教育和德育的改进提供更为可靠的依据。

建立透明且公开的评价与反馈机制，有助于提高学校在心理健康教育和德育中的公信力和透明度。学校可以通过定期发布教育评估报告或举行公开教育论坛的方式，将评估结

果和改进措施向全校师生和家长公开，以增强教育过程的透明度。这不仅能够提高全校对心理健康教育与德育的重视程度，还可以使全体参与者了解教育改进的方向和成效，进一步增强他们的信任感和合作意识。这种透明的评价与反馈机制，不仅是提高教育质量的有效手段，也是构建和谐校园文化的重要途径。

第三节　心理健康教育与高校德育协同育人的持续改进

一、建立动态反馈机制

（一）定期收集反馈意见

为了确保心理健康教育与德育协同育人的有效性，学校应定期收集学生、教师和家长的反馈意见。这可以通过多种方式实现，如设置意见箱、发放问卷调查以及进行一对一访谈等。定期收集的反馈意见可以为学校提供第一手资料，了解各方对当前教育内容和方法的看法。通过这些反馈，学校可以识别出教育过程中存在的问题和不足之处，从而为进一步的调整和改进提供依据。

（二）结合评估结果进行调整和优化

收集到的反馈意见应与学校的教育评估结果相结合，形成一个全面的评价体系。教育评估可以包括课堂观察、考试成绩分析、心理健康状况测评等多方面的内容。通过将反馈意见与评估数据结合，学校能够更全面地了解当前教育实践的效果，并基于这些数据做出科学的决策。优化和调整教育内容和方法时，学校可以有针对性地进行改进，确保新的教育策略能够更好地满足学生和教师的需求，提升整体教育质量。

（三）确保意见反馈的及时反映和实施

动态反馈机制的核心在于其反馈的及时性和有效性。学校应当通过定期组织座谈会、召开反馈会议等方式，及时将收集到的意见反馈到教育实践中。这样不仅可以确保各方的意见得到重视和回应，还能在教育实践中迅速调整，以适应学生的实际需求。针对某一阶段出现的普遍心理问题，学校可以迅速调整心理健康教育的重点内容，并在课堂中加强相关的教育与辅导。通过这种及时反映和实施，动态反馈机制能够真正发挥其改进教育质量的作用，为心理健康教育与德育的协同育人提供强有力的支持。

二、加强教师培训与发展

（一）定期提供专业培训与发展机会

学校应当定期为教师提供专业培训和发展机会，这是确保教师能够紧跟教育发展趋势的重要措施。培训内容应涵盖最新的心理健康教育理论、德育方法以及现代教学技术等，确保教师能够掌握前沿的教育理念和实践技巧。通过引入心理学和教育学领域的专家，为教师提供专题讲座和工作坊，使他们能够深入了解学生心理特点及其对教学的影响。通过持续的专业发展，教师们能够更好地适应教育环境的变化，从而在教学中有效地整合心理健康教育与德育内容。

（二）组织研讨会和教学交流活动

组织定期的研讨会和教学交流活动，可以为教师们提供一个分享经验和互相学习的平台。教师可以探讨教学中的挑战与机遇，分享各自在心理健康教育和德育中的成功案例和创新实践。通过这种合作与交流，教师们能够获得新的教学思路和方法，进一步提高教学效果。此外，交流活动还可以促进跨学科教师之间的合作，使心理健康教育与德育能够更有机地结合在一起，从而实现协同育人的目标。

（三）鼓励教学反思与创新

学校应积极鼓励教师进行教学反思与创新，这是推动教育质量不断提升的关键因素。教师可以通过反思课堂教学的效果，发现问题并提出改进措施。同时，学校可以为教师提供支持，鼓励他们在教学中进行创新尝试，如引入新的教学模式、方法或工具，探索更适合学生的教育策略。通过这样的创新实践，教师不仅能够提升自身的专业素养，还能为心理健康教育与德育提供新的思路和路径，进一步提高整体教育质量。

三、优化课程内容与结构

（一）根据评估结果和反馈意见进行课程更新

学校应当定期审查心理健康教育与德育课程的有效性，并根据学生的反馈意见和评估结果，对课程内容进行更新和调整。这一过程可以帮助学校及时发现课程中的不足之处，并根据实际需求进行改进。如果评估结果显示学生在某些心理问题上存在普遍困扰，学校可以增加相关专题课程，帮助学生更好地理解和应对这些问题。通过不断更新课程内容，学校能够确保教育的科学性和实效性，满足学生的多样化需求。

（二）结合实际案例进行教学

为了增强学生的学习体验和应用能力，学校可以在课程中引入实际案例教学法。这种教学方式不仅能够使课程内容更加生动和具体，还能帮助学生将所学知识应用到实际生活中。通过分析真实的心理健康案例或道德困境，学生可以更深入地理解课程内容，并学会如何在日常生活中做出合理的决策。这种以实际案例为基础的教学方法，不仅能提高学生的参与度，还能增强他们的批判性思维和问题解决能力，从而达到更好的教育效果。

（三）设计连贯性和系统性强的课程结构

心理健康教育与德育的课程结构设计应注重连贯性和系统性，确保各部分内容能够有机融合，形成完整的教育体系。学校应考虑如何将心理健康教育与德育内容合理安排在不同的学习阶段，使学生能够在各个成长阶段都接受适合的教育。可以在低年级阶段重点讲授基础的心理健康知识和道德规范，然后逐步引导学生进入更深层次的心理素质培养和价值观教育。通过这种连贯且系统的课程设计，心理健康教育与德育能够相互支持。

四、推进多元化教育模式

（一）结合线上与线下教育资源，采用混合式教学

为了实现心理健康教育与德育的全面覆盖，学校可以结合线上与线下教育资源，采用混合式教学方法。线上资源如在线课程、应用程序和数字图书馆，可以为学生提供灵活的学习方式，使他们能够根据自己的时间和节奏进行学习。这种线上线下相结合的混合式教学模式，不仅提高了教育的覆盖面，还增加了学习的灵活性，满足了不同学生的需求，确保教育内容能够更广泛地传递。

（二）开发心理健康教育的在线课程和应用程序

开发专门的在线课程和应用程序，是推进多元化教育模式的重要举措。这些在线资源可以涵盖心理健康教育的各个方面，如压力管理、情绪调节、时间管理等，学生可以随时随地访问并进行学习。此外，应用程序可以设计为互动性强的学习工具，提供自我评估、心理测试和实时反馈，帮助学生了解自己的心理状态并获得相应的建议。通过这些在线资源，学生不仅可以在日常学习中获得支持，还能够在需要时快速获取心理健康方面的帮助，从而更好地掌握心理健康教育的内容。

（三）组织丰富多样的课外活动和社会实践项目

除了课堂教学外，学校还应组织丰富多样的课外活动和社会实践项目，以增强学生的心理素质和社会责任感。这些活动可以包括心理健康主题的讲座、工作坊、心理素质拓展训练营以及志愿者服务等。学生可以将理论知识应用到实际生活中，进一步巩固和深化所学内容。参与社区服务或环保项目，学生不仅能够提高自己的社会责任感，还能在实际行动中锻炼心理韧性和合作能力。通过多样化的课外实践，学校能够为学生提供更全面的成

长环境，促进心理健康教育与德育的协同发展。

五、加强跨学科合作与研究

（一）鼓励跨学科教师和研究人员的联合研究

为了实现心理健康教育与德育的协同育人，学校应鼓励来自心理学、教育学、社会学等相关学科的教师和研究人员开展联合研究。这种跨学科合作可以将不同领域的专业知识和视角整合起来，共同探讨和解决教育中的实际问题。心理学家可以提供关于学生心理发展和行为模式的深入理解，教育学家则可以设计更有效的教学方法，而社会学家则可以分析社会环境对学生心理和道德发展的影响。通过联合研究，各学科之间的协同效应可以显著提高心理健康教育与德育的科学性和实效性，为教育实践提供更加全面的指导。

（二）整合专业知识，为教育提供科学指导

跨学科合作不仅仅是联合研究的产物，更应体现在实际教学和教育管理中。学校应当建立机制，使不同学科的教师和研究人员能够定期交流和分享他们的研究成果和教学经验。通过这种知识整合，教师们可以更好地理解学生的需求，设计出更符合实际的教育内容和方法。社会学研究的成果可以帮助德育教师了解学生在不同社会背景下的行为特征；而心理学研究的发现可以为心理健康教育提供科学依据，使课程设计更加贴近学生的心理需求。整合多学科的专业知识，可以为学校的心理健康教育与德育提供更加科学的指导，提升教育的整体质量。

（三）与外部教育机构和科研单位建立合作关系

除了校内的跨学科合作，学校还应积极与其他教育机构和科研单位建立合作关系。这种合作可以包括共同开发课程、举办学术研讨会、开展联合研究项目等，通过交流和借鉴先进的教育理念和方法，推动教育的持续改进和发展。与心理健康研究机构的合作，可以为学校引入前沿的心理干预技术和方法；与其他高校的合作，可以分享德育教育的成功经验，优化自己的教育实践。通过建立这些合作关系，学校能够在更广泛的教育网络中获取资源和支持，从而不断提升心理健康教育与德育的协同育人成效。

第十章 “三全育人”视域下大学生就业观引导与高校德育协同育人模式构建

第一节 大学生就业观现状、问题与成因

一、大学生就业观现状

（一）趋向多元化的就业选择

当前大学生的就业观念呈现出多元化趋势。越来越多的大学生在职业选择上不再局限于传统的“稳定”职业，如公务员和国企，而是更愿意探索新兴行业、自主创业或者自由职业。这种多元化的选择反映了大学生在职业规划中对自我实现和个人兴趣的重视，期望通过多样化的职业路径实现个人价值和社会贡献。

（二）注重职业稳定性与福利待遇

尽管就业选择趋于多元化，大学生仍然高度重视职业的稳定性与福利待遇。许多大学生在选择工作时，依然优先考虑工作稳定性、收入水平和福利保障等因素。公务员、国企以及大型企业仍然吸引着不少学生，这些职业被认为能够提供长期的经济保障和清晰的职业发展路径。

（三）关注职业成长与发展空间

大学生在就业观上越来越注重职业成长和发展空间。除了关注初始薪资，许多大学生更看重工作中的学习机会、培训资源以及未来的晋升渠道。他们期望通过持续的职业发展，不断提升自己的专业技能和综合素质，以在职场中保持竞争力。

（四）面临就业市场竞争压力

由于大学毕业生人数的增加和就业市场的饱和，大学生面临的就业竞争压力日益加大。许多大学生在毕业时发现难以找到与专业对口或符合自身期望的工作，部分学生因此选择继续深造以提高就业竞争力。就业市场的激烈竞争促使大学生在职业选择上更加谨慎

和务实，注重实际就业机会的把握。

（五）职业价值观的变化

现代大学生的就业观念中，职业价值观的变化也不容忽视。与以往相比，许多大学生更加重视工作的社会意义和个人生活的平衡。越来越多的学生在选择职业时，会考虑工作是否符合自己的价值观，是否能够实现工作与生活的平衡。社会责任感、环保意识和可持续发展等因素在职业选择中的影响力逐渐上升，反映出新一代大学生对职业和生活的新期待。

二、大学生就业观问题

（一）职业期望与现实脱节

许多大学生在就业过程中表现出职业期望与现实脱节的情况。由于在校期间接触的信息和教育引导，一些大学生对未来的职业生涯抱有过高期望，例如过度看重高薪、高福利和快速晋升的机会。然而，进入职场后，面对现实的竞争和工作压力，他们往往感到落差较大，导致工作满意度低下，甚至频繁跳槽。这种脱节不仅影响学生的职业发展，还可能导致心理压力和职业倦怠。

（二）对自主创业的盲目乐观

在鼓励创新创业的社会氛围下，越来越多的大学生选择自主创业。然而，部分学生对创业的复杂性和风险认识不足，缺乏系统的商业知识和实践经验，容易陷入盲目乐观的陷阱。创业初期的挑战、市场的不确定性和资金不足等问题，常常使这些年轻创业者面临失败的风险。过度乐观的创业观念可能导致时间和资源的浪费，甚至影响个人职业发展的长远规划。

（三）就业选择的盲目跟风

大学生在就业选择上有时表现出盲目跟风的现象，尤其是在面对热门行业或“高薪”岗位时。受社会舆论、同辈压力和媒体宣传的影响，部分学生在未充分了解行业特性和自身兴趣的情况下，选择进入一些表面光鲜但实际上不适合自己的行业或岗位。这种跟风行为往往导致就业后的不适应，甚至影响到职业生涯的稳定性和持续发展。

（四）过于看重学历和名校背景

在就业观念中，部分大学生过于看重学历和名校背景，认为这些因素是获得理想工作的唯一途径。这种观念使得学生在求职过程中忽视了实际工作能力、经验积累和软技能的培养，导致在面对实际工作要求时表现出技能不足或适应能力差。过度依赖学历的观念，不仅限制了学生对职业选择的多样性理解，还可能导致就业市场上学历贬值和过度竞争的现象。

（五）缺乏长远职业规划

很多大学生在求职时缺乏长远的职业规划，常常只关注眼前的就业机会，而忽略了职业发展的整体方向和长期目标。这种短视的就业观念，导致他们在工作中难以坚持，频繁更换工作岗位，进而影响职业的积累和发展。缺乏系统的职业规划不仅使学生在职业道路上迷失方向，还可能浪费时间和资源，影响他们在职场上的长期竞争力。

三、大学生就业观成因

（一）社会环境的影响

大学生就业观的形成深受社会环境的影响。在一个快速变化的社会中，市场经济的发展、就业形势的变化以及社会舆论的导向都对大学生的就业观念产生了重要影响。社会对成功的定义、热门行业的推崇以及对高薪职位的追捧，使得许多大学生在求职过程中倾向于追求社会认可度高的职业，而忽视了自身的兴趣和职业适应性。这种社会环境的影响，使得大学生在就业选择时更容易受到外界因素的左右。

（二）家庭背景的作用

家庭背景也是影响大学生就业观的重要因素。家长的教育观念、职业经历以及对孩子的期望都会对学生的就业观念产生直接影响。传统家庭往往更加注重职业的稳定性和社会地位，因此可能会引导子女选择公务员、医生、律师等传统职业。此外，家庭经济状况也在一定程度上决定了学生对职业风险的接受度，例如经济条件较好的家庭可能更支持子女自主创业，而经济状况一般的家庭则可能更倾向于子女选择稳定的工作。

（三）教育体制的影响

教育体制和学校的培养模式对大学生就业观的形成具有深远影响。在当前的教育体系中，成绩导向和学历崇拜的倾向使得许多学生在职业选择上更加注重学历背景和名校效应，忽视了实践能力和综合素质的培养。同时，学校对职业发展的指导和教育不足，导致学生在职业规划和实际就业中常常缺乏系统性和目标感。这种教育体制下的导向，使得大学生在就业过程中容易出现短视和盲从的现象。

（四）个人性格与兴趣的作用

大学生的就业观念还受到个人性格和兴趣的影响。性格外向、自信的学生可能更倾向于选择需要挑战和冒险精神的职业，如创业或市场营销；而性格内向、稳重的学生则可能偏好稳定、安全的职业，如行政管理或会计。个人兴趣在就业观念中的作用也不可忽视，兴趣使学生在职业选择时更倾向于选择自己热爱的领域，从而影响他们的职业发展方向和就业决策。

（五）同辈群体的影响

同辈群体在大学生就业观的形成中起着不可忽视的作用。大学生在校期间与同学、朋友的交流互动，对他们的职业选择和就业观念产生了直接影响。在同辈压力下，学生可能会选择与群体中多数人一致的职业方向或追随群体中的“成功”模式，而忽略了自身的特点和实际需求。同辈群体的影响力，往往会使学生在就业选择上出现跟风现象，导致他们在就业观念上趋同化。

第二节 “三全育人”视域下的大学生就业观引导与高校德育协同育人

一、“三全育人”的内涵

“三全育人”即全员、全方位、全过程育人，是一种系统化的教育理念，强调在教育过程中全体教职员工的参与、全面覆盖学生的各个方面以及贯穿学生成长发展的全过程。

二、“三全育人”视域下的大学生就业观引导与高校德育协同育人策略

（一）整合育人资源，构建多维度就业指导体系

高校在培养学生就业能力和提升市场竞争力的过程中，应当充分整合校内外的教育资源，构建一个全方位的就业指导体系。通过系统化的职业规划课程，学生能够清晰地了解自己的职业兴趣、能力和发展方向。高校可以邀请行业专家和职业导师为学生提供一对一的职业规划咨询，帮助他们制定明确的职业发展目标。此外，定期举办职业规划讲座和研讨会，邀请成功校友和企业代表分享他们的职业经历和成功经验，为学生提供有价值的参考和指导。学生可以更好地了解职场动态，做好职业生涯的长远规划。高校应根据不同行业的需求，为学生提供定制化的技能培训课程。这些课程可以涵盖简历撰写、面试技巧、沟通能力、团队合作等多个方面，帮助学生全面提升职场必备技能。同时，高校可以共同设计和实施实战型培训课程，让学生在真实的工作环境中锻炼自己的能力。此外，还可以通过模拟面试、职业测评等形式，让学生提前体验求职过程，积累实战经验，增强自信心和应变能力。

通过实习，学生能够将理论知识与实际工作结合起来，提升实践能力和职业素养。高

校可以建立长期稳定的校企合作关系，为学生提供丰富的实习机会。与此同时，还应加强实习过程中的指导和评估，确保学生在实习中能够真正学到有用的技能和经验。实习不仅能够帮助学生更好地理解行业需求，也有助于他们在毕业后顺利过渡到正式工作中。高校可以建立校友数据库，定期邀请优秀校友回校分享他们的职业发展经验和心得。通过搭建校友与在校学生的互动平台，学生不仅能够从校友的成功案例中汲取经验，还可以通过校友推荐获得实习和就业机会。高校可以组织校友分享会、职业沙龙等活动，促进校友与学生之间的交流和互动，进一步拓宽生的职业视野。

（二）德育教育贯穿就业指导全过程

在“三全育人”的框架下，高校有责任将德育教育融入就业指导的各个环节。学生不仅能够获得职业技能和知识的培养，还能够在就业选择中具备正确的职业价值观和社会责任感。德育教育的贯穿，能够确保学生在面对复杂多变的就业环境时，保持职业道德的底线和诚信的原则，这对于他们未来的职业生涯至关重要。高校应当有意识地将德育内容融入职业课程中。在教授专业知识和技能的同时，教师可以通过案例分析、讨论和反思等教学方法，引导学生思考职业道德和社会责任的重要性。在商业管理课程中，可以探讨企业社会责任的案例；在法律课程中，可以讨论职业伦理的挑战。通过这些实际案例，学生可以更深刻地理解德育教育在职业生涯中的作用，并将其内化为个人的职业信念。

校园文化活动是德育教育的重要载体，高校应充分利用这一渠道，深化学生的职业道德教育。通过举办各类主题讲座、职业道德论坛、社会责任演讲比赛等活动，学生可以在轻松的氛围中接受德育教育。此外，组织学生参与公益活动和志愿服务也是培养职业道德的重要途径。高校可以通过与企业、社区和非营利组织的合作，安排学生参与社会实践项目。在这些项目中，学生不仅可以锻炼自己的专业技能，还可以通过实际工作环境中的挑战，体会到职业道德和社会责任的重要性。特别是在实践过程中，导师和企业的指导可以帮助学生反思和总结实践中的德育体验，将理论知识转化为实际的职业行为准则。

高校就业指导部门应在为学生提供求职信息和职业规划建议的同时，着重强调职业道德和社会责任。通过一对一咨询、职业道德讲座和案例分析等方式，帮助学生树立正确的就业观念。可以在就业指导过程中，分析不同行业的职业伦理要求，帮助学生理解如何在复杂的职业环境中坚持道德底线。此外，还可以通过模拟面试和职业道德测试，帮助学生在就业过程中提高道德判断力和应对能力。

（三）加强校企合作，提供多样化就业机会

在当前就业形势日益严峻的背景下，高校应当积极寻求与企业的合作，以便为学生提供更多样化的就业机会和实践平台。通过建立长期稳定的校企合作关系，学生不仅能够更深入地了解行业动态，还可以直接接触到企业的实际需求，从而更好地将课堂所学与现实

工作结合起来。这种合作模式，不仅能够增强学生的就业竞争力，还能为他们未来的职业生涯奠定坚实的基础。在校企合作框架下，学生有机会通过实习、企业参观和项目合作等方式，直接参与企业的实际运作。这些实践经验不仅能够帮助学生了解行业的运作模式，还可以让他们在真实的工作环境中锻炼自己的专业技能和解决问题的能力。学生可以更早地适应职场节奏，积累宝贵的工作经验，为毕业后的就业奠定坚实的基础。

校企合作还可以为学生提供多样化的就业机会。企业在与高校的合作中，往往会通过实习项目和校园招聘等方式，提前发现和培养优秀的人才。这不仅为学生提供了更多的就业渠道，还为他们提供了展示自己能力的舞台。通过这种直接的就业机会，学生可以根据自身的专业背景和职业兴趣，选择适合自己的职业方向，从而提高就业的精准度和满意度。高校邀请企业专家参与课程设计和教学，可以有效提升课程的实用性和前沿性。在企业专家的参与下，课程内容可以更加贴近行业需求，使学生所学的知识和技能能够与实际工作需求无缝衔接。此外，企业专家还可以通过讲座、工作坊和案例教学等形式，分享行业前沿信息和职业经验，帮助学生更好地理解和掌握行业动态。这不仅有助于学生的专业学习，也为他们未来的职业发展提供了宝贵的指导。

长期稳定的校企合作关系还有助于高校不断优化其人才培养方案。通过定期与企业沟通，高校可以及时了解企业对人才的需求变化，从而调整和改进课程设置和教学内容。与此同时，企业也可以通过与高校的合作，定向培养符合自身发展需求的专业人才，实现校企之间的双赢。合作模式不仅有助于提升高校的办学质量，还能增强企业的人才储备，促进双方的共同发展。

（四）个性化就业指导，关注学生多样化需求

在当今复杂多变的就业环境中，高校需要更加注重学生的个性化需求，以提供更加精准和有效的就业指导。为此，高校可以通过多种方式深入了解每个学生的职业兴趣、能力和价值观，从而帮助他们制定个性化的职业发展规划。这种个性化的指导不仅有助于学生更好地找到适合自己的职业方向，还能够增强他们的就业竞争力，使其在激烈的职场竞争中脱颖而出。高校应当建立完善的就业辅导体系，通过就业辅导员的专业支持，为学生提供一对一的个性化就业指导。就业辅导员可以根据学生的学业表现、个人兴趣和职业目标，为其量身定制职业发展规划。通过与学生的深入交流，辅导员可以帮助他们识别自己的优势和劣势，明确职业方向，并为他们提供相关的就业信息和资源。此外，就业辅导员还可以帮助学生准备求职材料，如简历和求职信，并进行模拟面试，以提升学生的面试技巧和自信心。

通过科学的职业测评方法，高校可以帮助学生更加清晰地认识自己的职业兴趣、能力倾向和个性特质。这些测评结果可以为学生的职业选择提供科学依据，帮助他们避免盲目选择职业方向。在职业测评的基础上，高校可以为学生提供个性化的职业发展建议，并为其推荐适合的就业机会和发展路径。这样的测评和指导，不仅能够增强学生对职业选择的信心，还可以帮助他们更好地规划自己的职业生涯。高校应当针对不同专业和背景的学生设计差异化的就业指导方案。不同专业的学生在求职过程中面临的挑战和机会各不相同，因此需要有针对性指导和支持。高校可以根据各专业的就业市场需求，为学生提供定制化的就业培训和指导。对于文科学生，则可以注重提高其沟通能力和写作技巧。通过这样的差异化指导，学生能够更好地应对各自专业领域的就业挑战，提升求职成功率。

高校应当关注学生多样化的职业需求，提供灵活多样的就业资源和支持。随着社会的发展，学生的职业需求也变得越来越多元化，有些学生可能希望进入传统行业，而另一些学生则可能希望从事创业或自由职业。高校应当为学生提供多样化的就业信息和资源，帮助他们探索不同的职业路径。通过举办职业分享会、创业大赛和行业交流活动，学生可以接触到不同领域的职业机会，从而根据自己的兴趣和目标选择合适的职业方向。

（五）营造支持性校园环境

在高校教育中，营造一个支持性的校园环境对于学生的全面发展至关重要。这样的环境不仅能够帮助学生减轻生活压力，提升心理健康水平，还能为他们的职业发展做好充分准备。通过一系列优化措施，高校可以为学生提供一个良好的学习和生活氛围，使其在学业和个人成长方面都能得到全面发展。高校可以通过改善教学设施、增设学习资源中心和提升宿舍条件等方式，为学生创造一个舒适的学习和生活环境。这些设施的优化，不仅可以提高学生的学习效率，还能让他们在学习之余有更多的空间放松身心。此外，校园内的公共设施如图书馆、自习室和健身中心的完善，也为学生提供了丰富的学习和休闲选择，从而提升他们的整体生活质量。

随着学业压力和生活节奏的加快，学生的心理健康问题日益凸显。高校应当设立专业的心理辅导中心，配备经验丰富的心理咨询师，为学生提供及时的心理支持和疏导服务。通过定期举办心理健康讲座和心理辅导活动，可以帮助学生学会调节情绪、应对压力，提升他们的心理韧性。同时，高校还应提供多样化的生活服务，如医疗保健、就业咨询和法律援助等，帮助学生解决生活中的实际问题，减轻他们的生活负担。高校应积极组织各类校园活动，如社团活动、文艺演出和体育比赛，为学生提供展示才华和锻炼能力的舞台。这些活动不仅可以丰富学生的课余生活，还能增强他们的团队合作能力和领导力。此外，通过组织学生参加志愿服务和社会实践项目，学生可以将课堂所学与实际应用相结合，提升自己的实践能力和社会责任感。这些经历对他们未来的职业发展具有重要意义，有助于他们更好地适应职场和社会环境。

高校应当通过建立积极向上的校园文化氛围，促进学生之间的良性互动和友谊发展。

可以通过开展团体辅导、文化交流和团队建设活动，增强学生的归属感和集体荣誉感。同时，高校还应关注校园内的多元文化和包容性建设，鼓励学生尊重和接纳不同背景的同学，从而营造一个和谐共处的校园环境。这种良好的校园氛围，不仅有助于学生的心理健康和人际交往能力的发展，也能为他们在社会中更好地适应和成长奠定基础。

第三节　“三全育人”视域下引导大学生树立正确就业观的对策

一、强化职业价值观教育，提升学生社会责任感

将职业价值观教育融入日常教学和德育工作中，是帮助学生树立正确职业观的有效方式。通过在不同专业课程中渗透职业伦理与社会责任相关内容，学生能够在专业学习的同时，逐渐认识到职业对个人成长和社会发展的重要意义。职业价值观教育不应仅仅停留在理论层面，还应通过实践和实际案例分析，帮助学生将所学理论与职业生涯中的现实问题相结合。通过系统的课程设计，学生可以深入了解职业伦理的基本原则，认识到职业道德在不同领域中的具体应用。这些课程不仅能够增强学生对职业行为规范的理解，还可以培养他们的道德判断力和责任意识，促使他们在未来的职业生涯中能够平衡个人利益与社会利益。这种教育模式使学生不仅具备专业技能，更具备对社会责任的深刻认知，从而成为具备高度社会责任感的职业人。

讲座和专题讨论也是提升学生职业价值观教育的有效形式。通过邀请企业家、社会活动家等具有丰富职业经验的人士，分享他们的职业观念和社会责任意识，学生可以从实践者的角度了解职业的多样性和复杂性。讲座中，嘉宾可以结合实际工作中的挑战与收获，向学生展示职业价值观与社会责任感的结合如何为职业生涯带来积极影响。通过这种方式，学生能够更直观地认识到，职业不仅是实现个人理想的途径，更是服务社会、创造社会价值的过程。此外，专题讨论为学生提供了一个深度思考职业价值观和社会责任问题的平台。在专题讨论中，学生可以根据不同的职业案例，展开分析和讨论，从而加深对职业伦理和社会责任的理解。讨论不仅可以促进学生之间的观点交流，还可以帮助他们更好地认识到职业决策与社会责任之间的密切联系。这种思辨性的学习方式有助于学生将理论应用于实际职业情境中，进一步增强他们对职业道德的认同感和社会责任意识。

高校还可以通过各种实践活动，进一步加强职业价值观教育的效果。比如，组织学生参与社会服务、志愿者活动等实际工作，让他们在为社会做出贡献的过程中，切身体验职业责任感和社会责任感的重要性。这类实践活动不仅帮助学生将课堂所学知识应用到现实生活中，还能提高他们对社会问题的敏感度，促使他们更加关注社会发展和公共利益。这

种以实践为导向的教育模式，对于培养学生的职业道德感和社会责任意识具有重要作用。

二、加强就业形势分析，引导学生理性就业

高校在当前就业压力增大的背景下，应积极加强对就业形势的分析和研判，以引导学生理性就业。定期发布就业报告是帮助学生了解就业市场的有效手段。通过数据和趋势分析，学生可以清晰地掌握当前各行业的发展状况和需求变化，从而在求职过程中更具针对性。这些报告不仅可以为学生提供就业参考，还可以让他们认识到市场的变化，提前做好准备，避免在求职中盲目选择。在分析会上，学校可以邀请人力资源专家、企业招聘负责人等行业人士，为学生详细解读行业动态和未来发展趋势。这些专业人士的见解能够帮助学生更加深入地理解就业市场的变化，明确自身职业发展的方向。同时，分析会中的互动环节，能够让学生在交流中了解同行业求职者的竞争情况和自身的优势与不足，这对于学生在就业选择中做出理性决策有着积极的指导作用。

高校应根据市场需求，设置有针对性的就业指导课程，帮助学生提升求职技能。这些课程不仅应涵盖简历撰写、面试技巧等基础内容，还应结合不同专业的实际情况，提供更为细致的行业知识和职场规则。通过这样的课程，学生可以全面提升自我营销的能力，更好地应对复杂多变的就业市场，增强竞争力。此外，就业指导课程还应鼓励学生树立正确的就业观念，帮助他们从长远角度规划职业生涯，不仅追求短期的就业成功，更注重个人发展与行业需求的契合。高校还应通过提供个性化的就业辅导服务，帮助学生根据自身的职业目标和个人特质进行理性选择。通过一对一的职业咨询，学生可以更好地了解自己的兴趣、能力和市场需求之间的匹配度。这种个性化的就业辅导不仅能够提升学生的自我认知，还可以帮助他们在激烈的竞争中找到适合自己的职业发展路径。学校可以通过职业测试、专家指导等方式，为学生提供更具针对性的就业建议，使他们在求职中更加自信和从容。

学校在就业形势分析的基础上，还应推动学生树立正确的就业期望。在当今多样化的就业市场中，学生容易受到高薪、稳定等表面条件的影响，而忽视了职业发展的潜力和自身的职业兴趣。通过就业形势分析会和就业指导课程的双重引导，学校应帮助学生理性评估职业选择，避免盲目跟风。学生应认识到，不同职业有其特定的发展轨迹，理性的就业决策需要基于对行业、公司和自身职业发展目标的综合考虑。

三、推动多元化就业渠道建设，拓展学生就业选择

高校应打破单一的企业就业路径，鼓励学生探索更多样化的就业选择。除了传统的企业岗位，学生还可以通过创业、自主就业等方式实现个人职业理想。通过营造良好的创业氛围，学校可以帮助学生认识到创业不仅是个人发展的途径，也是推动社会创新和经济增长的有效方式。因此，学校应提供一系列的创业培训，帮助学生掌握创业所需的基本技能，如市场分析、商业策划和财务管理等。高校还应积极与政府和相关企业合作，提供政策支

持和资金扶持，降低学生创业的风险与压力。学校可以设立创业孵化基地，为有创业意愿的学生提供办公场地、设备使用和法律咨询等服务，帮助他们在实践中积累创业经验。政策支持方面，学校可以通过与政府部门合作，帮助学生申请创业贷款、税收优惠等政策，确保他们在创业初期能够获得必要的资金支持。这样的多维度扶持，不仅能够激发学生的创业激情，还能增强他们的创业信心，使他们在探索自主创业道路时更加从容。

随着自由职业者和个人品牌经济的兴起，自主就业为学生提供了更灵活的职业选择。高校应通过开展相关培训，帮助学生提高自我管理能力和专业技能，增强他们在自主就业领域的竞争力。同时，学校可以通过与行业协会、平台企业合作，帮助学生拓展自主就业的资源和机会，为他们提供更多接触市场的渠道。通过这种方式，学生可以在更灵活的就业环境中实现职业目标，摆脱传统企业就业的局限。高校还应积极推动国际化就业渠道的建设，为学生提供更多海外实习和就业机会。通过与国际组织、海外企业的合作，学校可以为学生创造出国实习、交换学习和海外就业的机会，帮助他们拓宽国际视野。全球化的就业环境下，拥有国际化工作经验的学生在职业发展中具有显著优势。高校应鼓励学生走出国门，积累国际工作经验，增强他们在国际就业市场的竞争力。为了推动这一目标，学校可以通过组织国际招聘会、建立与海外企业的长期合作关系，为学生搭建通往海外的就业桥梁。

高校还可以通过引入海外职业发展项目，帮助学生更好地适应海外工作环境。通过开展跨文化交流培训，学生可以提前了解不同国家的工作文化和职业习惯，从而为他们未来的海外工作做好准备。此外，学校还可以通过校友网络，为有海外就业意向的学生提供导师支持，让校友分享他们的海外工作经验，帮助学生更好地了解国际职场的挑战与机会。

四、加强校企合作，提升学生的实践能力

高校与企业建立长期稳定的合作关系，可以为学生提供丰富的实习和实践机会。在企业实习过程中，学生不仅能够将课堂上学到的理论知识应用到实际工作中，还可以通过亲身参与行业项目，了解当前行业的最新动态和技术发展趋势。这种实践经验的积累，不仅能够增强学生的专业技能，还能够让他们更加清楚地认识到行业需求和职业发展的方向，从而更好地规划未来的职业生涯。与此同时，通过项目合作，高校和企业可以共同为学生提供真实的项目平台，帮助他们在实际操作中提升问题解决能力和团队合作意识。在参与企业项目的过程中，学生将面对真实的业务需求和项目挑战，这有助于他们培养创新思维和应变能力。与企业的合作还能够帮助学生熟悉工作流程，了解企业文化和职业规范，这种实践经历为他们未来顺利融入职场打下了坚实的基础。项目合作不仅提高了学生的实践能力，还增强了他们在求职市场上的竞争力。

通过邀请行业专家参与课程开发，学校能够确保课程内容与行业需求保持同步。企业

专家凭借其丰富的实践经验和行业见解，可以为学生提供更加实际、前沿的知识，帮助他们更好地理解行业中的复杂问题。专家参与教学还可以通过案例分析、模拟项目等形式，让学生在课堂上就能感受到实际工作中的挑战和机会。这种理论与实践紧密结合的教学模式，不仅使学生的学习更加生动有趣，也提高了他们将理论知识应用于实际工作的能力。高校还可以通过与企业共同开展人才培养计划，推动产学研的深度融合。这种人才培养模式不仅能够根据企业的需求进行定制化的课程设计，还可以为学生提供从课堂到职场的无缝衔接。在这种合作中，企业可以为学生提供导师支持，帮助他们在学习过程中更好地理解职业发展方向。通过这种模式培养的学生，不仅能够满足企业的实际需求，还具备了较强的实践能力和创新精神，这对他们未来的职业发展具有重要的推动作用。

通过与企业的紧密合作，高校可以及时了解行业发展的最新动态和技术需求，从而不断优化和调整课程设置，使教学内容更加贴近行业现实。企业反馈为高校提供了实践依据，有助于高校改进教学方法、更新教材内容，使学生所学知识更加符合企业的用人标准。这种基于实际需求的教学改革，能够有效提升学生的职业素养和就业竞争力，为他们顺利进入职场做好充分准备。

五、重视心理辅导，帮助学生应对就业压力

面对日益激烈的就业竞争，学生在求职过程中常常面临巨大的心理压力。高校在帮助学生提升就业能力的同时，必须高度重视学生的心理健康问题。首先，开设专门的心理辅导课程是帮助学生应对就业压力的重要措施。通过系统的心理学知识学习，学生可以更加全面地了解心理压力的来源和应对方法，逐步提升他们在求职过程中的心理韧性。此外，心理辅导课程还可以帮助学生掌握自我调节的技巧，使他们能够更好地面对求职中的挫折和挑战。高校应提供一对一的心理咨询服务，帮助学生在个体层面上解决具体的心理问题。很多学生在求职过程中可能会产生自我怀疑、焦虑甚至抑郁情绪，这些问题往往难以通过群体性教育解决。一对一的心理咨询能够为学生提供个性化的支持，让他们有机会在专业心理咨询师的帮助下，深入探讨内心的困惑和担忧。通过这种方式，学生不仅能够更好地缓解就业压力，还能在心理上获得更多的力量与信心。

高校可以邀请心理专家、职业导师等相关领域的专业人士，围绕就业压力、挫折应对和自我调节等主题，开展系列讲座和研讨活动。在这些活动中，学生能够学习到更多的应对策略，并通过实际练习提高抗压能力。压力管理工作坊则通过互动和体验式学习，让学生在模拟情境中体会如何面对求职中的各种压力。这种实际操作性的学习方式，能够让学生更好地将所学知识应用于现实生活中，有效提升他们的应对能力。高校还应鼓励学生在面对就业市场时保持积极乐观的心态。就业压力的来源不仅仅是外部环境，很多时候也源于学生对自我的过高要求或对未来的不确定感。通过心理辅导，学生可以学会如何以平和

的心态面对不确定性，接受求职过程中的失败与挫折。高校可以通过榜样教育、分享成功与失败的经验，帮助学生理解求职并非一帆风顺，失败是职业发展的一部分。让学生在不断积累经验的过程中逐步建立自信，培养他们以更加从容和积极的态度面对就业市场的变化。

通过在心理辅导中融入职业规划教育，学生可以更加清晰地认知自己的优势和劣势，明确个人的职业目标。高校可以通过职业测试、个性化辅导等方式，帮助学生在求职过程中找到属于自己的方向，避免在面对众多就业选择时感到迷茫和压力。培养学生的抗压能力，不仅能够帮助他们顺利应对就业市场的竞争，还能够在未来的职业生涯中面对各种挑战时，保持冷静与自信。

第四节　就业观引导与高校德育协同育人的效果评估与提升

一、建立系统化的评估机制，全面衡量育人效果

评估机制应包括定量和定性两个层面，以确保衡量标准的全面性和客观性。定量评估可以通过毕业生就业率、就业满意度、就业领域的相关性等具体指标，来直接反映高校教育对学生就业的影响。就业率作为衡量学生就业成效的核心指标之一，能够反映高校在职业指导方面的整体效果。此外，就业满意度调查则能够揭示学生在实际就业岗位中的适应情况及其对职业选择的满意程度，这有助于高校了解教育是否有效帮助学生实现了个人与职业的契合。通过定期开展调查，了解学生在教育过程中其职业观念是否发生积极转变，是否更关注社会责任与职业道德等核心内容，能够进一步评估高校德育工作的实效性。通过分析学生职业观念的变化趋势，学校能够更好地把握教育方向，确保学生在进入职场时不仅具备专业知识，还拥有正确的职业态度和道德标准。

学生访谈是一种有效的方式，通过与毕业生或在校学生的面对面交流，教师和管理者可以更深入了解学生在就业观念和职业道德上的进展。访谈中，学生可以分享他们在就业过程中遇到的挑战、困惑以及高校教育在帮助他们应对这些问题时所起的作用。通过这些真实的反馈，学校能够更加全面地了解学生的实际需求和教育中的不足，从而为后续教育方案的优化提供有力支持。通过对学生在实际就业中的表现进行个案研究，学校可以更好地了解其在工作中是否能够将职业价值观和道德标准付诸实践。具体的案例分析能够提供生动的教学反馈，不仅帮助学校总结成功的教育经验，还能够发现潜在的问题和挑战。例如，通过分析某些行业中的典型案例，可以帮助高校发现该行业对职业道德的特殊要求，并进一步调整和改进课程内容，以确保教育更加贴近现实需求。

高校应定期开展评估工作，不仅限于学生在校期间的表现，还应通过毕业生追踪调查了解其长期职业发展的情况。通过连续性的评估，高校能够掌握学生在不同职业阶段的表现，评估德育与就业观引导的长期效果。这种动态的反馈机制有助于学校根据社会发展和行业需求的变化，及时更新教育内容，确保教育始终与时俱进。除了学生的反馈外，企业、社会组织和用人单位的意见也应当纳入评估体系。通过收集企业对毕业生工作能力、职业素养的评价，学校可以从第三方的角度了解教育的实际效果。此外，企业的反馈也可以为高校调整课程设计提供宝贵的建议，使教育更加契合市场需求，提高毕业生的就业竞争力。

二、引入外部评估，确保评估的客观性和公正性

外部评估者包括教育专家、企业代表以及校友等，他们从多角度对教育成效进行审视，有助于减少主观偏差，提升评估的科学性。这些评估者不仅能够从理论和实践的结合点分析问题，还能基于自身经验提出具针对性的改进建议。这种多元参与的评估形式，能够避免高校在内部评估中可能存在的盲点，使得评估结果更具公信力。除此之外，外部评估还能促使高校与社会需求接轨。企业代表的参与，特别是与就业市场密切相关的行业专家，能够根据市场对人才的要求，为高校的就业观引导提供建设性反馈。通过这种方式，高校可以及时调整课程设置和培养目标，确保学生具备适应市场需求的知识与技能。此外，校友作为外部评估者，也能从其自身的职业发展经历出发，为母校的教学质量提出反馈，这种反馈往往更具实践性与针对性。

举办教育评估论坛可以为评估结果的分析与应用提供一个开放的平台。通过邀请教育界、企业界的专家学者以及高校领导参加论坛，共同探讨评估中发现的问题和改进方向，有助于形成一种建设性讨论氛围。各方通过互动交流，能够集思广益，为高校的就业观引导与德育协同育人提供更多元的视角与建议。这种跨界交流不仅提升了评估的深度，也拓宽了高校在教育创新中的思路。与此同时，外部评估还能够促进高校管理层对自身教育成果的深度反思。引入外部视角后，高校的管理者可以更加清晰地认识到当前教育模式中存在的不足，并在此基础上进行合理改进。外部专家提供的独立分析，有助于高校从更宏观的角度思考育人目标和育人效果，使教育改革的措施更加具有前瞻性和实际操作性。

在引入外部评估的同时，高校的自我评估系统也需要随之改进与提升。外部评估者不仅能够直接提供反馈，还能为高校的内部评估流程提供参考，使之更加科学合理。通过这种内外结合的评估体系，高校可以更加准确地把握育人的实际效果，从而不断优化教学内容和方法，提高育人质量。

三、定期反馈与持续改进，提升育人效果

评估的作用不仅仅是衡量过去的成果，更应该成为未来改进的基础。高校应将评估视为一个循环过程，将评估结果定期反馈给相关部门和教师，从而为进一步优化就业观引导

与德育教育提供参考依据。通过这种方式，评估可以成为促进教育质量提升的动力，而不是静止的结果。每一次的评估结果都应被认真分析，找出存在的问题和不足，特别是在就业观和职业道德教育方面，确保这些问题能够得到及时有效的解决。通过将评估结果反馈给负责就业指导、课程设置和德育教育的部门，学校能够确保教育资源的合理配置，提升整体教育效果。例如，如果评估结果显示学生在某些职业领域的就业观念存在误区，相关部门可以及时调整课程内容，加强对该领域的职业价值观引导，确保学生在未来的职业生涯中拥有更健全的职业理念。

教师作为教育的执行者，必须深度参与到评估反馈和持续改进的过程中。通过将评估结果反馈给教师，学校能够帮助他们了解自己的教学效果，并根据实际反馈不断优化教学方法。教师可以根据学生在评估中的表现，调整教学重点或改进教学策略，确保学生在课堂上不仅能掌握知识，还能够通过课程内容强化职业道德和社会责任感。通过这种反馈机制，教师能够更加有针对性地改进教学，提升课堂的实效性。评估反馈只是第一步，真正的改进需要在评估基础上采取切实的行动。高校在收到评估反馈后，应及时组织相关部门和教师进行讨论，分析问题的根源，并制定相应的改进方案。通过不断调整和优化，学校能够根据学生的实际需求和社会发展的变化，灵活调整就业观引导与德育教育的策略，使育人效果更加突出。

定期反馈与持续改进能够帮助高校在快速变化的就业环境中保持教育的前瞻性和适应性。就业市场不断变化，新的行业和职业需求层出不穷，高校只有通过不断更新教育内容，才能确保学生具备适应未来职场的能力。通过评估发现的就业市场需求变化，高校可以及时调整就业指导课程和实践活动，确保学生在进入职场时具备竞争力和灵活性。定期反馈还能够促进学校与企业、社会的合作更加紧密。通过将企业和社会的反馈纳入评估结果，学校能够更加精准地了解社会对人才的需求，并根据这些需求调整教育内容和方法。企业反馈可以帮助学校优化实践课程设置，使学生在校期间就能接触到与行业接轨的实际操作技能。这样的反馈机制不仅提升了学校的育人效果，还增强了毕业生的社会适应能力和就业竞争力。

四、加强数据分析，精准提升育人效果

在提升育人效果的过程中，高校必须充分利用大数据分析技术，对评估数据进行深入挖掘。这种技术可以揭示学生在就业观和职业道德方面的变化趋势，同时识别不同群体之间的差异。通过大数据分析，高校能够全面了解学生的就业观念及其演变，从而为制定更有效的教育策略提供科学依据。数据分析不仅能够指出学生在就业观念上的普遍问题，还能帮助高校针对不同专业和群体，量身定制精准的育人方案。通过分析学生的历史数据和实时反馈，教育者可以掌握学生的职业发展需求和道德发展状态，从而制定切实可行的教

育计划。例如，某些专业的学生可能在就业观念上存在普遍的偏差，通过数据分析，高校能够及时发现这些问题，并采取针对性的干预措施。这种数据驱动的方法使得高校能够以更加科学的方式优化教育资源配置，提高教育的针对性和实效性。

高校应当建立起完善的数据分析体系，确保数据的准确性和有效性。要收集全面的学生数据，包括但不限于学业成绩、就业情况、职业道德评价等。使用先进的数据分析工具对这些数据进行深度挖掘，找出潜在的规律和趋势。通过对比分析，可以明确不同群体在就业观念和职业道德上的差异，从而针对性地调整教育策略。这种方法不仅提升了数据分析的深度，还增强了教育策略的科学性和有效性。此外，大数据分析还可以帮助高校在教学过程中实现实时反馈。通过对学生在学习和就业方面的数据进行持续监控，高校可以迅速了解学生的变化趋势和需求，从而及时调整教学方法和内容。这种实时反馈机制使得教育策略能够快速响应学生的变化，提升了教育的灵活性和适应性。高校可以根据数据分析结果，调整课程设置，优化教学内容，确保教育方案的动态调整与学生的实际需求保持一致。

五、推广成功经验，优化教育模式

在评估过程中，高校不仅需要关注问题的发现和解决，更应注重总结和推广成功经验。这些成功经验，往往是经过实践验证的有效策略和方法，能够为其他教学部门和教师提供有价值的参考。通过系统化地总结和归纳这些经验，高校能够形成一套成熟的就业观引导和德育教育的实践模式。这些经验可以包括成功的课程设计、有效的教学方法、实用的职业指导策略等，都是优化教育模式的宝贵资源。推广成功经验不仅能够激励教师和部门不断创新和改进，还能够在全校范围内提升整体教育效果。通过组织专题分享会、经验交流会等形式，高校可以将这些成功案例传达给其他教师和部门。这样，其他教育工作者可以从中汲取灵感，结合自身实际情况进行调整和应用。例如，如果某个学院在职业道德教育方面取得了显著成效，可以通过经验分享的方式，让其他学院学习其成功的教学方法和策略，从而在更大范围内提升德育教育的质量。

将成功经验应用于更广泛的教育实践中，还能够推动教育模式的不断优化。高校应将这些经验融入到日常教学和管理中，不断检验和调整其有效性。通过持续的实践和改进，高校能够形成一套科学、合理的教育模式，这种模式不仅能够提高学生的职业素养和道德水平，还能够提升整体教育的质量和效果。例如，将成功的职业指导课程推广到更多的学科和专业中，能够让更多的学生受益，并推动学校整体教育水平的提高。高校还应积极将这些成功经验作为优秀教育实践的范例，向其他高校进行推广。通过参与教育论坛、展示案例研究、撰写经验总结等方式，高校可以向更广泛的教育界分享其成功的教育模式和实践经验。这样的推广不仅有助于提高自身学校的影响力，还能够推动整个高等教育领域在就业观引导和德育教育方面的创新和发展。通过经验的传播和应用，更多的高校可以从中获益，共同推动高等教育的进步和发展。

参考文献

[1]初秀伟，勾波.新时代高校思想政治教育协同育人模式研究[J].成才之路，2022（10）：1-3.

[2]康许培，华赢，郑伟红.新时代高校思想政治教育多元协同育人机制研究[J].河北软件职业技术学院学报，2021，23（4）：29-32，36.

[3]庞艳华.新时代背景下高校思想政治教育与创新创业协同育人研究[J].湖北开放职业学院学报，2021，34（18）：1-2.

[4]李芬，程兰华.新时代高校思想政治教育协同育人机制探析[J].兰州工业学院学报，2021，28（4）：119-124.

[5]何旭娟，梅兰英.新时代高校思想政治理论课与日常思想政治教育协同育人的思考[J].长沙大学学报，2021，35（1）：104-108.

[6]乔亮亮.高校党课在大学生党员思想政治教育上的研究[J].新丝路：下旬，2019（12）：2.

[7]李永忠，樊欣雨.高校党课教学模式的现状及其改进探析[J].教育观察，2021，10（09）：93-95.

[8]罗月.立德树人理念下高校学生党课教学探析[J].北京教育（高教），2018，（04）：68-70.

[9]时昌桂，邓昊，梁芳画.新时代高校党课教育的模式创新和路径优化[J].长春师范大学学报，2022，41（05）：30-33.

[10]刘风萍，李良.高校党课教育质量提升路径研究[J].公关世界，2022，（06）：90-91.

[11]陈军强.大学生党课教育教学体系的建构[J].学校党建与思想教育，2017，（14）：30-32.

[12]石书臣.正确把握"课程思政"与思政课程的关系[J].思想理论教育，2018（11）：57-61.

[13]马亮，顾晓英，李伟.协同育人视角下专业教师开展课程思政建设的实践与思考[J].黑龙江高教研究，2019，37（01）：125-128.

[14]石丽艳.关于构建高校课程思政协同育人机制的思考[J].学校党建与思想教育，

2018（10）：41–43.

[15] 杨小强，张蓉 . 新媒体时代高校辅导员与专业教师协同育人机制研究 [J]. 新闻研究导刊，2023，14（19）：204–206.

[16] 张帆 . 新媒体时代大学生思政教育协同育人模式研究 [J].新闻研究导刊，2023，14（14）：201–203.

[17] 单成巍 . 大学生思想政治教育视角下高校辅导员与专业教师协同育人对策研究 [J]. 教育探索，2019，14（6）：68–71.

[18] 魏然 .大学生思想政治教育视角下高校辅导员与专业教师协同育人对策研究 [J]. 科学咨询，2021，11（9）：109.

[19] 王铁，杨菁，于泽华 . 协同育人视阈下高校辅导员与专业教师工作机制构建研究 [J]. 现代交际，2017，22（18）：38–40.

[20]薛羿冰 . 高校辅导员与思政课教师协同育人模式探析 [J]. 淮南职业技术学院学报，2020，20（3）：23–25.

[21] 张楠 . 高校辅导员与专业教师协同育人做好思政工作——以西北农林科技大学植物保护学院“教授接待日”活动为例 [J]. 课程教育研究，2017，16（50）：170–171.

[22] 吴耘燕 . 新形势下高校辅导员与专业教师协同育人路径探析 [J]. 铜陵学院学报，2020，19（4）：71–73.

[23] 李文英 . 协同育人理念下“五维一体” 协调育人机制的探索与实践——基于高校辅导员与专业教师队伍的视角 [J]. 中国集体经济，2018，24（27）：165–166.

[24] 承德市政研会课题组，崔洋洋，康丽滢 . 基于“三全育人”理念下高校辅导员与专业课教师协同育人路径研究 [J]. 公关世界，2020，15（19）：54–55.

[25] 帅伟 . 类型教育背景下高职思政课课型创建：基本原则、价值意蕴与实践进路 [J]. 现代职业教育，2024，（22）：9–12.

[26] 滕飞，蒋悦 . 新时代高校生态德育探究 [J]. 江苏高教，2024，（03）：98–102.

[27] 张晓洁，张雨晴 . 学科思政：高校研究生德育实践的新探索 [J]. 思想教育研究，2023，（12）：132–137.

[28] 潘筱晨，刘善文 . 新时代高校德育与美育协同育人实践与成效——评《美育德育融合论》[J]. 科技管理研究，2023，43（23）：276.

[29]李艳艳 . 乡土地理资源在高校德育教育中的应用 [J]. 中学地理教学参考，2023（28）：90.

[30] 陆根书，李运福 . 高校德体美劳过程性评价研究 [J]. 河北师范大学学报（教育科学版），2023，25（04）：6–13.

[31] 赵五一 . 大数据赋能高校德育的机制、困难与进路 [J]. 中学政治教学参考，2023

（20）：40–43.

[32] 吕成祯 . 回归与创新：新时代高校德育体系的重构 [J]. 思想政治教育研究，2023，39（01）：116–120.

[33] 岳怡菲 . 水文化育人视角下高校思政课德育创新研究 [J]. 灌溉排水学报，2023，42（02）：149.

[34] 王友建，汪大本 . 高校形象德育的生成逻辑、价值显现与实践展开 [J]. 江苏高教，2023（01）：79–85.

[35] 江婷 . 高校学生德育教育与学风建设策略探讨——评《德育教育与创新能力发展》[J]. 中国教育学刊，2022，（12）：131.

[36] 鲁石 . 高校德育的智慧属性及其实现路径 [J]. 江苏高教，2022，（12）：48–53.

[37] 魏丹丹 . 大学生德育工作渗透传统文化的路径 [J]. 中学政治教学参考，2022，（37）：86–87.

[38] 马玉婕 . 新时代高校德育话语的建构逻辑与路径 [J]. 中国高等教育，2022，（17）：39–41.

